全国技工教育规划教材
职业教育·道路运输类专业教材

Luji Lumian Shigong Jishu

路基路面施工技术

张风亭　杨庆振　主　编
崔梦璇　副主编
栾亨乐　杜　辉　主　审

人民交通出版社股份有限公司
China Communications Press Co.,Ltd.

内 容 提 要

本书为职业教育道路运输类专业教材。全书包括8个项目:地基处理、路基施工、防护工程施工、排水工程施工、路面基层施工、沥青路面面层施工、水泥混凝土路面施工、施工现场组织与管理等。本书以任务驱动的形式编写,注重实用与技能操作,内容简洁明了,图文并茂,为方便学习,全书以二维码的形式配套了案例、视频资源。

本书可作为交通类职业院校(技师、高级工、中职等)公路与桥梁施工专业、市政工程施工及相关专业教材,也可作为职工培训、施工技术人员培训教材,以及高职院校相关专业学习参考书。

*** 本书配有教学课件,读者可加入QQ群(教师专用)561416324免费获取。**

图书在版编目(CIP)数据

路基路面施工技术/张风亭,杨庆振主编.—北京:人民交通出版社股份有限公司,2019.8

ISBN 978-7-114-15592-5

Ⅰ.①路… Ⅱ.①张…②杨… Ⅲ.①路基工程—道路施工—教材②路面施工—教材 Ⅳ.①U416

中国版本图书馆CIP数据核字(2019)第138596号

全国技工教育规划教材

职业教育·道路运输类专业教材

书　　名:**路基路面施工技术**

著 作 者:张风亭　杨庆振

责任编辑:刘　倩

责任校对:赵媛媛

责任印制:张　凯

出版发行:人民交通出版社股份有限公司

地　　址:(100011)北京市朝阳区安定门外外馆斜街3号

网　　址:http://www.ccpcl.com.cn

销售电话:(010)59757973

总 经 销:人民交通出版社股份有限公司发行部

经　　销:各地新华书店

印　　刷:北京印匠彩色印刷有限公司

开　　本:787×1092　1/16

印　　张:15.5

字　　数:374千

版　　次:2019年8月　第1版

印　　次:2023年2月　第4次印刷

书　　号:ISBN 978-7-114-15592-5

定　　价:42.00元

《路基路面施工技术》

编审人员

主　　编：张风亭　杨庆振

副 主 编：崔梦璇

主　　审：栾亨乐　杜　辉

参　　编：（排名不分先后）

郭瑞东　吴之伟　段　超　李　娟

李宗正　刘　娜　高培山　赵　冉

前　言

公路是我国的重要基础设施，对促进我国的经济建设、繁荣稳定具有重要的作用。我国不仅重视交通基础设施的建设，更加注重高素质、高技能人才的培养与储备。交通运输部在《公路水运交通运输中长期人才发展规划纲要（2011—2020）》指出：到2020年新增高等级公路建养领域高端技能型人才20万人。职业院校与行业、企业共同培养，与岗位需求“零距离”对接，为企业培养操作技能过硬的高素质、高技能人才。

路基路面施工技术是技师、高技工、中职等职业院校公路与桥梁施工、市政工程施工专业核心课程之一。随着公路建设新技术、新材料、新工艺、新设备的不断推广和应用，为适应现代公路建设要求和交通职业教育零距离教学需求，编者考察了已建和在建高等级公路现场，收集了大量工程资料，并与常年从事公路施工、监理的专家及教学经验丰富的教师进行研讨之后，编写了本教材。

本教材具有以下特点：

（1）全部采用最新规范和标准，内容与行业标准相融合，适应当前路基路面施工的基本要求，符合先进性、科学性、规范性等要求。

（2）具有理论联系实际、内容深入浅出、文字通俗易懂、图文并茂等特点，采用了大量的工程实例图片和施工实例，使学生“一看就懂，一学就会”，便于学生学习。

（3）为实施一体化教学，本教材采用任务驱动的形式编写，包括8个项目，每个项目设计了与公路施工建设一线零距离对接的教学任务，通过一体化教学，使得知识、技能与工程实际紧密联系，符合技能型人才教育培养的特点，以利于学生“零距离就业”。

（4）为方便学生学习，全书以二维码的形式配套了案例、视频资源。

本教材由山东公路技师学院组织老师编写，张风亭、杨庆振担任主编，崔梦璇担任副主编，山东公路技师学院栾亨乐、陕西交通技师学院杜辉担任主审。具体分工如下：项目1由张风亭编写，项目2由杨庆振编写，项目3由吴之伟编写，项目4由崔梦璇编写，项目5由李娟编写，项目6由段超编写，项目7由郭瑞东编写，项目8由李宗正编写。课件由山东公路技师学院刘娜制作，山东公路技师学院高培山、齐鲁交通发展集团有限公司赵冉提供了大量的资料，并对全书进行了统稿。

本书在编写过程中，得到了人民交通出版社股份有限公司、齐鲁交通发展集团有限公司、陕西交通技师学院等单位的大力支持与协助，在此一并表示感谢。

由于编者水平有限，书中不足之处在所难免，敬请广大读者指正。书中部分图片来源于网络，如有侵权，请立即告知，以便处理。

编　者
2019年5月

目　　录

项目1　地 基 处 理

项目内容

本项目为地基处理施工，主要包括以下两项内容：

任务1-1　一般地基处理

任务1-2　软土地基处理

项目要求

1. 掌握一般地基的处理方法和措施。
2. 掌握软土地基的处理方法、步骤及施工质量控制措施。

项目知识点、技能点

1. 一般地基处理程序及施工质量控制措施。
2. 软土地基处理：

(1)换填法处理软土地基的适用范围、施工工艺及施工质量控制措施。

(2)抛石挤淤法处理软土地基的适用范围、施工工艺及施工质量控制措施。

(3)土工合成材料法处理软土地基的适用范围、施工工艺及施工质量控制措施。

(4)排水固结法处理软土地基的适用范围、施工工艺及施工质量控制措施。

(5)碎石桩处理软土地基的适用范围、施工工艺及施工质量控制措施。

(6)粉喷桩处理软土地基的适用范围、施工工艺及施工质量控制措施。

(7)水泥粉煤灰碎石桩处理软土地基的适用范围、施工工艺及施工质量控制措施。

(8)强夯法处理地基的适用范围、施工工艺及施工质量控制措施。

任务1-1　一般地基处理

任务描述

某高速公路地基强度满足规范要求，地表生长有植物，地表横坡度为1∶3，请在路基工程施工前对该地基进行处理。

任务目标

1. 掌握一般地基的处理程序。
2. 掌握一般地基平坦地面和坡面基底的处理方法。
3. 掌握基底压实的方法和压实度控制标准。

建议课时

2 课时。

任务引领和分析

地基是与路基接触的原地面部分，不论是填筑路堤，还是开挖路堑，都要对地基进行处理，使其达到规定的强度、压实度、平整度等要求，以保证路基的稳定性和耐久性。本任务就是使地基处理完后达到规范要求。

任务实施

路基填筑质量的关键主要有四个方面，即基底处理、填料选择、确定填筑方案、填土压实。地基处理是保证路堤填筑质量的关键之一。路基的地基处理可分为伐树、除根及表层土处理，基底处理，填前压实三个方面。一般地基处理程序：伐树、挖根、地面排水→清除淤泥和杂草→推土机、平地机整平→压路机压实→施工单位自检→填报质量验收通知单→报监理工程师→进入下一道工序。

一、伐树、除根、清除淤泥和杂草

(1)施工单位应在施工前确定现场施工界线，并保护所有规定保留和监理工程师指定保留的植物及构造物。

(2)路基用地范围内的树木、灌木丛等均应在施工前砍伐或移植，砍伐的树木应堆放在路基用地之外，并妥善处理。

(3)应对路幅范围内取土坑的原地面表层垃圾、有机物残渣、腐殖土、农作物的根系、草皮、地表土等进行彻底清理，填方地段还应按照设计要求整平、压实，使其密实度达到规定的要求。

(4)路基用地范围及取土场范围的树根应全部挖除，并将路基用地范围内的坑穴填平、夯实。二级及二级以上公路和填土高度 $<1m$ 的公路路堤，挖除全部树根，填平、夯实坑穴；填土高度 $>1m$ 的二级以下公路，树根不得露出地面，取土坑范围内树根全部挖除。

(5)场地清理拆除及回填压实后，施工单位应重新测量地面高程，并将填挖断面和土石方调配图提交监理工程师审核。

(6)清理及拆除工作完毕，应由监理工程师进行现场检查验收，在验收合格后才能进行下一道工序的施工。

二、清表后的地基处理

1. 平坦地面的地基处理

(1)对于深耕地段，必要时将松土翻挖，打碎土块后再回填。

(2)基底原状土强度不足时应换填，并分层压实。

(3)路基范围内原地面附着物(如坑、洞、墓穴等)应用原状土或砂回填压实。

(4)路基经水田、池塘、洼地时，应采用排水疏干、换土、抛石挤淤等方法处理。

2. 坡面基底处理

在荷载作用下,坡面填方路基极易失稳沿坡面滑移,因此,必须做好基底处理。

(1)当地面横坡缓于1∶5时

清除草皮、腐殖土后,可直接压实表层土。

(2)当地面横坡为1∶5~1∶2.5时

无论土质地基还是石质地基,均挖(凿)成坡度向内2%~4%、宽度大于2m的台阶,如图1-1-1所示。

(3)当地面横坡陡于1∶2.5时

①经验算下滑力不大时,先清除基底表面的薄层松散土,再挖成坡度向内2%~4%、宽度大于2m的台阶,但坡脚附近挖至2~4m。

②经验算下滑力较大或边坡下部填筑土层太薄时,先挖成缓于1∶2.5的坡,再挖宽度不小于2m的台阶,如图1-1-2所示。

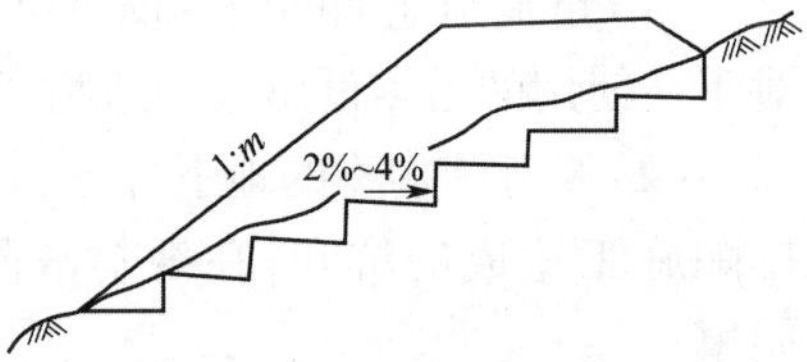

图1-1-1　坡面上挖台阶

③若坡脚附近地面横坡平缓,可在坡脚做土质护堤(最好选用渗水性土填筑)或干砌片石垛护堤,如图1-1-3所示。

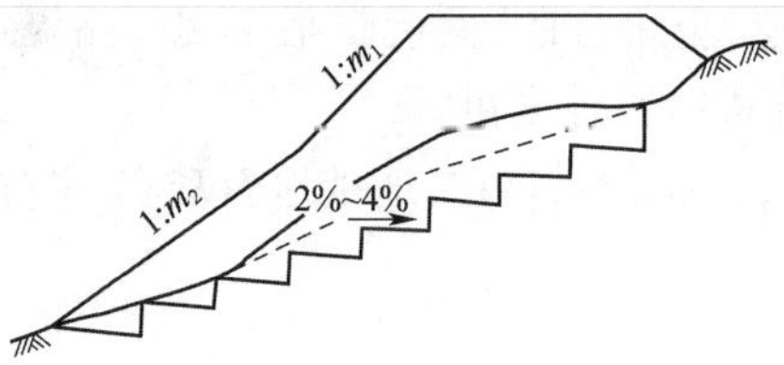

图1-1-2　先挖坡后挖台阶

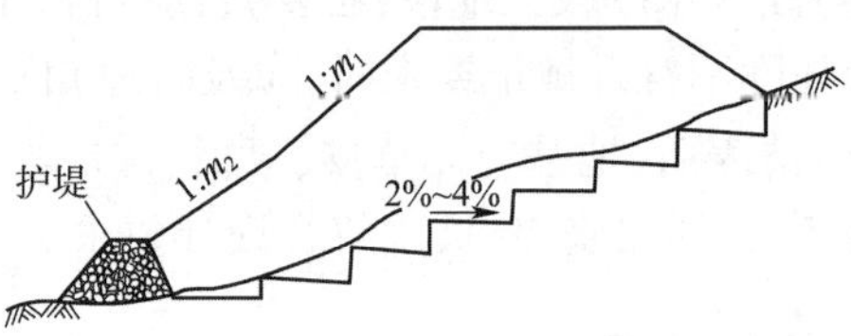

图1-1-3　护堤台阶

三、基底的压实

1. 整平

地基处理完毕,先用推土机粗平,然后用平地机整平;平坦地面可直接用平地机整平。

2. 基底压实

(1)清表后的原地面,表层含水率合适的填方路段,可直接用重型振动压路机碾压,并达到规定要求的压实度。

(2)清表后的原地面,表层土含水率较大时,可就地翻松、打碎、晾晒,在最佳含水率条件下压实,并达到规定要求的压实度。

3. 压实度标准

1)压实度

为了便于检查和控制压实质量,土基的压实标准常用压实度来表示。压实度是指筑路材料压实后的干密度与标准最大干密度之比,用百分率表示。按照标准击实试验法,土在最佳含水率时得到的干密度为土的标准最大干密度。

$$K=\frac{\rho_d}{\rho_0}\times 100$$

式中:K——压实度(%);

ρ_d——工地现场测定的压实土的干密度(kg/m^3);

ρ_0——试验室测定土的标准最大干密度(kg/m^3)。

2)压实标准

(1)高速公路、一级公路和二级公路基底的压实度(重型)不小于90%;三级公路、四级公路不小于85%。

(2)路基填土高度小于路面和路床总厚度时,应将地基表层土超挖并分层压实,压实度不小于路床压实标准。

四、施工质量控制措施

(1)路基用地范围内的旧桥梁、旧涵洞、旧路面和其他障碍物等按照设计要求进行拆除;对正在使用的道路设施及构造物,须做出妥善安排之后,才能拆除。

(2)原有结构物的地下部分,其挖除深度和范围应符合设计图纸或监理的要求。对于因拆除施工造成的坑穴,在杂物清除干净后,按设计要求进行施工处理。严禁对坑穴进行倾填。

(3)清理现场后还应对其基底进行处理,应做好临时排水设施,并与永久排水设施相结合。排放的雨水,不得流入果园、耕地,也不得引入水沟淤积和冲刷路基。

(4)路基基底为耕地或者松土时,应先清除有机土、种植土,平整后按规定要求压实。

(5)在含水率较大地段,必要时,应将松土翻挖,土块打碎,然后整平压实。路堤基底原状土的强度不符合规定要求时,应及时通知工程部进行设计变更。

(6)清表后,地基应无草皮、草根、树根等杂物,且无积水存在,地基地面密实、平整,坑穴处理彻底,无质量隐患,坡度符合设计要求。

任务思考

1. 一般地基有哪些处理程序?
2. 不同横坡度的坡面基底有哪些处理方法?
3. 不同技术等级的公路基底压实度标准是多少?

任务评价

任务考核评价见附表。

知识拓展应用

阅读资料1-1:地基表层处理应符合的相关规定,见数字资源01。

01-地基表层处理

任务1-2　软土地基处理

软土地基是指因土体本身含水率大、孔隙比大而使地基呈现出强度低、压缩性高、沉降量大的特点的软弱土层地基。路基直接填筑在这些地基上,往往会因地基承载力不足,或在自然因素作用下产生滑移或过大沉降变形,导致路基产生各种破坏。因此,必须采取有效措施对软弱地基进行加固处理。软土地基的处理方法主要有换填法、抛石挤淤法、排水固结法、碎石桩、粉喷桩、水泥粉煤灰碎石桩、强夯等。

任务1-2-1　换填法处理软土地基

任务描述

某二级公路某合同段路堤通过一池塘，池塘底部为淤泥，厚0.6～2.0m，呈饱和流塑状态。请对该软土地基进行处理。

任务目标

1. 掌握换填法施工的适用范围及填料要求。
2. 掌握换填法施工的工艺流程及施工质量控制措施。

建议课时

1课时。

任务引领和分析

如果路堤直接填筑在该池塘上，后期会因为地基承载力不足产生各种破坏。该软土层较薄，可以通过人工或者机械清除的方法，置换强度和稳定性符合要求的材料，使其达到规范要求。

任务实施

换填法是指将基础底面以下不太深的一定范围内的软弱土层挖去，然后以质地坚硬、强度较高、性能稳定、具有抗侵蚀性的砂、碎石、卵石、素土、石灰土、二灰土、煤渣、矿渣等材料分层充填，并同时以人工或机械方法分层整平、压实，使之达到要求的密实度的方法。换填后的地基可作为路基的垫层。

换填后垫层与原土相比，具有承载力高、刚度大、变形小等优点。

根据换填材料的不同，将垫层分为砂垫层、砂卵石垫层、碎石垫层、二灰土或素土垫层、煤渣垫层、矿渣垫层以及用其他性能稳定、无侵蚀性的材料做的垫层等。

一、适用范围

换填法适用于软土层小于3m的浅层地基处理，包括淤泥、淤泥质土、松散素填土、杂填土等软土地基处理，以及暗塘、暗沟和低洼区域的填筑。

二、填料要求

换填料应选用水稳性或透水性好的材料，如砂砾、石屑、矿渣、粉煤灰、二灰土以及其他性能稳定、无侵蚀性的材料等。

三、施工工艺

1. 开挖软土

(1)在清除软基时，应在路基范围以外打坝，修筑便道，然后采用人工或机械(如挖掘机、推土机等)或清淤泵将软土清除至路基范围以外,堆放或运至取土坑回填,如图 1-2-1 所示。

(2)当软土在路基坡脚范围以内时,应全部清除,换填区域边部挖成台阶状再回填;当路基穿过沼泽地时,只需清除路基坡角(含护坡道)范围以内的软土。护坡道以外,对于不滑塌的软土,可挖成 1∶1 ~1∶2 的坡度,如图 1-2-2a)所示;对于泥沼地区的淤泥质高压缩性软土,可将护坡道加宽加高至与沼泽地相平或高出,如图 1-2-2b)所示,或在路基与沼泽地之间砌筑护坡、挡墙或硬边沟,以隔离沼泽带与路堤之间的联系,如图 1-2-3 所示。

图 1-2-1　挖掘机清淤

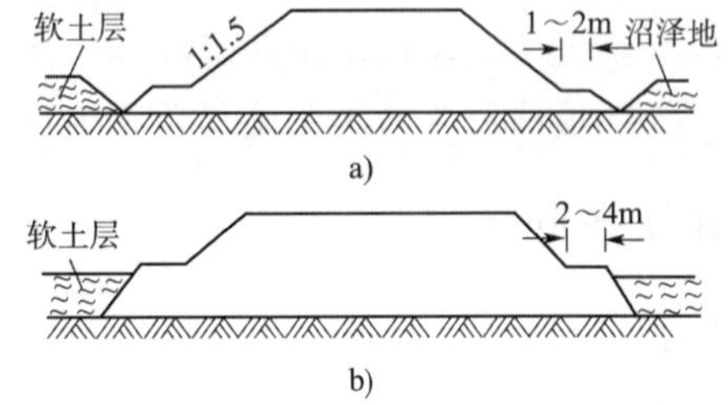

图 1-2-2　换填法

a) 不滑塌的软土;b) 淤泥质高压缩性软土

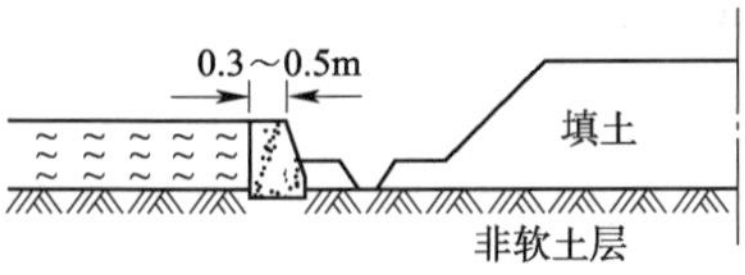

图 1-2-3　路基两侧泥沼防护图

2. 填筑

回填应分层填筑、分层压实。分层回填厚度应根据压实能力试验确定,既可采用边挖边填,也可全部或局部清除后进行全部或局部回填,并注意及时抽水。压实采用振动压路机和重型静力压路机(三轮压路机 12 ~15t),达到规定要求的压实标准。

四、施工质量控制措施

(1)在地下水位高于基坑底面时,应采取排水或降低地下水位的措施,使基坑保持无积水状态。

(2)在基坑开挖施工时及施工后均严禁扰动下卧软层,防止其被践踏、浸泡或冻结。为此,在基坑开挖时应在坑底保留一层厚约 200mm 的原土,待铺填垫层时再挖至设计高程。

(3)垫层铺填前,应做好验槽工作。对于地基的孔洞、沟、井、暗塘、墓穴等,应将其挖除并压实。垫层铺筑时,侧壁应稳定,防止塌土混入垫层中。

(4)用碎石或卵砾石作垫层材料时,基坑底部要先铺填一层 150 ~300mm 的砂垫层,并用木夯夯实。不得使用振捣器,以防下卧土层(特别是淤泥或淤泥质土层)受到局部破坏。

(5)换填层应小平铺筑,当地面有起伏坡度时应开挖台阶,台阶宽度宜为 0.5 ~1.0m。

任务思考

1. 简述换填法处理软土地基的施工工艺。

2. 简述换填法处理软土地基施工质量控制措施。

任务评价

任务考核评价见附表。

知识拓展应用

阅读资料1-2-1：砂垫层处理软土地基的要求，见数字资源02。

02-砂垫层处理软土地基

任务1-2-2　抛石挤淤法处理软土地基

任务描述

某高速公路某合同段沿线部分地段(主要为K11+220～K11+700段及K11+840～K12+220段回填区内)分布有鱼塘、稻田，由于地势低洼、地下水丰富或地表积水，长期受水浸泡，造成土质软化及有机物淤积，淤泥的厚度在2～3m之间。回填区内软土岩性主要以淤泥、淤泥质黏土、饱和黏性土为主，多呈软塑—流塑状，分布范围大小不一，呈带状、片状分布，厚度变化大，力学强度低，稳定性差，为中高压缩性土，路基填筑后极易形成沉降过大或不均匀沉降以及路基剪切、滑动破坏等现象。根据以上描述情况，请对该软土地基进行处理。

任务目标

1. 掌握抛石挤淤法施工的适用范围及填料要求。
2. 掌握抛石挤淤法施工的工艺流程及施工质量控制措施。

建议课时

1课时。

任务引领和分析

这种软基路段的特点是长期受水浸泡，淤积又厚，处理起来较困难。如果采用开挖换填法，工程量大，成本高，施工难度大，周期长。抛石挤淤法通过在软黏土中抛入较大的片石、块石，使片石、块石强行挤出软黏土并占据其位置，以此来提高地基承载力，减小沉降量，提高土体的稳定性。

任务实施

抛石挤淤法是指在路基底抛投一定数量的片石、块石，将淤泥挤出路基范围以外的一种强迫换土法。此法施工简便易行，无须抽水和清淤。抛石顶部要高于或与淤泥层齐平，抛石层坡脚宽度要大于路堤设计坡脚宽度，如图1-2-4所示。

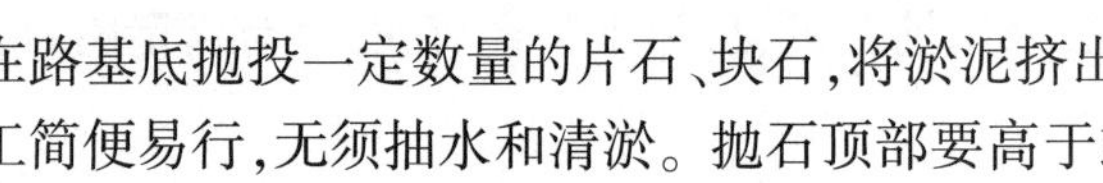

图1-2-4　抛石挤淤图

一、适用范围

抛石挤淤法适用于泥沼及软土厚度小于3.0m，且其软层位于水下，更换土施工困难或基底直接落在含水率极高的淤泥上，稠度超过液限，呈流动状态。当淤泥较厚、较稠时，选用此方法须慎重。

二、材料要求

抛投石料宜采用粒径较大的未风化石料，其中0.3m粒径以下的石料含量不宜大于20%。

三、施工工艺

1.测量放样

导线复测完毕后，对导线点及中桩进行加密，并将测量成果报监理工程师，在监理工程师批复后，按图纸进行施工放样。

(1)确定抛投片石路段设计高程。

(2)计算抛投片石路段顶面宽度。

(3)标画抛石顶面的边桩和路线中桩。

(4)计算抛投片石数量。

2.抛投石料

用自卸汽车将石料运至抛投现场，先用挖掘机进行分选抛投，即由挖掘机将大粒径的石料均匀分层抛至软土面或水面，如图1-2-5所示；然后由推土机将小粒径的石料推平嵌缝，再分层抛填石料并用较小石块填塞垫平。当软土层平坦时，从路堤中心呈等腰三角形向前抛填，渐次向两侧对称抛填至全宽，使泥沼或软土向两侧挤出；当软土层底部具有明显横向坡度时，应从下卧层高的一侧向低的一侧扩展，并在低侧边部多抛投不少于2m宽，形成平台顶面。

图1-2-5　自卸车抛投片石

3.整平压实

在抛石高出水面后，应采用重型机具碾压紧密，然后在其上设反滤层，再行填土压实。

4.清淤施工

对挤出地面的淤泥，采用挖掘机、自卸车配合清除，运至指定的弃土场，再抛入片石进行碾压密实。

5.反滤层铺筑施工

经检验，抛石达到原地面高程后，在设计要求的填筑范围内铺筑反滤层并碾压密实。

四、施工注意事项

(1)石料浸水抗压强度必须经试验检测合格，方可进场。

(2)抛石时尽量采用粗块料。

(3)石料抛置后辅以小块料,用推土机整平,碾压时先轻振、后重振,直至碾压合格。

(4)压实后达到表面无明显的轮胎痕迹,表面密实,无弹簧现象。

(5)反滤层可采用透水性粗集料,采用机械摊铺碾压平整,碾压后保证渗(排)水畅通。

(6)为避免碾压后松软、反弹,片石尽量选用大块石料,抛石中挤出淤泥应及时清除,片石露出水面后采取逐层碾压。

任务思考

1. 简述抛石挤淤法处理软土地基的施工工艺。
2. 简述抛石挤淤法处理软土地基施工质量控制措施。

任务评价

任务考核评价见附表。

知识拓展应用

阅读资料1-2-2:抛石挤淤法原理,见数字资源03。

03-抛石挤淤法原理

任务1-2-3 土工合成材料法处理软土地基

任务描述

某公路软土地基根据软基特点采用土工布进行加固,请阐述其施工工艺流程。

任务目标

1. 掌握土工合成材料法施工的适用范围及材料要求。
2. 掌握土工合成材料法施工的工艺流程及施工质量控制措施。

建议课时

2课时。

任务引领和分析

土工合成材料在实际应用中,主要有反滤、排水、隔离和加固补强等功能。软土地基处理时,一般将土工合成材料铺设在路堤底部,在路基自重压力作用下,土工合成材料受拉,并产生抗滑作用,从而提高了路基的稳定性。

任务实施

常用的土工合成材料有土工布和土工格栅。

土工布又称为土工织物,它是由合成纤维通过针刺或编织而成的透水性土工合成材料。成品为布状,一般宽度为4~6m,长度为50~100m。土工布分为有纺土工布和无纺土工布。土工布具有良好的过滤、排水、隔离、加筋、防渗、防护等作用,具有质量轻、抗拉强度高、渗透性好、耐高温、抗冷冻、耐老化、耐腐蚀的性能,如图1-2-6所示。

土工格栅是指用聚丙烯、聚氯乙烯等高分子聚合物经热塑或模压而成的二维网格状或具有一定高度的三维立体网格屏栅，当其用于土木工程时，称为土工格栅(图1-2-7)。根据材料不同，土工格栅可分为塑料土工格栅、钢塑土工格栅、玻璃纤维土工格栅和玻纤聚酯土工格栅四大类。

图1-2-6　土工布

图1-2-7　土工格栅

一、适用范围

适用于含大量黏土、粉砂土的饱水细粒土或含大孔隙有机质土、泥炭土、松砂等软土地段。

二、材料要求

(1)土工布卷在安装展开前要避免受到损坏。土工布卷应该堆放于经平整不积水的场所，堆高不超过四卷的高度。

(2)土工布卷必须用不透明材料覆盖以防紫外线照射造成老化。在储存过程中，要保持标签的完整和资料的完整。

(3)在运输过程中(包括现场从材料储存地到工作地的运输)，必须保证土工布卷没有受到损坏。

(4)受到物理损坏的土工布卷必须经过修复才能使用。受严重磨损的土工布不能使用。任何因接触到泄漏化学试剂而损坏的土工布，不允许在工程上使用。

三、施工工艺

1. 土工布的铺设

(1)土工布可以采用人工滚铺法和土工布摊铺机摊铺，如图1-2-8所示。土工合成材料铺设时应拉直、平顺，紧贴下承层，不得扭曲、折皱。在斜坡上摊铺时，应保持一定的松紧度。

a)　　　　b)

图1-2-8　铺设土工合成材料

a)人工滚铺；b)摊铺机摊铺

(2)铺设土工合成材料,应在路堤每边各留一定长度,回折覆裹在已压实的填筑层面上,折回外露部分应用土覆盖。

(3)土工合成材料的连接。长丝或短丝土工布的安装通常用搭接、缝合和焊接等方法。对于可能长期外露的土工布,则采用焊接或缝合。

①搭接。搭接是指将一片土工布的末端自由地压在另一片的始端上。搭接宽度一般为200mm 以上,宜为 300 ~ 600mm。

②焊接。热风焊接是长丝土工布的连接方法,即用热风枪或焊接机对两片布的连接瞬间高温加热(图 1-2-9),使其部分达到融熔状态,并立即使用一定的外力使其牢牢地黏合在一起。焊接的宽度一般为0.1m以上。

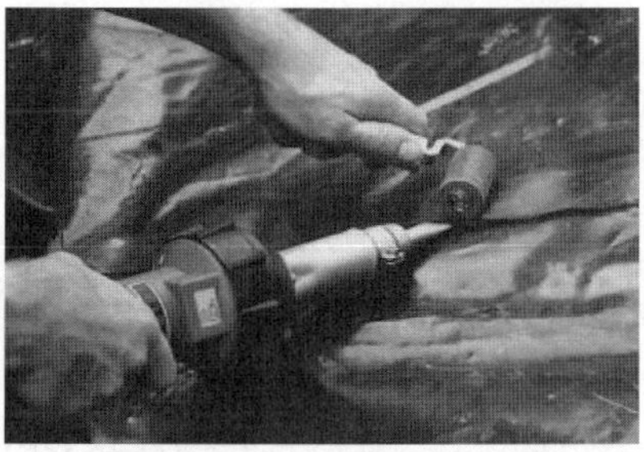

图 1-2-9　焊接法连接

③缝接。在潮湿(雨雪天)天气不能进行热粘连接的情况下,土工布应采取缝合连接法,即用专用缝纫机进行双线缝合连接(图 1-2-10)。要采用质量与土工布相同的缝合线,缝合线要用抗化学破坏和抗紫外光照射能力更强的材质。缝合的宽度一般为 0.1m 以上。对搭接部位进行缝合时,缝合线应平直,针脚应均匀。所有的缝合必须要连续进行。

(4)在施工中应采取措施防止土工合成材料受损,若出现破损,应及时修补或更换。

(5)双层土工合成材料上、下层接缝应错开,错开长度应大于 500mm。

2. 土工格栅施工

一般对土工格栅及土工网采用绑扎方法连接,如图 1-2-11 所示。

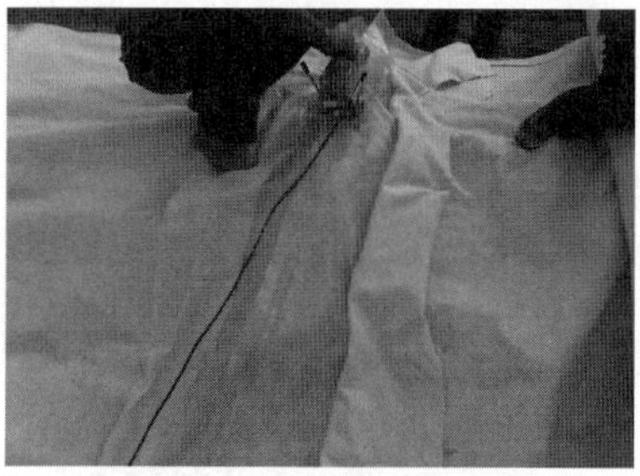

图 1-2-10　缝接法连接

图 1-2-11　土工格栅绑扎连接

工艺流程:检测清理下承层→人工铺设土工格栅→搭接、绑扎、固定→摊铺上层路基土→碾压→检测。

(1)土工格栅在平整、密实的下承层上按设计要求的宽度铺设,其上下层填料无刺坏土工格栅的杂物。

(2)铺设土工格栅时,一般应平铺,将强度高的方向垂直于路堤轴线方向布置,土工格栅横向铺设,铺设时绷紧、拉挺,不得重叠,避免卷曲、扭结或坑洼。

(3)土工格栅沿纵向拼接采用搭接法,搭接宽度宜为 30cm,并沿路基横向对土工格栅搭接部分每隔 1m 用 8 号铁丝进行穿插连接,并在铺设的格栅上,每隔 1.5 ~ 2m 用 U 形钉固定于地面。

(4)铺好土工格栅后,人工铺设上层填料,及时完成碾压,避免暴晒。为保证填料的压实,填料应分层铺填和分层碾压。填料的分层压实厚度为 20 ~ 30cm。用推土机摊铺填料时,筋材上填料的覆盖厚度不得小于20cm。未经压实的加筋体一般不允许车辆在其上行驶，以免造成筋材错位。碾压应按照规定的顺序进行，下一次碾压的轮迹应与上一次轮迹重叠1/4～1/3的轮迹宽度。第一遍先轻压，使筋材位置在填料中先固定，然后再重压。碾压的遍数以填料碾压后达到规定要求的压实度为准。

四、施工质量控制措施

(1)下承层应平整，摊铺时应拉直、平顺，紧贴下承层，不得扭曲、褶皱。在斜坡上摊铺时，应保持一定的松紧度。

(2)铺设土工合成材料，应在路堤每边各留一定长度，回折覆裹在已压实的填筑层面上，折回外露部分应用土覆盖。

(3)铺设土工合成材料时，应将强度高的方向置于路堤主要受力方向，当设计有特殊要求时，按设计要求铺设。

(4)土工合成材料的连接，采用搭接时，搭接宽度宜为300～600mm；采用缝接时，缝接宽度应不小于50mm，缝接材料强度应不低于土工合成材料的抗拉强度；采用粘接时，粘接宽度应不小于50mm，粘接强度应不低于土工合成材料的抗拉强度。

(5)施工中应采取措施防止土工合成材料受损，出现破损时应及时修补或更换。

(6)双层土工合成材料上、下层接缝应错开，错开长度应大于500mm。

(7)严禁碾压机械及运输设备等直接在土工合成材料上碾压或行走作业。在施工过程中应随时检查土工材料的质量，发现有折损、刺破、撕裂等损坏时，视程度进行修补或更换。

任务思考

1. 简述土工合成材料的类型及特点。
2. 简述土工格栅处理软土地基的施工工艺。
3. 简述土工合成材料处理软土地基施工质量控制措施。

任务评价

任务考核评价见附表。

知识拓展应用

阅读资源1-2-3：土工合成材料软基处理实例，见数字资源04。

04-土工合成材料软基处理实例

任务1-2-4　排水固结法处理软土地基

任务描述

某沿海高速公路某合同段，软基采用袋装砂井处理。袋装砂井直径为10cm，按正三角形布置，间距为1.5m，深度穿透软弱土层，顶部深入砂垫层至少30cm，施工采用套管式成孔法。施工采用透水率较高的中、粗砂，粒径大于0.5mm的砂的含量占总质量的50%以上，含泥量小于3%，渗透系数大于5×10^{-2}mm/s。使用聚丙烯纺织砂袋。根据以上资料，请编制袋装砂井施工方案。

任务目标

1. 掌握袋装砂井法施工的适用范围及填料要求。
2. 掌握塑料排水板法施工的适用范围及填料要求。
3. 掌握袋装砂井法和塑料排水板法施工的工艺流程及施工质量控制措施。

建议课时

4 课时。

任务引领和分析

袋装砂井是指用透水型土工织物长袋装中粗砂，置于软土地基中，形成排水砂柱，以加速软土排水固结的地基处理方法。

任务实施

一、袋装砂井法

袋装砂井是指为加速地基排水固结，在软土地基中钻孔，将事先用柔性编织物按地基加固深度做成的长袋（砂袋直径 7～12cm），在地面上灌砂后放入孔中，或将空袋放入孔中，然后用压缩空气灌砂而成的排水柱体，如图 1-2-12 所示。

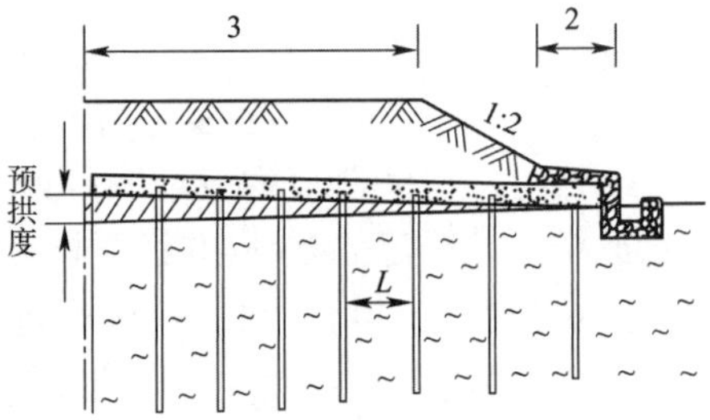

图 1-2-12　袋装砂井（尺寸单位：m）

为了保证袋装砂井内渗出来的水能顺利排出，一般在砂井顶部铺设砂垫层，袋装砂井应伸入砂垫层内至少 300mm。

1. 适用范围

适用于深度大于 3m 的软土地基处理，主要起竖向排水固结作用。用于对淤泥质土和淤泥地基进行处理时，宜与加载预压或真空预压方案联合使用。采用竖向排水固结法处理软土地基时，应保证有足够的预压期。

2. 施工机械

一般采用的打设机械有轨道门架式、履带臂架式、步履臂架式、吊机导架式等。袋装砂井宜采用圆形套管，套管内径宜略大于砂井直径。

3. 材料要求

（1）砂袋。砂袋可采用聚丙烯（国内普遍采用）、聚乙烯、聚酯等长链聚合物编织，以专用缝纫机缝制或工厂定制。砂袋的抗拉强度应能保证承受砂袋自重，装砂后，砂袋的渗透系数应不小于砂的渗透系数。

(2)砂。采用渗水率较高的中、粗砂,砂中粒径大于0.5mm的颗粒含量宜占总质量的50%以上,含泥量小于3%,渗透系数大于5×10^{-3}cm/s。

4. 袋装砂井施工

(1)施工工艺流程:清理整平原地面→摊铺下层砂垫层→测量放样→机具定位→打入套管→成孔检查→沉入砂袋→拔出套管→检查砂袋入土深度→机具移位→埋砂袋头→摊铺上层砂垫层。

(2)打入砂袋的操作步骤,如图1-2-13所示。

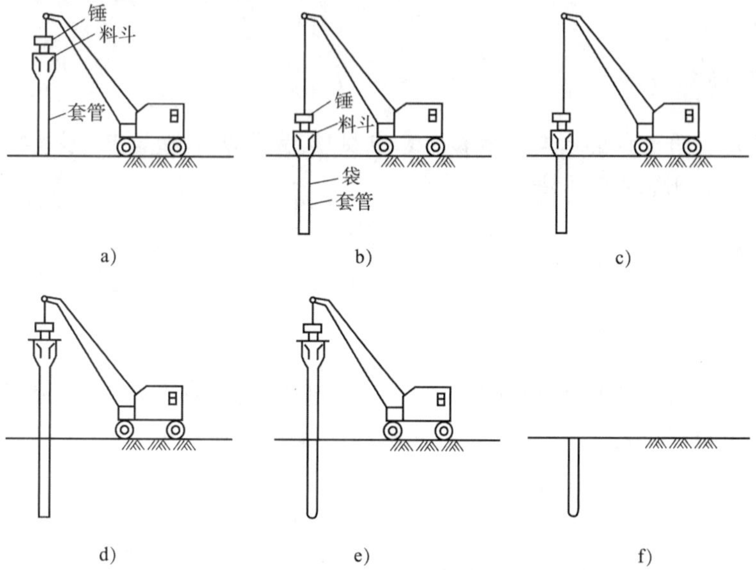

图1-2-13 打入砂袋操作步骤

a)开始打入;b)打入后将袋插入;c)将砂装入袋内;d)拔套管时;e)打完砂井;f)已成的砂井

①测量放样。井孔定位准确,并经复核无误。

②机具定位(图1-2-14)。打设机械沿路线方向自外向内施打,机械就位后,套管应对准桩位,缓慢放下。套管底端应有可开闭底盖或有预制桩尖。

图1-2-14 机具定位

③打入套管。套管定位后,沉入或施打到土基内,直至设计深度。施打时,应随时检查套管垂直度。

④成孔检查。

⑤沉入砂袋。可以选用以下两种方法之一:

第一种,扎好砂袋下口后(袋长比井深约长1000mm),在其下端放入深200mm左右的砂,作为压重,将袋子放入套管中沉入到要求的深度。然后将袋口固定在装砂用的漏斗上,灌入砂。灌砂时应边落砂边向砂袋内注水,并振动以利于灌砂顺畅密实,直至砂溢出砂袋。检查砂袋中砂的饱满程度,当发现不足时,应继续二次灌砂,直至砂袋灌满为止。

第二种,用预制砂袋沉放,如图1-2-15所示。先在袋内装满砂料,扎好上口,成为预制砂袋,运往现场,弯成圆形,成圈堆放。成孔后将砂袋立即放入孔内。砂袋应垂直下井,不得扭结、缩颈、断裂、磨损。

⑥拔出套管。沉入砂袋后一边把压缩空气送进套管,一边缓慢提升套管,直至拔出。拔管时,如出现将砂袋带出或损坏,应在原孔位边缘重打;连续两次将砂袋带出时,应停止施工,查明原因并经处理后方可施工。

⑦检查砂袋入土深度,使之达到设计深度(图 1-2-16)。

图 1-2-15　放入砂袋

图 1-2-16　打入到设计深度的砂袋

⑧机具移位。

⑨埋砂袋头。用铁锹将露出的砂袋桩头埋入砂垫层中。

5. 袋装砂井施工质量检验实测项目

袋装砂井施工质量检验实测项目,见表 1-2-1。

袋装砂井、塑料排水板实测项目　　表 1-2-1

项　　次	检 查 项 目	规定值或允许偏差	检查方法和频率
1	井(板)距(mm)	±150	尺量:抽查 2% 且不少于 5 点
2△	井(板)长	不小于设计值	查施工记录
3	井径(mm)	+10,0	挖验 2% 且不少于 5 点
4	灌砂量(%)	-5	查施工记录

6. 施工质量控制措施

(1)施工前一定要对砂及砂袋的质量进行检测,按进货数量分批进行抽检。

(2)砂井施工长度需考虑袋内砂体积减小、井内的弯曲、超深以及深入水平碎石垫层内的长度等因素,通过试验确定,防止砂井全部沉入孔内,造成顶部与排水垫层不连接,影响排水效果。

(3)砂袋内的砂采用中粗砂。

(4)砂井用振动法施工时,导轨垂直,钢套管不弯曲,沉桩时用测锤控制其垂直度。

(5)砂袋入口处的导管装设滚轮,仔细下放砂袋,防止砂袋发生扭结、缩颈、断裂和磨损,在施工过程中要经常检查桩尖和导管口的密封情况,避免管内进泥过多造成井阻,影响加固深度。

(6)施工员认真记录每天的施工情况。例如,每根桩的位置与进尺,注意控制好施插和拔管速度,防止对土层扰动太大;认真检查砂袋质量,是否有损坏、老化、污染等情况,若发现砂袋质量不符合要求,必须立即更换砂袋;检查灌装的砂袋是否符合设计长度与灌砂饱满率要求;检查是否有漏砂现象;等等。

(7)聚丙烯编织袋不宜长时间暴晒,必须露天堆放时应有遮盖,以防砂袋老化。

(8)套管起拔时应垂直起吊,防止带出或损坏砂袋;当发生砂袋带出或损坏时,应在原孔的边缘重新打入。

(9)砂袋顶部埋入砂垫层的长度不应小于 0.3m,应竖直埋入,不得横置。

二、塑料排水板法

塑料排水板法是利用塑料排水板打入(或用插板机插入)土体,作为垂直排水通道,可代替常用的袋装砂井法。其特点是滤水性好,能确保排水效果,并且具有一定的强度和延伸率,具备适应地基变形的能力;板截面尺寸不大,插放时对地基扰动小,施工方便。

1. 适用范围

塑料排水板法适用范围与袋装砂井排水加固法相同,尤其适用于缺少砂石的地区。

2. 塑料排水板的性能及规格

塑料排水板是由芯体和滤套组成的复合体,或是由单一材料制成的多孔管道板带(无滤套)。板宽一般为100mm,厚度为3~4mm,长度方向有槽孔,底部应有管靴。土层中固结渗流水通过滤膜渗入到槽孔内,并通过槽孔从横向排水垫层中排出,如图1-2-17所示。

塑料排水板外观如图1-2-18所示。由于塑料排水板所用材料不同,其结构也各有不同,如图1-2-19所示。

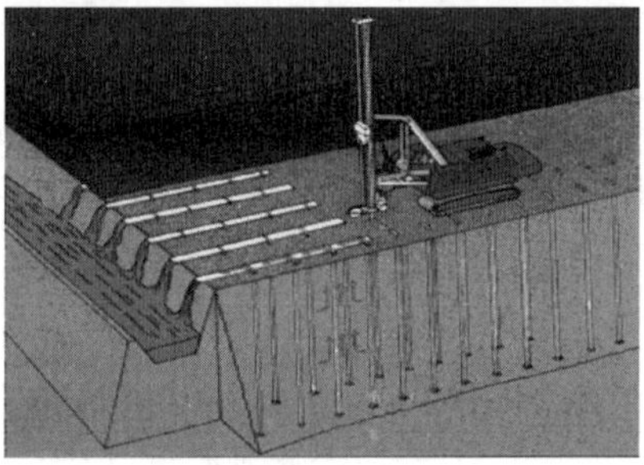

图1-2-17 塑料排水板排水示意图

图1-2-18 塑料排水板

3. 施工机械

主要施工机械是插板机,它可与袋装砂井打设机械共用,但应将圆形套管换成矩形套管。步履式插板机如图1-2-20所示。

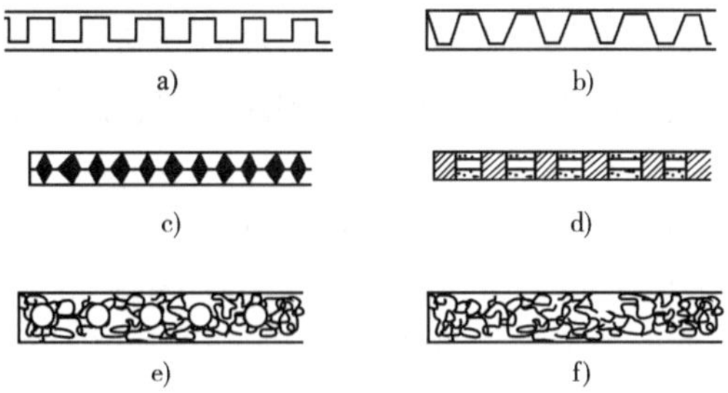

图1-2-19 塑料排水板的结构

a)槽型塑料板;b)梯形塑料板;c)△槽型塑料板;d)硬透水膜塑料板;e)无纺布螺旋孔排水板;f)无纺布柔性排水板

图1-2-20 步履式插板机

4. 塑料排水板法施工

(1)施工工艺流程:清理整平原地面→摊铺下层砂垫层→测量放样→机具定位→塑料排水板穿靴→打入塑料排水板→割断塑料排水板→机具移位→摊铺上层砂垫层。

(2)操作步骤:

①清理整平原地面、摊铺下层砂垫层、测量放样、机具定位等。这些步骤的施工要求与

袋装砂井施工要求相同。

②塑料排水板穿靴。安装套管靴,桩尖和塑料板连接。套管不仅应有足够的强度和刚度,同时还应有较小的截面,以减少对周围土体的扰动。塑料排水板通过套管,从套管穿出并与桩尖相连,套管连同塑料排水板顶住桩尖,压入土中。

③打入塑料排水板(图1-2-21)。插板机就位后,通过振动锤驱动套管对准孔位下沉,排水板从套管内穿过,与端头管靴相连并顶住排水板插到设计深度。在施工过程中,应减少回带现象并保证垂直度符合要求。

④割断塑料排水板(图1-2-22)。塑料排水板超过孔口的长度应能伸入砂垫层不小于500mm,预留段应及时弯折埋设于砂垫层中,与砂垫层贯通,并采取保护措施。

图1-2-21 打入塑料排水板

图1-2-22 割断塑料排水板

5. 塑料排水板施工质量标准

塑料排水板施工质量检验实测项目,见表1-2-1。

6. 施工质量控制措施

(1)上拔插入杆时带出的淤泥,不得弃于砂垫层上,以免堵塞排水通道。

(2)塑料排水板需接长时,应采用滤套内芯板平搭接的方法。芯板应对扣,凹凸对齐,搭接长度不宜小于0.2 m;滤套包裹应采取可靠措施固定。

(3)结构物两侧的沉降过渡段必须严格按照长度、间距、过渡的起讫范围进行打设。

(4)施工时应加强检查,保证板距、垂直度、板长等符合规范要求,否则应予重打,重打的桩位与原桩位置间距不大于板距的15%。若施工过程中发现不能施工至设计高程,应及时与设计人员联系商讨解决方案。

(5)塑料排水板不宜长时间暴晒,盘带需露天堆放时应有遮盖,以防老化。

(6)套管桩靴和套管应配合适当,结合紧密、无缝,以免淤泥进入后增大塑料板与套管内壁的摩擦力,导致塑料板回带。

(7)塑料排水板与桩靴的连接,宜采用穿过桩靴上的固定架之后将板体对折不小于0.1m,连同桩靴一起塞入套管的方式。安好桩靴之后,应等套管下落至桩靴与地面接触之后方可松手;确保桩靴与套管紧密结合。

(8)塑料排水板顶端埋入砂垫层的长度不应小于0.5m。

任务思考

1. 简述袋装砂井法处理软土地基的施工工艺和施工质量控制措施。

2. 简述塑料排水板法处理软土地基的施工工艺和施工质量控制措施。

任务评价

任务考核评价见附表。

知识拓展应用

阅读资料1-2-4:排水固结法的几种方法,见数字资源05。

05-排水固结法

任务1-2-5　碎石桩处理软土地基

任务描述

某高速公路某合同段个别地段地质构成为第四纪冲积层的松散沉积物,属软弱土层。软弱土层主要由淤泥、泥质亚黏土、泥质亚砂土、粉细砂组成,具有含水率高、贯入阻力低、抗剪强度低、压缩模量大、极限摩阻力小及基本承载力低等特点。基于此,软土地基在路堤荷载作用下易发生较大的沉降与变形,且由于抗剪强度低,地基易产生滑动,造成路基失稳,因此,应根据设计要求对该软土地基段采用碎石桩进行处理。请编制该碎石桩施工方案。

任务目标

1. 掌握碎石桩施工的适用范围及填料要求。
2. 掌握碎石桩施工的工艺流程及施工质量控制措施。

建议课时

2课时。

任务引领和分析

碎石桩是粒料桩中的一种,碎石桩可与桩间土体形成复合地基,共同承担荷载以提高地基强度,增大地基变形模量。在编制碎石桩施工方案之前,要先掌握碎石桩的施工工艺。

任务实施

碎石桩是以碎石(卵石)为主要材料制成的复合地基加固桩。碎石桩和砂桩等在国外统称为散体桩或粗颗粒土桩。所谓散体桩是指无黏结强度的桩,由碎石桩或砂桩等散体桩和桩间土组成的复合地基亦可称为散体桩复合地基。目前在国内外广泛应用的碎石桩、砂桩、渣土桩等复合地基都是散体桩复合地基。

一、适用范围

碎石桩适用于淤泥质土、粉质砂土、粉土、湿陷性黄土等软土层地基处理,对地下水位较低的粉质土、砂土处理的整体效果更好,但是对于含水率比较大的湿软土处理效果则不太理想。

二、材料要求

碎石桩宜就地取材,所用碎石宜有一定的级配。用于一般软土地基的碎石桩,粒料最大粒径不宜大于50mm。用于十字板抗剪强度低于20kPa的软土地基,粒料最大粒径不应大于100mm,其中粒径为50~100mm的粒料质量应占粒料总质量的50%~60%。粒料的含泥量不应大于5%。

三、施工机械

碎石桩施工可采用振冲置换法或振动沉管法成桩。振冲置换法用到的施工机械有振冲器、吊机、施工专用平车,振冲器如图 1-2-23 所示。

振动沉管法用到的施工机械有振动打桩机和钢套管。振动打桩机如图 1-2-24 所示。

图 1-2-23　振冲器

图 1-2-24　桩机就位

四、碎石桩施工

下面以振动沉管法为例介绍碎石桩施工工艺。

(1)清理整平施工场地,进行桩位放样。

(2)桩机就位,校正桩管垂直度使之满足≤1.5%。校正桩管长度及投料口位置,使之符合设计桩长。设置第二次投料口,在桩位处铺设少量碎石。

(3)启动振动锤,将桩管下到设计深度,每下沉 0.5m 留振 30s。

(4)稍提升桩管使柱尖打开。

(5)停止振动,立即向桩管内装入规定数量的碎石。

(6)振动拔管:拔管前先振动 1min 再边振动边拔管,每提升 1m 导管应反插 30cm,拔管速度为 1~2m/min。

(7)根据单桩设计碎石用量确定第一次投料的成柱长度,进行数次反插,直至桩管内碎石全部拔出。

(8)提升桩管,开启第二次投料口并停正振动,进行第二次投料直至灌满。

(9)继续边拔管边振动,直至拔出地面。

(10)提升桩管高于地面,停止振动进行孔口投料(第三次投料)直至地表。

(11)启动反插,并及时进行孔口补料至该桩设计碎石桩用量全部投完为止。

(12)孔口加压至前机架抬起,完成一根桩的施工。

(13)移动架至另一孔位,重复以上操作,直至碎石桩施工完成,见图 1-2-25。

图 1-2-25　碎石桩施工完成

五、碎石桩施工质量检验实测项目

碎石桩施工质量检验实测项目，见表1-2-2。

碎石桩实测项目 表1-2-2

项　次	检 查 项 目	规定值或允许偏差	检查方法和频率
1	桩距(mm)	±150	抽查2%且不少于5点
2	桩径(mm)	不小于设计值	抽查2%且不少于5点
3△	桩长(m)	不小于设计值	查施工记录并结合重型动力触探
4	粒料灌入率	不小于设计值	查施工记录
5	地基承载力	满足设计要求	抽查桩数的0.1%且不少于3处

六、施工质量控制措施

振动沉管法成桩可采用一次拔管成桩法、逐步拔管成桩法和重复压管成桩法三种工艺，并均应符合下列规定：

(1)施工前应进行成桩工艺和成桩挤密试验。当成桩质量不满足设计要求时，应在调整设计与施工有关参数后，重新进行试验或改变设计。

(2)碎石桩处理软黏土地基宜从中间向外围或间隔跳打。在邻近既有建筑物施工时，应背离建筑物方向进行。

(3)打桩机机架应稳固可靠，套管上下移动的导轨应垂直。

(4)宜采用在套管上画出明显标尺的方法控制成桩深度。

(5)施工长桩时，加料斗提升过程中宜由两人从两侧牵引料斗的缆绳，保证安全。

(6)需要留振时，留振时间宜为10～20s。

(7)拔管速度宜控制在1.5～3.0m/min。

任务思考

1. 简述碎石桩处理软土地基的适用范围及材料要求。
2. 简述碎石桩处理软土地基的施工工艺和施工质量控制措施。

任务评价

任务考核评价见附表。

知识拓展应用

阅读资料1-2-5：振冲法简介，见数字资源06。

06-振冲法简介

任务1-2-6　粉喷桩处理软土地基

任务描述

某高速公路某合同段位于长江河谷平原工程地质区，存在的主要不良地质为软土和砂土液化。为了减少工后沉降量，保证路基稳定，解决结构物上的“跳车”等病害，设计采用粉喷桩对软土地基进行处理。请编制该粉喷桩施工方案。

任务目标

1. 掌握粉喷桩施工的适用范围及填料要求。
2. 掌握粉喷桩施工的工艺流程及施工质量控制措施。

建议课时

2 课时。

任务引领和分析

粉喷桩是加固土桩中的一种，是深层搅拌法加固地基方法的一种形式，是采用粉体状固化剂来进行软土地基搅拌处理的方法。在编制粉喷桩施工方案之前，要先掌握粉喷桩的工艺流程。

任务实施

粉喷桩主要是以水泥、石灰、粉煤灰等材料作为固化剂的主剂，利用深层搅拌机械和原位软土进行强制搅拌，经过物理化学作用生成一种特殊的具有较高强度、较好变形特性和水稳性的混合柱状体。粉喷桩施工前，必须进行成桩试验，桩数不宜少于 5 根。

一、适用范围

粉喷桩适用于淤泥质土、黏性土、粉土、杂填土且天然含水率大于30%的软土地基的加固。

二、材料要求

(1)生石灰粒径应小于 2.36mm，无杂质，氧化钙和氧化镁总量应不小于 85%，其中氧化钙含量应不小于 80%。

(2)粉煤灰中二氧化硅和三氧化二铝含量应大于 70%，烧失量应小于 10%。

(3)水泥宜用普通硅酸盐或矿渣硅酸盐水泥。

三、施工机械

施工主要机械有钻机、粉体发送器、空气压缩机和搅拌钻头等。

四、粉喷桩施工(图 1-2-26)

图 1-2-26　粉喷桩施工

施工工艺流程：场地清理→测量放样→钻头准确就位→钻孔→喷射固化剂→钻头提升→桩头养护→质量检验，如图 1-2-27 所示。

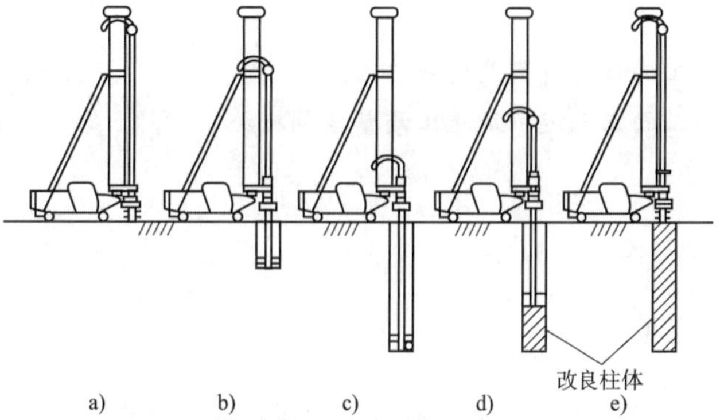

图 1-2-27　粉喷桩施工工艺

a)钻头就位；b)钻孔；c)钻进结束；d)喷固化剂；e)桩体形成

(1)场地清理。场地表层需先铺砾石，干燥土垫层，厚度 0.5mm 左右，以便机械在场地内顺利移动和施钻。如果场地填有石质材料或植有树木，需将石质材料、树木及其根部挖除。

(2)测量放样。用全站仪将桩位精确定位，标出每根桩的位置。

(3)钻头准确就位。根据确定的加固桩体的位置，使钻头准确地落到桩位上。水平偏差不得超过 50 mm，并使搅拌轴保持垂直，如图 1-2-27a)所示。

(4)钻孔。启动搅拌机，钻头边旋转边钻进。为了不致堵塞喷射口，钻进一定深度启动一次，将泥沙从喷射口吹出，如图 1-2-27b)所示。

(5)钻进结束。当钻深达到设计高程后停钻，如图 1-2-27c)所示。

(6)喷射固化剂。停钻后，即开启空压机连接固化剂罐的阀门，边提升钻杆边喷固化剂，直至孔口，如图 1-2-27d)所示。

(7)钻头提升。提升结束，桩体形成，当钻头提升至距离地面 0.3 ~ 0.5m 时，发送器停止向孔内喷射粉料，成桩结束，如图 1-2-27e)所示。

五、粉喷桩施工质量检验实测项目

粉喷桩施工质量检验实测项目，见表 1-2-3。

粉喷桩实测项目　　　　表 1-2-3

项　次	检 查 项 目	规定值或允许偏差	检查方法和频率
1	桩距(mm)	±100	尺量：抽查 2% 且不少于 5 点
2	桩径(mm)	不小于设计值	尺量：抽查 2% 且不少于 5 点
3△	桩长(m)	不小于设计值	查施工记录并结合 0.2% 成桩取芯检查
4	单桩每延米喷粉(浆)量	不小于设计值	查施工记录
5△	强度	不小于设计值	取芯法：抽查桩数的 0.5%，且不少于 3 组
6	地基承载力	满足设计要求	抽查桩数的 0.1% 且不少于 3 处

六、施工质量控制措施

(1)施工前应进行成桩工艺性试验(不少于 5 根)，确定各项工艺参数并报监理单位确认后，方可进行施工。

(2)粉喷桩大面积施工前,应对工艺性试桩的单桩和复合地基进行承载力试验,以确认设计参数。

(3)施工钻进过程中应保持连续喷射压缩空气,保证喷灰口不被堵塞,钻杆内不进水。钻进速度宜为0.8~1.5m/min。

(4)搅拌机械应配置灰度自动记录仪,且处于检定有效期内。

(5)在成桩过程中,如因故停浆,继续施工时必须重叠接桩,接桩长度不得小于0.5m;若停机超过3h,应拆卸输浆管路,清洗干净,在原桩位旁边补桩。

(6)配置好的浆液不得离析,供浆必须连续,固化剂与外掺剂的用量、泵送浆液时间必须有专人记录。

(7)应随时记录喷粉压力、瞬时喷粉量和累计喷粉量、钻进速度、提升速度等有关参数的变化。当发现喷粉量不足时,应整桩复打,复打的喷粉量应不小于设计用量。当遇停电、机械故障等原因致使喷粉中断时,必须复打,复打重叠桩段长度应大于1m。当粉料储存容器中剩余粉量不足一根桩的用量加50kg时,应在补打后方可开钻施工下一根桩。

(8)施工过程中废弃的加固料不得任意排放。浆体喷射搅拌桩施工过程中溢出的浆液应及时回收处理,防止污染环境。

(9)破除桩头不得影响桩的完整性,应采用截桩机等专用设备切割桩头。

(10)粉体喷射搅拌桩施工过程中,应记录施工机械设备贯入地层的反应,核查地质资料。

(11)粉体喷射搅拌桩单桩加固料用量应满足设计要求。

(12)搅拌桩成桩长度及复搅长度应满足设计要求。喷粉中断时,第二次喷粉接桩的喷粉重叠长度不得小于1m。因故停浆时,恢复供浆后的喷浆重叠长度不得小于0.5m。

(13)搅拌桩桩身完整性、均匀性、无侧限抗压强度应满足设计要求。

(14)搅拌桩处理后的单桩或复合地基承载力应满足设计要求。

任务实训(表1-2-4)

任务实训表　　表1-2-4

实训项目	粉喷桩质量检查与验收实训
实训内容	粉喷桩施工完成后,请根据《公路工程质量检验评定标准》(JTG F80/1—2017)的技术要求,结合实训设备及实训条件,选择其中两项实测项目,对粉喷桩进行质量评定验收
实训目的	1.通过实训能用检测设备对粉喷桩进行实测质量检验。 2.通过实训掌握粉喷桩质量检查的有关要求
实训要求	1.严格遵守实训纪律,服从实训教师安排,统一行动,有令必行、有禁必止。 2.遵守实习单位的劳动纪律和各项规章制度,树立良好的职业道德和组织纪律观念。 3.安全实训,严防意外伤害。注意与机械、设备和危险源保持安全距离;操作机械、设备时严格遵守安全作业规程
实训准备	1.知识准备: 认真学习教材内容,查阅相关规范。 2.场地选择: 选择一段粉喷桩施工完工的地基。 3.仪器、设备: (1)相机:拍摄工程照片、视频;记录本:记录施工作业注意事项、流程、施工示意图、心得体会等; (2)现场检测仪器:水准仪、全站仪、3m直尺、卷尺等

续上表

<table>
<tr><td>实训过程</td><td>加固土桩实测项目见表 1-2-3</td></tr>
<tr><td>实训表格</td><td>
表 K-1　分项工程质量检验评定表
分项工程名称：　工程部位：(桩号、墩台号、孔号)　所属建设项目(合同段)：
所属分部工程名称：　所属单位工程：　施工单位：　分项工程编号：
<table>
<tr><td colspan="2">基本要求</td><td colspan="15">1.
2.
…</td></tr>
<tr><td rowspan="6">实测项目</td><td rowspan="2">项次</td><td rowspan="2">检查项目</td><td rowspan="2">规定值或允许偏差</td><td colspan="10">实测值或实测偏差值</td><td colspan="3">质量评定</td></tr>
<tr><td>1</td><td>2</td><td>3</td><td>4</td><td>5</td><td>6</td><td>7</td><td>8</td><td>9</td><td>10</td><td>平均值、代表值</td><td>合格率(%)</td><td>合格判定</td></tr>
<tr><td></td><td></td><td></td><td></td><td></td><td></td><td></td><td></td><td></td><td></td><td></td><td></td><td></td><td></td><td></td><td></td></tr>
<tr><td></td><td></td><td></td><td></td><td></td><td></td><td></td><td></td><td></td><td></td><td></td><td></td><td></td><td></td><td></td><td></td></tr>
<tr><td></td><td></td><td></td><td></td><td></td><td></td><td></td><td></td><td></td><td></td><td></td><td></td><td></td><td></td><td></td><td></td></tr>
<tr><td></td><td></td><td></td><td></td><td></td><td></td><td></td><td></td><td></td><td></td><td></td><td></td><td></td><td></td><td></td><td></td></tr>
<tr><td colspan="3">外观质量</td><td colspan="7"></td><td colspan="4">质量保证资料</td><td colspan="3"></td></tr>
<tr><td colspan="3">工程质量等级评定</td><td colspan="14"></td></tr>
</table>
检验负责人：　检测：　记录：　复核：　年　月　日
</td></tr>
<tr><td>实训总结</td><td>(实训中遇到的问题和解决方法,对本次实训的意义和建议、受训收获)</td></tr>
</table>

任务思考

1. 简述粉喷桩处理软土地基的适用范围及材料要求。
2. 简述粉喷桩处理软土地基的施工工艺和施工质量控制措施。

任务评价

任务考核评价见附表。

知识拓展应用

阅读资料 1-2-6：施工机械工作原理，见数字资源 07。

07-施工机械工作原理

任务 1-2-7　水泥粉煤灰碎石(CFG)桩处理软土地基

任务描述

某公路为一级公路，兼顾城市道路功能，双向八车道，设计时速 80km/h，路基宽度 47.5m。路线所经区域有大量软土分布，以有机淤泥质为主，含水率较高，对 K4 + 197.9 ~ K4 + 392.5和 K4 + 892.5 ~ K4 + 991 合同段采用水泥粉煤灰碎石桩(简称 CFG 桩) + 袋装砂井处理，CFG 柱根数为 4437 根，总延长米为 47684m，最高深度为 14m，最低深度为 4.9m。请编制 CFG 桩法施工方案。

任务目标

1. 掌握 CFG 桩施工的适用范围及要求。
2. 掌握 CFG 桩施工的工艺流程及施工质量控制措施。

建议课时

2 课时。

任务引领和分析

CFG 桩是由水泥、粉煤灰、碎石、石屑和砂加水拌和形成的高黏结强度的桩，和桩间土、垫层一起形成复合地基。

任务实施

一、适用范围

CFG 桩适用于处理黏性土、粉土、砂土和已自重固结的素填土等地基。对淤泥质土应按地区经验或通过现场试验确定其适用性。

二、施工机械

CFG 桩施工常用机械有振动沉管桩机、长螺旋钻孔机，如图 1-2-28 所示。

a)　　b)

图 1-2-28　长螺旋钻孔机

a)履带式长螺旋钻孔机；b)步履式长螺旋钻孔机

三、材料要求

1. 集料

粗集料可采用碎石或砾石，泵送混合料时，砾石最大粒径不宜大于 25mm，碎石最大粒径不宜大于 20 mm。振动沉管灌注混合料时，粗集料最大粒径不宜超过 50 mm。可掺入砂、石屑等细集料改善级配。

2. 水泥

一般采用 32.5 级普通硅酸盐水泥。

3. 粉煤灰

宜选用Ⅱ、Ⅲ级粉煤灰。

四、施工工艺流程

工艺流程:施工准备→钻机定位→混合料搅拌→钻进成孔→灌注及拔管→移机→桩头处理。

1. 施工准备

通过试验,确定各种材料的施工用配比;平整场地,清除障碍物,标记处理场地范围内地下构造物及管线;测量放线,定出控制轴线、打桩场地边线并标识;施工前清除地表耕植土,进行成桩工艺试验,确定施工工艺和参数。

2. 钻机定位

CFG 桩钻机就位后,应用钻机塔身的前后和左右的垂直标杆检查塔身导杆,校正位置,使钻杆垂直对准桩位中心,确保 CFG 桩垂直度容许偏差不大于1%。

3. 混合料搅拌

混合料要求按配合比进行配料,计量要求准确,拌和时间不得少于1min。混合料加水量和坍落度,根据采用的施工方法按工艺试验确定,并以监理工程师批准的参数进行控制。在泵送前,混凝土泵料斗应备好熟料。

4. 钻进成孔

钻孔开始时,关闭钻头阀门,向下移动钻杆至钻头触及地面时,起动马达钻进。一般应先慢后快,这样既能减少钻杆摇晃,又容易检查钻孔的偏差,以便及时纠正。在成孔过程中,如发现钻杆摇晃或难钻时,应放慢进尺,否则较易导致桩孔偏斜、位移,甚至使钻杆、钻具损坏。当钻头到达设计桩长预定高程时,在钻机塔身处做醒目标记,作为施工时控制孔深的依据。

5. 灌注及拔管

CFG 桩成孔到设计高程后,停止钻进,开始泵送混合料,当钻杆芯充满混合料后开始拔管,严禁先提管后泵料。成桩的提拔速度宜控制在1.2～1.5m/min,成桩过程宜连续进行,应避免因后台供料慢而导致停机待料。灌注成桩完成后,桩顶采用湿黏土封顶,进行保护。

6. 移机

当上一根桩施工完毕后,钻机移位,进行下一根桩的施工。施工时由于 CFG 桩的土较多,经常将临近的桩位覆盖,有时还会因钻机支撑脚压在桩位旁,使原标定的桩位发生移动。因此,下一根桩施工时,还应根据轴线或周围桩的位置对需施工的桩位进行复核,以保证桩位准确。

7. 桩头处理

CFG 桩采用扩大桩头,施工桩顶高程宜高出设计桩顶高程不少于0.5m;清土和截桩时,不得造成桩顶高程以下桩身断裂和扰动桩间土。桩头处理见图1-2-29。

图1-2-29　桩头处理

五、CFG 桩施工质量检验实测项目

CFG 桩施工质量检验实测项目，见表 1-2-5。

CFG 桩实测项目 表 1-2-5

项　　次	检 查 项 目	规定值或允许偏差	检查方法和频率
1	桩距(mm)	±100	尺量：抽查 2% 且不少于 5 点
2	桩径(mm)	不小于设计值	尺量：抽查 2% 且不少于 5 点
3△	桩长(m)	不小于设计值	查施工记录并结合取芯检查
4△	强度	不小于设计值	取芯法：抽查桩数的 0.5%，且不少于 3 组
5	复合地基承载力	满足设计要求	抽查桩数的 0.1% 且不少于 3 处

六、施工质量控制措施

(1)施工前应进行成桩工艺和成桩强度试验。当成桩质量不满足设计要求时，应在调整设计与施工有关参数后，重新进行试验或改变设计。

(2)混合料应严格按照成桩试验确定的配合比拌制，搅拌均匀，搅拌时间不得少于 1min。

(3)沉管至设计高程后应尽快投料，首次投料量应使管内混合料面与投料口平齐。拔管过程中发现料量不足时应及时补充投料。桩顶超灌高度不宜小于 0.5m。

(4)沉管宜在设计高程留振 10s 左右，然后边振动、边拔管。拔管速度宜为 1.2～1.5m/min，如遇淤泥层，拔管速度宜适当放慢。拔管过程中不得反插。

(5)成桩过程中，每个台班应做不少于一组(3 个)试块(边长 150mm 的立方体)，检验其标准养护 28d 抗压强度。

(6)当设计桩距较小时，宜按隔桩跳打的顺序施工。施打新桩与已打桩间隔的时间不应少于 7d。

任务思考

1. 简述 CFG 桩处理软土地基的适用范围及材料要求。
2. 简述 CFG 桩处理软土地基的施工工艺和施工质量控制措施。

任务评价

任务考核评价见附表。

知识拓展应用

阅读资料 1-2-7：CFG 桩质量检验评定，见数字资源 08。

08-CFG 桩质量检验评定

任务 1-2-8　强夯法处理地基

任务描述

某高速公路某合同段黄土状亚砂土、黄土状亚黏土的分布较广，且不连续，其具有垂直节理、大孔隙特征。由钻探取样的试验结果得知，在距地表 6m 的范围内基本以黄土为主，并属于

湿陷性黄土,湿陷程度大,经过分析论证采用强夯法进行处理。请编制该强夯法施工方案。

任务目标

1. 掌握强夯法施工的适用范围及要求。
2. 掌握强夯法施工的工艺流程及施工质量控制关键点。

建议课时

2 课时。

任务引领和分析

强夯法,又称为振动固结法,它是将很重的夯锤从高处自由落下,给土体以冲击和振动,从而提高地基的密实强度,降低土体的压缩性。编制强夯法施工方案,要先掌握强夯法的工艺流程。

任务实施

强夯法处治软土地基,主要有三个作用:一是加密作用,通过强夯,将土层中的空气或气体排出于土层之外,使土体得以加密;二是固结作用,水稳性良好的土壤,在强夯作用之下,土颗粒之间的水或其他流体得以排出,土壤因此得到固结;三是预加变形作用,在强夯作用之下,各种类型颗粒成分重新排列。

一、适用范围

强夯法适用于湿陷性黄土、松散砂土、废弃的垃圾土等的加固工程中,效果较好。但应用于饱和的软弱黏质土时,效果则是不稳定的。

二、施工机具

1. 起吊机械

一般采用起吊能力很大的吊车或专用三脚架操纵落锤,如图 1-2-30a)所示。

2. 夯具

系用钢制或钢板外壳内填水泥混凝土制成的重锤,锤重力为 80 ~ 400kN,当前一般为 100kN,如图 1-2-30b)所示。

a)　　b)

图 1-2-30　强夯机具

a)起吊设备;b)落锤

三、强夯施工工艺流程

工艺流程：夯点放线定位→测量夯点高程→夯机就位→测量夯前锤顶高程→起吊夯锤→夯锤自由下落→记录→下一夯点夯击→完成一遍→整平→(如重复夯实流程同前)→最后一遍满夯。

(1)施工前，应采取隔振、防振措施，消除强夯对邻近建筑物的有害影响。

(2)施工前，必须选择有代表性并不小于 $500m^2$ 的路段进行试夯，确定最佳击实能、间歇时间、夯间距等参数，以指导全面施工。

(3)施工前，应检查锤重与落距，单击夯击能量应符合设计要求。

(4)夯击前，应对夯点放样并复核，夯击后检查夯坑位置，发现偏差或漏夯应及时纠正。

(5)夯点可采用正方形或等边三角形布置，如图 1-2-31 所示。

(6)做好每一夯点的夯击能量、夯击次数、每次夯击的沉降量等记录。

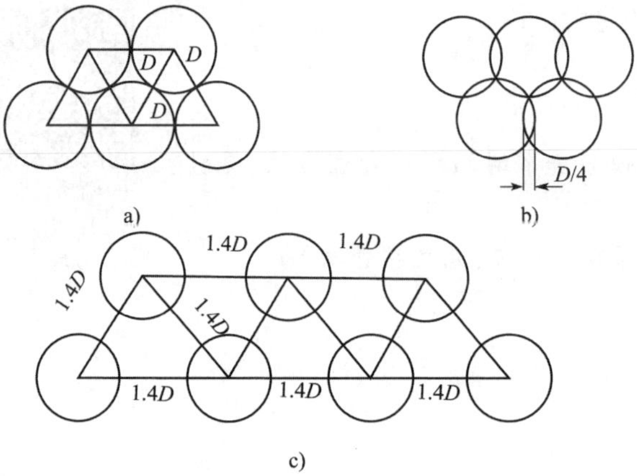

注：D-夯点直径。

图 1-2-31　强夯施工夯点布置图

四、强夯施工的质量控制及验收

强夯施工完成后，应通过标准贯入、静力触探等原位测试，测量地基夯后承载能力是否达到规定的设计要求。

五、强夯施工注意事项

(1)强夯前应在地表铺设一定厚度的垫层，垫层材料可采用碎石、矿渣等坚硬的粗颗粒材料。

(2)强夯宜分为主夯、副夯、满夯三遍实施。第一遍主夯完成后，第二遍的副夯点应在主夯点中间穿插布置；副夯点与主夯点的布置间距及夯击能级应相同；满夯点应采用彼此搭接 1/4 连续夯击，满夯能级可采用主夯能级的 1/3 ~ 1/2。

(3)两遍夯击之间应有一定的时间间隔，间隔时间应根据土中超静孔隙水压力的消散时间确定；当缺少实测资料时，可根据地基土的渗透性确定。对于渗透性较差的黏性土地基，间歇时间不应少于 21d；对于粉性土地基，间歇时间不应少于 7d；对于渗透性好的地基，间歇时间不宜少于 3d。

(4)强夯夯点的夯击次数，应按试夯得到的夯击次数和夯沉量关系曲线确定，并应满足下列要求：

①当单击夯能小于 2000kN·m 时，最后两击的平均夯沉量不宜大于 50mm；当单击夯能为 2000～4000kN·m 时，最后两击的平均夯沉量不宜大于 100mm；当单击夯能大于 4000kN·m 时，最后两击的平均夯沉量不宜大于 200mm。

②夯坑周围地面不应发生过大的隆起。

③夯坑不应过深而造成提锤困难。

任务思考

1. 简述强夯法处理软土地基的适用范围。

2. 简述强夯法处理软土地基的施工工艺和施工质量控制措施。

任务评价

任务考核评价见附表。

知识拓展应用

阅读资料 1-2-8：强夯法常遇问题及处理方法，见数字资源 09。

知识拓展 1-2-8：强夯法施工，见数字资源 10。

09-强夯法常遇问题及处理方法

10-强夯法施工

项目2 路基施工

项目内容

本项目为路基施工,主要包括以下六项内容:

任务2-1 土方路堤施工

任务2-2 石方路堤施工

任务2-3 土石路堤施工

任务2-4 土方路堑施工

任务2-5 石方路堑施工

任务2-6 回填施工

项目要求

1. 掌握土方填筑的方法和施工工艺过程。
2. 掌握石方填筑的方法和施工工艺过程。
3. 掌握土石填筑的方法和质量控制与验收。
4. 掌握土方开挖的方法和施工工艺过程。
5. 掌握石方开挖的方法和常用的爆破方法。
6. 掌握台背回填的方法和施工要点。

项目知识点、技能点

1. 土方路堤施工

(1)土方路堤填料的选择。

(2)土方填筑施工工艺流程。

(3)土方填筑质量验收标准。

2. 石方路堤施工

(1)石方路堤对填料的要求。

(2)石方路堤基底处理。

(3)石方路堤施工及检测程序。

(4)石方路堤质量验收标准。

3. 土石路堤施工

(1)土石路堤对填料的要求。

(2)土石路堤填筑质量控制。

(3)土石路堤质量验收标准。

4. 土方路堑施工

(1)土方路堑放样。

(2)土方路堑施工。

(3)土方路堑质量验收标准。

5. 石方路堑施工

(1)石方路堑开挖基本要求。

(2)石方路堑开挖方法。

(3)常用的爆破方法。

(4)石方路堑爆破施工的作业程序。

(5)边坡整修及路床清理。

(6)石方路堑质量验收标准。

6. 回填施工

(1)填料的要求。

(2)回填施工。

任务2-1　土方路堤施工

任务描述

某单位承接某高速公路M合同段施工任务。该区段设计车速100km/h,路基宽度26m,其中K20+300～K20+520为土方路堤,该段平均填高7m,路基填方数量约45000 m^3。填料大部分来自相邻挖方段,不足填料取自弃土场。工程开工前,项目部组织技术人员进行了图纸会审,全面调查了沿线地上、地下构筑物及管线情况,未发现该区段有供水、供暖、电力管线等设施。针对工程实际,项目部采用区段内原有两条水泥路为进场道路,沿界桩新建一条泥结碎石便道作为场内便道。路堤防护采用三维植被网、菱形格等防护形式。已进场设备有挖掘机、压路机、推土机、平地机、自卸车等,机械设备满足招标文件要求。各项施工准备工作已完成并经监理工程师认可。

请根据以上背景资料编制土方路堤填筑施工方案。

任务目标

1. 掌握施工放样。
2. 掌握路基填料的选择及处理。
3. 掌握机械设备的选择。
4. 能编制土方路堤填筑方案。
5. 掌握路堤整修和质量验收。

建议课时

10课时。

任务引领和分析

土方路堤是指用石料含量不超过总质量30%的土石材料填筑的路堤。土方路堤施工的基本内容主要有:施工准备、基底处理、路堤填筑(填料选择、施工取土、土方运输)、摊铺整平、压实、检测签证、整修和检查与验收。本任务内容就是根据现场实际情况编制土方路堤施工方案。

任务实施

一、施工放样

路堤施工前,应进行详细的施工放样工作。路堤施工放样的内容,包括控制点复测与加密、恢复中线、标定填挖高度、边桩放样、边坡放样、移点移桩等。

1. 控制点复测与加密

为施工使用方便,路基施工放样之前,应首先对控制点进行复测与加密。路基施工期间应根据情况定期对控制点进行复测。季节性冻土地区,在冻融以后应进行复测。控制点复测与加密包括平面控制点和高程控制点两个方面。

控制点复测与加密要求:

1)平面控制点的复测与加密

(1)导线测量技术要求应符合表2-1-1的规定。

导线测量技术要求 表2-1-1

等级	附合导线长度(km)	平均边长(m)	每边测距中误差(mm)	测角中误差(″)	导线全长相对闭合差	方位角闭合差(″)	测回数	
							DJ_2	DJ_6
一级	10	500	17	5.0	1/15000	$\pm 10\sqrt{n}$	2	4
二级	6	300	30	8.0	1/10000	$\pm 16\sqrt{n}$	1	3
三级	—	—	—	20.0	1/2000	$\pm 30\sqrt{n}$	1	2

(2)原有导线点不能满足施工需要时,可增设满足相应精度要求的附合导线点。

(3)同一建设项目内相邻施工段的导线应闭合,并满足同等级精度要求。

(4)对可能受施工影响的导线点,施工前应加以固定或改移,从开工到竣工验收的时间段内应保证其精度。

2)高程控制点的复测与加密

(1)水准点精度应符合表2-1-2的规定。

水准测量精度要求 表2-1-2

等级	每公里高差中数中误差(mm)		往返较差、附合或环线闭合差(mm)		检测已测测段高差之差(mm)
	偶然中误差 M_{Δ}	全中误差 M_W	平原微丘区	山岭重丘区	
三等	±3	±6	$\pm 12\sqrt{L}$	$\pm 3.5\sqrt{n}$或$\pm 15\sqrt{L}$	$\pm 20\sqrt{L_i}$
四等	±5	±10	$\pm 20\sqrt{L}$	$\pm 6.0\sqrt{n}$或$\pm 25\sqrt{L}$	$\pm 30\sqrt{L_i}$
五等	±8	±16	$\pm 30\sqrt{L}$	$\pm 45\sqrt{L}$	$\pm 40\sqrt{L_i}$

注:1. 计算往返较差时,L为水准点间的路线长度(km)。
2. 计算附合或环线闭合差时,L为附合或环线的路线长度(km)。
3. n为测站数,L_i为检测测段长度(km)。

(2)沿路线每500m宜设有一个水准点。在结构物附近、高填深挖路段、工程量集中及地形复杂路段,宜增设水准点。临时水准点应符合相应等级的精度要求,并与相邻水准点闭合。

(3)当水准点有可能受到施工影响时，应进行处理。

2. 中线放样

中线放样是控制公路平面位置的关键工序，必须仔细审查图纸，认真核对，避免出现偏差。

中线放样的要求：

(1)路基开工前，应进行全段中线放样并固定路线主要控制桩，高速公路、一级公路宜采用坐标法进行测量放样。

(2)中线放样时，应注意路线中线与结构物中心、相邻施工段的中线闭合，发现问题应及时查明原因，进行处理。

(3)设计图纸和实际放样不符时，应查明原因后进行处理。

3. 路堤边桩放样

路堤边桩放样直接影响到公路用地、路基宽度及工程量的大小。路堤边桩放样的方法主要有图解法、解析法、渐进法、坐标法等。目前常用的方法为图解法、解析法和坐标法。二级以下的公路往往采用图解法和解析法。

路堤边桩放样要求：

(1)图解法是指利用供施工用的路基横断面图，测量出横断面方向上中桩与边桩的实际水平距离，按测量值实地定点并打桩。此方法虽然简便，但精度较差。

(2)解析法是指利用填挖高度、路基宽度、边坡坡度计算边桩至中桩的实际距离，再实地量取距离定点打桩。此方法精度较高，施工较复杂，适用于横断地形不太复杂的边桩放样。

(3)坐标法是指利用全站仪、GPS 等仪器设备，采用导线控制通过坐标来确定边桩的位置。此方法简单，易操作，适用于各种地形，设计文件需提供坐标。

二、地基处理

地基处理是影响路基施工质量的关键之一，路基范围内的原地基应在路基施工前进行处理。

地基处理要求：

(1)路基用地范围内的树木、灌木丛等均应在施工前砍伐或移植清理，砍伐的树木应移置于路基用地之外，进行妥善处理，树根应按要求全部挖除。

(2)清除淤泥、泥炭等软弱土层，直至达到硬底土层，再用质量较好的土或改善土分层回填压实。

(3)路堤修筑范围内，原地面的坑、洞、墓穴等，应在清除沉积物后，用原状土或合格填料分层回填分层压实，压实度应不小于 90%。

(4)原地基为耕地或松土时，应先清除全部有机土、种植土、草皮等，平整后按规定要求进行压实。

(5)基底原状土的强度不符合要求时，应进行换填，换填深度应不小于 30cm，并予以分层压实到规定要求。

(6)基底应在填筑前进行压实。高速公路、一级公路、二级公路路堤基底的压实度应不小于 90%，当路堤填土高度小于路床厚度(0.8m)时，基底的压实度不宜小于路床的压实度标准。

(7)路堤填筑时，当原地面纵坡大于 12% 或横坡陡于 1∶5 时，应按设计要求挖台阶，或设置成坡度向内并大于 4%、宽度大于 2m 的台阶。

三、土方路堤填料的选择

路堤填料一般都是利用当地附近土石作填料修筑而成，而公路沿线土石的类别和性质不同，修筑路基后的稳定性也有很大的差异，应尽可能地选择当地强度高、稳定性好并便于施工的土石作为路堤填料。

1. 路堤填料的选择要求

(1)在有水、泥及软弱地带，选用碎石、卵石、砾石、粗砂等透水性良好的材料分层填筑压实。

(2)含草皮、生活垃圾、树根、腐殖质等的土严禁被作为路堤填料。

(3)泥炭、淤泥、冻土、强膨胀土、有机质土及易溶盐超过允许含量的土，不得直接用于填筑路堤；确实需要使用时，必须采取技术措施进行处理，经检验满足设计要求后方可使用。

(4)液限大于 50%、塑性指数大于 26、含水率不适宜直接压实的细粒土，不得直接作为路堤填料；确实需要使用时，必须采取技术措施进行处理，经检验满足设计要求后方可使用。

(5)粉质土不宜直接填筑于路床，不得直接填筑于浸水部分的路堤及冰冻地区的路床。

(6)在有条件选择土质时，应按照填筑路堤的质量好坏依次选取。

(7)路堤填料强度和粒径，应符合表 2-1-3 的规定。

路堤填料强度(CBR 值)：表征路基土、粒料、稳定土强度的一种强度指标。

路堤填料最小强度和最大粒径要求 表 2-1-3

填料应用部位 (路床顶面以下深度)(m)		填料最小强度(CBR)(%)			填料最大粒径 (mm)
		高速公路、 一级公路	二级公路	三、四级公路	
路堤	上路床(0~0.30)	8	6	5	100
	下路床(0.30~0.80)	5	4	3	100
	上路堤(0.80~1.50)	4	3	3	150
	下路堤(>1.50)	3	2	2	150
零填及挖方路堤	(0~0.30)	8	6	5	100
	(0.30~0.80)	5	4	3	100

注：1. 表列强度按《公路土工试验规程》(JTG E40—2007)规定的浸水 96h 的 CBR 试验方法测定。

2. 三、四级公路铺筑沥青混凝土和水泥混凝土路面时，应采用二级公路的规定。

3. 表中上、下路堤填料最大粒径 150mm 的规定，不适用于石质路堤和土石路堤。

2. 改善路堤填料的方法

当路堤填料不符合要求时，应对填料进行处理或改善后再进行使用。处理和改善的要求如下：

(1)含水率过高于最佳含水率，应予以翻晒，如图 2-1-1 所示。最好利用松土机或圆盘耙耧翻土，增大暴露面，加速蒸发。另外，也可在取土场工作面下面挖沟，使地下水位降低，改变土料含水率，如图 2-1-2 所示。

图 2-1-1　湿土翻晒

图 2-1-2　挖沟降水

(2)含水率过低于最佳含水率,常在材料上洒水,并对土料进行翻拌,使其湿润均匀。

(3)掺外加剂改良。利用石灰、水泥、工业废料或其他材料作稳定剂(或凝固剂)对土的性质进行改良,以达到填土要求。这种方法对含水率大、塑性高的土或强度不足的其他材料都有较好的效果。

采用外加剂改良土的施工方法,是指将土和外加材料按一定比例混合、拌匀后整平、压实,一般采用路拌式稳定土拌和机和平地机等联合作业,也可由设于专门场地的厂拌设备制备。

四、施工取土

路堤施工取土,应根据设计要求,结合路基排水和当地土地规划、环境保护的要求进行,不得任意挖取。施工取土应不占或少占良田,尽量利用荒坡、荒地,取土深度应结合地下水等因素考虑,利于复耕,如图 2-1-3 所示。原地面耕植土应先集中存放,以利再用。

图 2-1-3　取土坑

取土坑技术要求:

(1)地面横向坡度陡于 1∶10 时,取土坑应设在路堤上侧。

(2)桥头两侧不宜设置取土坑。

(3)取土坑与路基之间的距离,应满足路基边坡稳定的要求。取土坑与路基坡脚之间的护坡道应平整密实,表面设 1% ~2% 向外倾斜的横坡。

(4)取土坑兼作排水沟时,其底面宜高出附近水域的常水位或与永久排水系统及桥涵出水口的高程相适应,纵坡不宜小于 0.2%,平坦地段不宜小于 0.1%。

(5)线外取土坑等与排水沟、鱼塘、水库等蓄水(排洪)设施连接时,应采取防冲刷、防污染的措施。

(6)对取土造成的裸露面,应采取整治或防护措施。

五、土方运输

土方运输采用机械化施工，常用的机械有挖掘机、推土机、铲运机、自卸汽车、装载机等。选择施工机械，应考虑工程特点、土石种类及数量、地形、填挖高度、运距、气候条件、工期等因素，经济合理地确定。

土方运输应充分考虑压实能力，控制好摊铺厚度。摊铺厚度控制一般有松铺厚度控制法和方格法。

土方运输的要求：

(1)运输土方前，要进行填前碾压，将原地面碾压到要求的压实度。

(2)根据填土高度及分层厚度计算出计划分层数，并绘出分层施工图，向现场技术人员进行书面技术交底。

(3)用自卸汽车运输时，现场技术人员应根据分层填筑厚度，计算上料数量，用自卸汽车将填料按梅花形状均匀摊放在路基上。

(4)一般采用载量相同的车辆，每车的装运量相等，根据土的最大干密度、压实度标准确定现场干密度，根据土场的土的含水率、每车的载量，计算每车的摊铺面积，或者某一面积应堆放的车数，如图 2-1-4 所示。

图 2-1-4　土方运输方格

六、土方路堤填筑方案

为确保土方路堤施工质量，保证达到规范要求的压实度，土方路堤填筑应采用分层填筑的方案。

路堤填筑常用的作业方式有水平分层填筑法、纵向分层填筑法、竖向分层填筑法(即横向分层填筑)、混合填筑法。

1. 水平分层填筑法

水平分层填筑法是按照路堤设计横断面全宽水平分层，逐层向上填筑，分层压实的填筑方法，是路基填筑的常用方法。如果原地面不平，应该从最低处分层填起，如图 2-1-5 所示。

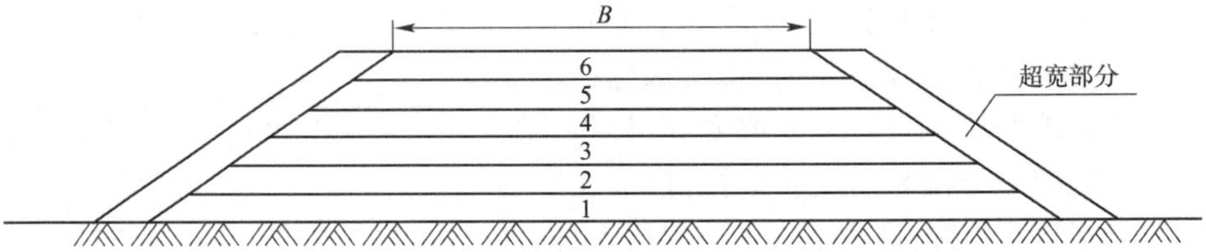

图 2-1-5　水平分层填筑

2. 纵向分层填筑法

纵向分层填筑法是指依路线纵坡方向分层,逐层向上填筑碾压密实的方法,如图 2-1-6 所示。适用于地面坡度大于 12%,用推土机从路堑取土、填筑距离较短的路堤。其缺点是不易碾压密实。

3. 竖向填筑法

竖向填筑是指从路基的一端或两端同时按横断面全高,逐步推进填筑。仅适用于无法自下而上填筑的深谷、陡坡、断岩、泥沼等机械无法进场的路堤处,如图 2-1-7 所示。

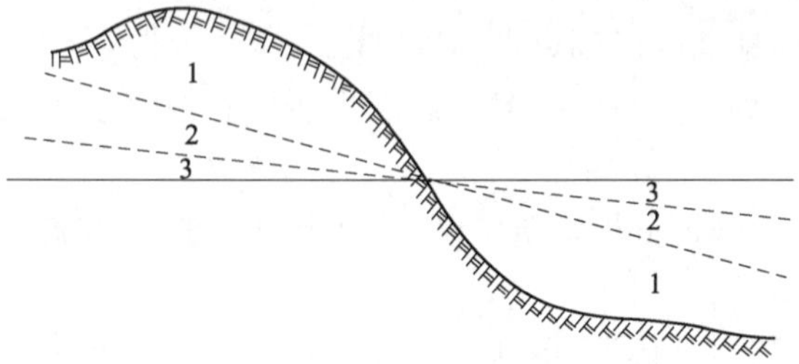

图 2-1-6　纵向分层填筑

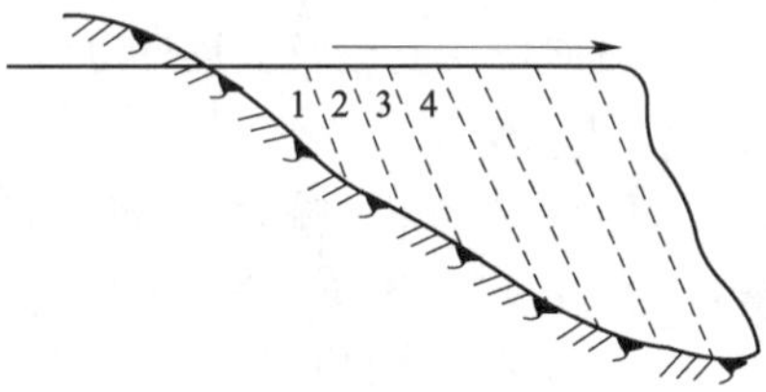

图 2-1-7　竖向填筑

4. 联合填筑法

联合填筑法是指路堤下层用竖向填筑而上层用水平分层填筑,以使上部填料获得足够的压实度。适用于因地形限制或填筑堤身较高,不宜采用水平分层法和竖向填筑法自始至终进行填筑的情况,如图 2-1-8 所示。

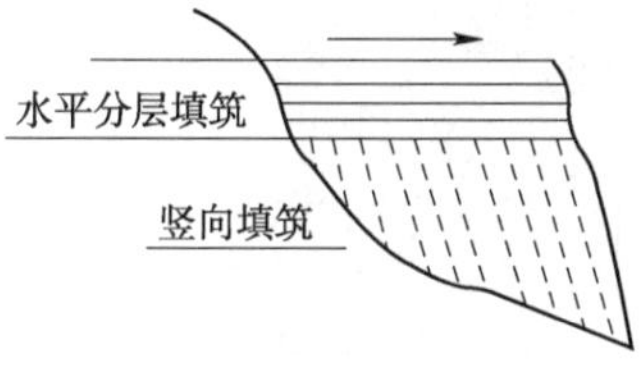

图 2-1-8　联合填筑施工

土方路基填筑要求:

(1)性质不同的填料,应水平分层、分段填筑,分层压实,同一水平层路基的全宽应采用同一种填料,不得混合填筑。每种填料的填筑层压实后的连续厚度不宜小于 500mm。填筑路床顶最后一层时,压实后的厚度应不小于 100mm。

(2)强度较高的填料应填在路基上层,强度较小的填料应填筑在下层,各层应满足 CBR 值要求。在有地下水的路段或临水路基范围内,宜填筑透水性好的填料。

(3)透水性差(较小)的土填在下层时,其顶面应设 2% ~4% 的双向横坡,并采取相应的防水措施,保证来自上层透水性好的土的水分及时排出。不得在透水性好的填料上面填筑或覆盖透水性不好的填料。

(4)每种填料的松铺厚度应通过试验确定。一般情况下,高速公路、一级公路最大松铺厚度不大于 300mm,其他公路不宜大于 500mm。

(5)每一填筑层压实后的宽度不得小于设计宽度。为保证路基边缘的压实和刷坡,路堤每侧应超宽 300 ~500mm 填筑,一般控制 300mm。

(6)路堤填筑时,应从最低处起分层填筑,逐层压实;当原地面纵坡大于 12% 或横坡陡于 1∶5 时,应按设计要求挖台阶,或设置坡度向内并大于 4%、宽度大于 2m 的台阶。

(7)填方分几个作业段施工时,接头部位如不能交替填筑,则先填路段,应按 1∶1 坡度分层留台阶;如能交替填筑,则应分层相互交替搭接,搭接长度不小于 2m。采用斜面相接,透水性大的在斜面上部,如图 2-1-9所示。

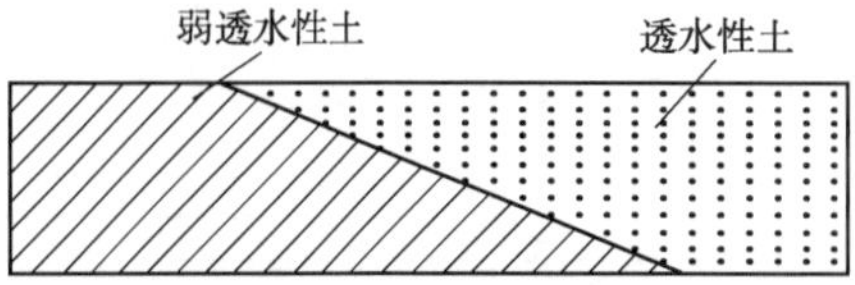

图 2-1-9　不同土质的斜面相接

为便于学生理解，对正确的填筑方式和不正确的填筑方式进行比较，如图 2-1-10、图 2-1-11所示。

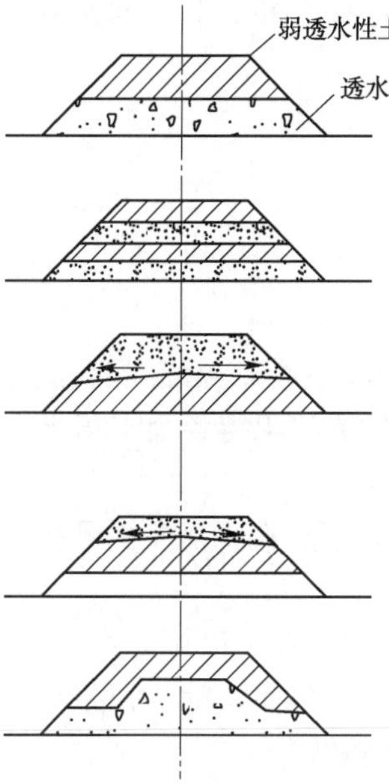

图 2-1-10　正确的填筑方式

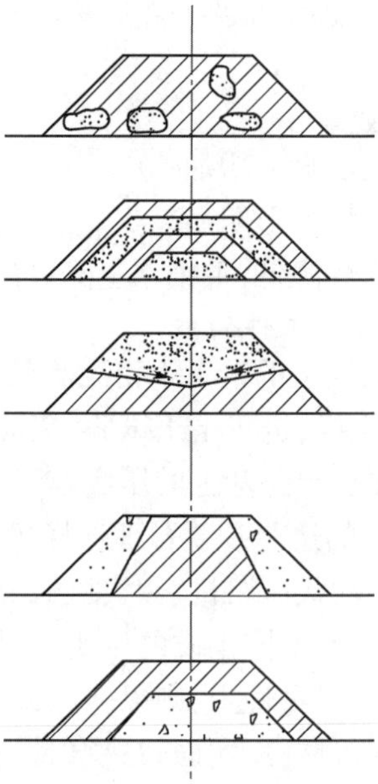

图 2-1-11　不正确的填筑方式

七、摊铺整平

摊铺整平是指把运输到路堤范围内的填料，按填筑方案的要求，均匀摊铺并整平的过程。本工序直接影响填筑路堤的平整度、压实度等施工质量。

分层摊铺要求：

(1)填筑区段完成一层卸土后，要用推土机进行初平，再用平地机终平，做到填铺面在纵向和横向平顺均匀，控制层面无显著的局部凹凸，保证压路机压轮表面能基本均匀地接触地面进行碾压，达到碾压效果。

(2)根据土质类别、压实能力，严格控制松铺厚度。松铺厚度应根据试验段来确定松铺系数，根据压实厚度和松铺系数来确定松铺厚度。

$$松铺厚度 = 压实厚度 \times 松铺系数$$

一般情况下，高速公路和一级公路的最大松铺厚度不应超过 300mm；其他公路最大松铺厚度不宜超过 500mm；填筑至路床顶面最后一层的最小压实厚度，不应小于 100mm。松铺厚度的检查方法可采用挖验法、高程法、测钎法等。

(3)要严格控制路堤几何尺寸和坡度。路堤填土宽度每侧应比设计宽度宽出 300mm，压实宽度不得小于设计宽度，压实合格后削坡。

(4)在摊铺时，应对路肩进行初步压实，并保证压路机压到路肩时不致发生滑塌。

(5)对于渗水填料，路基表面应做成向两侧 4% 的横向排水坡。

八、土方路堤的压实

压实是路堤施工中最重要的环节，压实度达不到规范要求，会造成工程质量隐患。现有公路的损坏，大多数都是由于基底、路基、基层、面层压实度不足而造成的。因此，必须高度重视压实工作，确保达到规范要求的压实度。

1. 压实的目的

压实的目的是使路堤获得一定的密实度，提高路堤的强度和水稳定性，减小由于荷载和大气因素作用产生的变形，最终使路床顶面检验时的路基整体强度，即回弹模量(E_0)或弯沉值达到要求。

2. 压实后的效果

(1)土体的强度大大增加。

(2)路基的塑性变形明显减少。

(3)土的透水性降低，毛细水上升高度减小。

3. 土方路堤压实工作的控制

(1)确定不同填土的最大干密度和最佳含水率。在填筑路堤之前，试验室必须对主要取土场采取代表性土样，进行土工试验，按规范规定的方法求得各个土场土样的最大干密度和最佳含水率，以便指导路基土的压实施工。

(2)压实机械的选用。要合理选择机械类型和数量，确保施工的顺畅。常用的压实机有静力式压路机、振动式压路机、夯实机械等类型。

不同压实机具对不同土质的压实效果不同，如对砂性土以振动式机械效果最好，夯击式次之，碾压式较差；对黏性土，则以碾压式和夯击式较好，而振动式较差甚至无效。压实面较大时，可采用碾压机械；压实面较狭窄时，宜用夯实机械。

(3)控制填土厚度。根据试验段确定的松铺厚度，控制好各层的填土厚度，能起到较好的压实效果。

(4)控制填土含水率。由于土方的压实只有在最佳含水率时才能达到最大的密实度，因而必须在碾压前和碾压中严格控制土的含水率，当接近最佳含水率时，填筑碾压的质量才有保证。

(5)压实方法。压实应符合"由轻到重、由低到高、先慢后快"的原则。一般路段应先两侧、后中间，以便形成路拱；在弯道部分设有超高时，由低的一侧边缘向高的一侧边缘碾压，以便形成单向超高横坡。先轻后重，以适应逐渐增长的土基强度。先慢后快，避免松土被机械推走，形成不适宜的结构，压实作业行驶速度在4km/h以内为宜。压实时应特别注意均匀，否则可能引起不均匀沉陷。压实遍数宜控制在10遍以内。

压实时，振动压路机一般重叠0.4~0.5m；三轮压路机一般重叠轮宽的1/2；前后两次轮迹(或夯击)须重叠150~200mm；压实纵向接头，应重叠1.0~1.5m。

使用夯锤压实时，第一遍各夯位宜紧靠，如有间隙则不得大于150mm，第二遍夯位应压在第一遍夯位的缝隙上，如此连续重复夯实，直至达到规定要求的压实度。

4. 影响土方路基压实的因素

原材料性质、材料配比、施工方案、机械选配、施工工序及控制、施工条件、基底强度、养护交通管制、质量检测等都可能会影响路基压实质量。

(1)土的性质决定了土的最大干密度和最佳含水率，试验室提供的最大干密度和最佳含水率，是确定路堤压实度满足要求与否的唯一依据。因此，试验室提供的最大干密度和最佳含水率必须准确，并与路堤填料相符合。

(2)施工现场因素。主要包括含水率、碾压温度、碾压层厚度、基底强度、压实机具、压实方法、压实翻浆处理。

①含水率。路堤填料只有在最佳含水率时，才能压实到最大密实度。所以，应在路堤填料接近最佳含水率进行压实。

②碾压温度。在路基碾压过程中,温度升高,水黏滞度降低,在土粒间起润滑作用,易于压实。但气温过高时,又会由于水分蒸发太快而不利于压实。温度低于0℃时,因部分水结冰,起润滑作用的水更少,因而难以达到理想的压实效果。

③碾压层厚度。土所受的外力作用,随深度增加而逐渐减弱,当超过一定范围时,土的密实度将不再提高。正确控制碾压层厚度,对于提高压实机械生产率和填筑路基质量十分重要。

④基底强度。在填筑路堤时,若地基没有足够的强度,路堤的第一层难以达到较高的压实度,甚至使碾压土层产生"弹簧"现象。因此,对于地基或下承层强度不足的情况,填筑路堤前应采取措施进行处理。

⑤压实机具。压实机具不同,压力传布的有效深度不同,一般地,夯击式机具的压力传布最深,振动式次之,碾压式最浅。

压实机具的质量较小时,碾压遍数越多(即时间越长),土的密实度越高,但超过某一极限后,土的变形急剧增加而达到破坏,机具过重以至超过土的强度极限时,将立即引起土体破坏。从工程实践来看,一般碾压遍数在4遍以前,密实度增加明显,4~6遍增长较慢,8遍以后稍有增长,12遍后基本不增长。

⑥压实方法。压实方法包含压实路线、压实速度、压实次序。

压实路线:压实的路线应满足由低到高的原则,即超高的路段由内侧向外侧压实,其他路段由两侧向中间压实。

压实速度:碾压速度越高,压实效果越差,变形量越小。因此,为了提高压实效果,必须控制合理的碾压行驶速度。

压实次序:压实应由轻到重,避免出现推挤,产生波浪。

⑦压实翻浆处理。压实过程中,经常出现的问题是出现"弹簧""翻浆"现象。常用的处理方法有翻晒法、换土法、掺灰(石灰、水泥、粉煤灰等固化材料)法等。

总之,影响压实效果的内因是土的性质和含水率。应根据压实特性,按照不同的要求,选择适应不同土质的压实机具,确定最佳压实厚度、碾压遍数和速度,准确地控制最佳含水率,能达到最佳的压实效果。

九、检验签认

1. 检验

试验人员在取样或测试前必须检查填料是否符合要求,碾压区段是否压实均匀,填筑层厚是否超过规定厚度。填料发生变化时必须重新做击实试验。若填料未发生变化,则填料复查可参考表2-1-4中规定的试验项目及频次执行。

填料复查分类试验项目、频次 表2-1-4

填料类别	试验项目、频次				
	颗粒级配	液塑限	相对密度试验	击实试验	大于5mm颗粒的单位体积重
细粒土及粉砂、黏砂	—	1000 / 5000~10000	—	1000 / 5000~10000	1000 / 5000
粗粒土(除粉砂、黏砂外)	500 / 10000	—	1000 / 10000	—	500 / 10000

注:表列数字表示应做一次试验的填筑体积(m^3),横线以上数值表示用于基床表层,横线以下数值表示用于基床底层及以下路堤。

2. 土方路堤的压实检测及标准

路堤填土压实的质量检测应随分层填筑施工进行分层检测。在填料质量、填筑厚度、平整度符合要求的基础上，进行压实度的检测。

(1)压实度的检测方法。采用灌砂法、灌水(水袋)法检测压实度时，取土样的地面位置为每一压实层底部；采用环刀法试验时，环刀中部处于压实层厚的1/2深度；采用核子仪试验时，应根据其类型，按说明书要求检测。

(2)检测频率。在施工过程中，每一压实层均应检验压实度，检测频率为每1000㎡至少检验2点，不足1000㎡时检验2点，必要时可根据需要增加检验点。

(3)每层压实度应符合表2-1-5标准。

土方路基压实度标准　　表2-1-5

填挖类型			路床顶面以下深度(m)	高速公路、一级公路压实度(%)	二级公路压实度(%)	三、四级公路压实度(%)
路堤	上路床		0~0.3	≥96	≥95	≥94
	下路床	轻、中及重交通荷载等级	0.3~0.8	≥96	≥95	≥94
		特重、极重交通荷载等级	0.3~1.2	≥96	≥95	—
	上路堤	轻、中及重交通荷载等级	0.8~1.5	≥94	≥94	≥93
		特重、极重交通荷载等级	1.2~1.9	≥94	≥94	—
	下路堤	轻、中及重交通荷载等级	>1.5	≥93	≥92	≥90
		特重、极重交通荷载等级	>1.9			

注：1. 表中压实度以《公路土工试验规程》(JTG E40—2007)重型击实试验法为准。

2. 三、四级公路铺筑水泥混凝土路面或沥青混凝土路面时，其压实度应采用二级公路的规定值。

3. 路堤采用特殊填料或处于特殊气候地区时，压实度标准根据试验路在保证路基强度要求的前提下，可适当降低。

4. 特别干旱地区的压实度标准可降低2%~3%。

(4)路堤每层填筑压实质量按规定检验达到设计及验收规范要求后，方可进行下一层填筑施工，否则应下达质量不合格通知单，要求重新压实，直到合格为止。

十、路堤整修

路堤的整修应在路基工程陆续完工，所有排水构造物已经完成并在回填之后进行。承包人应恢复各项标桩，按设计图纸要求检查路基的中线位置、宽度、纵坡、横坡、边坡及相应的高程等，根据检查结果，进行整修。

路堤整修工作主要包括路堤表面整修、路堤边坡整修、防护支挡工程整修、排水系统整修等方面的内容。

1. 路堤表面整修

(1)土方路堤表面应用人工或机械刮土或补土的方法整修，并配合压路机械碾压，补填的土层压实厚度应不小于100mm，压实后表面不得有松散、起皮、翻浆及表面不平整等现象，横向排水坡符合要求，如图2-1-12、图2-1-13所示。

(2)修整的路堤表面层厚度在150mm以内，应将松散的或半埋的尺寸大于100mm的石块从路堤表面层移走，并按规定填平压实。

图 2-1-12　平地机刮平

图 2-1-13　成型路基

2. 路堤边坡整修

(1)当填方路堤边坡受雨水冲刷形成冲沟或坍塌缺口时,应自下而上,分层挖台阶加宽填补夯实,再按设计坡面削坡。弯道内侧路肩边缘应修建路肩拦水带。

(2)根据路肩边线桩,人工按设计坡率挂线,刷去路堤两侧超填的宽度,进行整修拍实,如图 2-1-14 所示。如遇边坡缺土,则必须挖成台阶,分层填补夯实。

(3)整修后的坡面应顺适、美观、牢固,坡度符合要求,转折处棱线明显,直线处平直,变化处均匀,如图 2-1-15 所示。

图 2-1-14　边坡整修

图 2-1-15　整修后的边坡

3. 防护支挡工程整修

检查石料的风化情况、泄水孔是否畅通、结构物是否有变形和移位等,如有质量缺陷,应及时进行处理。

4. 排水系统整修

(1)边沟的整修应挂线进行。对各种水沟纵坡(包括取土坑纵坡)应用仪器检测,修整到符合设计图纸及规范要求。各种水沟的纵坡,应按设计图纸及规范要求处理,不得随意用土填补。

(2)截水沟、排水沟及边沟的断面、边坡坡度,应按设计要求处理。沟的表面应整齐、光滑,填补的凹坑应拍捶密实。

(3)整修后,排水系统的沟、槽表面应整齐,沟底平整,排水畅通不渗漏。

十一、土方路堤的质量验收标准

1. 土方路堤验收的一般规定

(1)土方路堤和石方路堤的实测项目技术指标的规定值或允许偏差按高速公路、一级公路和其他公路(指二级及以下公路)两挡确定,其中土方路堤压实度按高速公路和一级公路,二级公路,三、四级公路三挡确定。

(2)路堤压实度应分层检测,确保符合规定要求。路堤其他检查项目应在上路床进行检查测定。

(3)土质路肩工程可作为路面工程的一个分项工程进行检查评定。

(4)收费广场及服务区道路、停车场的土方工程压实标准可按土方路基要求进行检验。

2. 土方路堤验收的标准

土方路堤验收一般包括四个方面，即基本要求、实测项目、外观质量和质量保证资料等检验项目并分别检查。

1)基本要求

(1)在路基用地和取土坑范围内，应清除地表植被、杂物、积水、淤泥和表土，处理坑塘，并按施工技术规范和设计要求对基底进行压实，表土应充分利用。

(2)填方路基应分层填筑压实，每层表面平整，路拱合适，排水良好，不得有明显碾压轮迹，不得亏坡。

(3)应设置施工临时排水系统，避免冲刷边坡，路床顶面不得积水。

(4)在设计取土坑内合理取土，不得滥开滥挖。完工后应按要求对取土坑和弃土场进行整修。

2)实测项目

土方路堤实测项目见表2-1-6，松铺厚度检验表见表2-1-7。

土方路堤实测项目 表2-1-6

<table>
<tr><th rowspan="3">项次</th><th colspan="4">检查项目</th><th colspan="3">规定值或允许偏差</th><th rowspan="3">检查方法和频率</th></tr>
<tr><th colspan="3" rowspan="2">填 挖 类 型</th><th rowspan="2">路床顶面以下深度(m)</th><th rowspan="2">高速公路、一级公路</th><th colspan="2">其他公路</th></tr>
<tr><th>二级公路</th><th>三、四级公路</th></tr>
<tr><td rowspan="7">1</td><td rowspan="7">压实度(%)</td><td colspan="2">上路床</td><td>0~0.3</td><td>≥96</td><td>≥95</td><td>≥94</td><td rowspan="7">按《公路工程质量检验评定标准》(JTG F80/1—2017)标准附录B检查；密度法：每200m每压实层测2处</td></tr>
<tr><td rowspan="2">下路床</td><td>轻、中及重交通荷载等级</td><td>0.3~0.8</td><td>≥96</td><td>≥95</td><td>≥94</td></tr>
<tr><td>特重、极重交通荷载等级</td><td>0.3~1.2</td><td>≥96</td><td>≥95</td><td>—</td></tr>
<tr><td rowspan="2">上路堤</td><td>轻、中及重交通荷载等级</td><td>0.8~1.5</td><td>≥94</td><td>≥94</td><td>≥93</td></tr>
<tr><td>特重、极重交通荷载等级</td><td>1.2~1.9</td><td>≥94</td><td>≥94</td><td>—</td></tr>
<tr><td rowspan="2">下路堤</td><td>轻、中及重交通荷载等级</td><td>>1.5</td><td rowspan="2">≥93</td><td rowspan="2">≥92</td><td rowspan="2">≥90</td></tr>
<tr><td>特重、极重交通荷载等级</td><td>>1.9</td></tr>
<tr><td>2</td><td colspan="4">弯沉(0.01mm)</td><td colspan="3">不大于设计验收弯沉值</td><td>按《公路工程质量检验评定标准》(JTG F80/1—2017)标准附录J检查；</td></tr>
<tr><td>3</td><td colspan="4">纵断高程(mm)</td><td>+10，-15</td><td colspan="2">+10，-20</td><td>水准仪：中线位置每200m测2点</td></tr>
<tr><td>4</td><td colspan="4">中线偏位(mm)</td><td>50</td><td colspan="2">100</td><td>全站仪：每200m测2点，弯道加HY、YH两点</td></tr>
<tr><td>5</td><td colspan="4">宽度(mm)</td><td colspan="3">满足设计要求</td><td>尺量：每200m测4点</td></tr>
<tr><td>6</td><td colspan="4">平整度(mm)</td><td>≤15</td><td colspan="2">≤20</td><td>3m直尺：每200m测2处×5尺</td></tr>
</table>

续上表

项次	检查项目		规定值或允许偏差			检查方法和频率
	填挖类型	路床顶面以下深度(m)	高速公路、一级公路	其他公路		
				二级公路	三、四级公路	
7	横坡(%)		±0.3	±0.5		水准仪：每200m测2个断面
8	边坡		满足设计要求			尺量：每200m测4点

注:1. 表列压实度系按现行《公路土工试验规程》(JTG E40—2007)重型击实试验所得最大干密度求得的压实度。评定路段内的压实度平均值下置信界限不得小于规定标准,单个测定值不得小于极值(表列规定值减5个百分点)。按测定值不小于表列规定值减2个百分点的测点占总检查点数的百分率计算合格率。

2. 特殊干旱、特殊潮湿地区或过湿土路基等,可按路基设计、施工规范所规定的压实度标准进行评定。

3. 三、四级公路铺筑沥青混凝土或水泥混凝土路面时路基压实度应采用二级公路标准。

松铺厚度检验表 表2-1-7

工程项目:

测量段落部位			确定的松铺厚度(cm)			测量时间		
桩号或位置	水准尺读数(m)		高程(m)					备注
	后视	前视	视线高	实测高程	设计高程	偏差(mm)	允许偏差(mm)	
检验结果	实测_____点,合格_____点,不合格_____点,合格率为_____%							
检验人		日期		复核人		日期		

3)外观质量

(1)路堤边线与边坡不应出现单向累计长度超过50m的弯折。

(2)路堤边坡、护坡道、碎落台不得有滑坡、塌方或深度超过100mm的冲沟。

4)质量保证资料

工程应有真实、准确、齐全、完整的施工原始记录、试验检测数据、质量检验结果等质量保证资料。质量保证资料应包括下列内容：

(1)所用原材料、半成品和成品质量检验结果。

(2)材料配合比、拌和加工控制检验和试验数据。

(3)地基处理、隐蔽工程施工记录和桥梁、隧道施工监控资料。

(4)质量控制指标的试验记录和质量检验汇总图表。

(5)施工过程中遇到的非正常情况记录及其对工程质量影响分析评价资料。

(6)施工过程中如发生质量事故,经处理补救后达到设计要求的认可证明文件等。

任务实训(表2-1-8)

任务实训表　　表2-1-8

实训项目	土方路堤松铺厚度检测
实训内容	土方路堤某层摊铺后,采用高程法实测松铺厚度,与试验段确定的松铺厚度比较,计算松铺合格率
实训目的	通过实训,能用水准仪对土方路堤摊铺质量(厚度)进行检验
实训要求	1. 严格遵守实训纪律,服从实训教师的安排,统一行动,有令必行、有禁必止。 2. 遵守实习单位的劳动纪律和各项规章制度,树立良好的职业道德和组织纪律观念。 3. 安全实训,严防意外伤害。注意与机械、设备和危险源保持安全距离;操作机械、设备时严格遵守安全作业规程
实训准备	1. 知识准备 认真学习教材内容,查阅相关规范。 2. 场地选择 选择一段正在施工的土方路段,不少于100m。 3. 仪器、设备 (1)相机:拍摄工程照片、视频;记录本:记录施工作业注意事项、流程、施工示意图、心得体会等。 (2)现场检测仪器:水准仪、塔尺、记录表等
实训过程	1. 在已检测合格的路基上按20m一个断面布置6个断面,每个断面布设5个点,即左、左中、中、右中、右,共布设30个点。 2. 用水准仪测各点的高程,并做好记录。 3. 自卸车上土,推土机卸土方格和“厚度控制墩”在整个路基宽度范围内分层平行地进行摊铺作业,人工剔除掺杂在土中的一些植物根系、杂草及有机杂质,然后人工配合平地机进行精细整平。 4. 水准仪测量各点高程,并做好记录。 5. 整理数据,计算合格率
实训总结	(实训中遇到的问题和解决方法,对本次实训的意义和建议、受训收获)

任务思考

1. 土方路堤填筑的方法有哪些？
2. 简述土方路堤施工的程序。
3. 土方路堤检查验收的实测项目有哪些？

任务评价

任务考核评价表见附表。

知识拓展应用

阅读资料 2-1：土方路堤施工工程实例，见数字资源 11。

知识拓展 2-1：高填方路堤施工，见数字资源 12。

11-土方路堤施工工程实例　12-高填方路堤施工

任务 2-2　石方路堤施工

任务描述

某高速公路某合同段位于陕西省境内，起点里程 K115 +050，终点里程 K118 +227.11，全长为 3117.11m，其中上行线路基总长为 876.12m，下行线路基总长为 851.72m。其中路基石方路堤填筑共分三段，具体段落：

上行线：K115 +050 ~ K115 +347.97

K115 +762.03 ~ K115 +950.97

K118 +114.53 ~ K118 +226.961

下行线：K115 +050 ~ K115 +406.22

K115 +814.78 ~ K115 +924.97

K118 +076.03 ~ K118 +227.11

填方料取自挖方段爆破料，计划工期 5 个月，根据以上背景资料编制石方路堤填筑方案。

任务目标

1. 掌握对路堤填料的要求。
2. 掌握石方路堤施工工艺流程。
3. 掌握石方路堤质量检验。

建议课时

4 课时。

任务引领和分析

填石路堤是指用粒径大于 37.5mm 且含量超过总质量 70% 的石料填筑的路堤。石方路堤能有效利用爆破料，强度高，稳定性好，耐水性能好，不易产生冻胀、翻浆等病害，且边坡坡度较大，可有效减少占地，有利于环境保护，如图 2-2-1 所示。

图 2-2-1　石方路堤

石方路堤施工的基本内容包括路堤的放样、填料的选择、石方路堤填筑方法、石方路堤施工及检测程序、石方路堤填筑的质量控制以及石方路堤的质量验收标准。

任务实施

一、石方路堤对填料的要求

石方路堤填料应符合以下规定：

（1）膨胀岩石、易溶性岩石、强风化石料、崩解性岩石和盐化岩石不得直接用于路堤填筑。

（2）路堤填料粒径应不大于500mm，并不宜超过层厚的2/3，不均匀系数宜为15～20；路床底面以下400mm范围内，填料粒径应小于150mm；路床填料粒径应小于100mm。

二、石方路堤基底处理

在路堤填筑前进行基底处理，使石方与原来的地表紧密结合，地基保持稳定，增加承载能力，防止因草皮、树根腐烂而引起的路堤沉陷。

石方路堤基底处理要求：

（1）对于基底密实，且地面横坡不陡于1∶10时，经碾压符合要求后，可直接在地面上修筑路堤；在稳定的斜坡上，当横坡为1∶10～1∶5时，基底应清除草皮；当横坡陡于1∶5时，原地面应挖成台阶，台阶宽度不小于1m，高度不小于0.5m；若横坡超过1∶2.5时，外坡脚应进行特殊处理，如修护墙和护脚。

（2）路堤修筑范围内，原地面的坑、洞、墓穴等，应回填，并按规定要求进行压实。

（3）对于细粒土基底，应设2～3层过渡层，过渡层材料总厚度为300～500mm。粒径按照上下路床的要求，倒过来从小粒径递增至石质路堤的大粒径。

（4）对于岩石和细粒土混合基底，应将岩石尽量炸平，细粒土部位设置过渡层。基底为牙状时，应将石牙炸除，并用岩石材料置换细粒土，形成均匀、平整的混合基底。必要时设置土工材料，以降低承载力的差异，增加基底强度的均匀性。

（5）应检测基底承载力是否满足设计要求。

三、石方路堤施工及检测程序

1. 填料的采集

除软的岩石填料可采用大型推土机或挖掘机开挖外，一般采用爆破开挖的方法获取填料。

填料采集要求：

（1）石方路堤的主填料强度应不低于15MPa，用于护坡的不应小于20MPa；

（2）石料的最大粒径不宜超过层厚的2/3，200mm以上粒径填料少于40%，大粒径岩块应在料场就地解小。

2. 填料的装运

填料应用挖掘机装料，大型自卸汽车运输至施工现场。装料过程中要注意避免填料出现离析现象。

3. 修筑试验段

石方路堤施工前，应分别修筑路堤试验段和路床试验路段。

（1）路堤试验段确定满足表2-2-1中孔隙率标准的松铺厚度、压实机械型号及组合、压实速度及压实遍数、沉降差等参数。

填石路堤上、下路堤压实质量标准 表2-2-1

分　区	路床顶面以下深度（m）	硬质石料孔隙率（%）	中硬石料孔隙率（%）	软质石料孔隙率（%）
上路堤	0.8～1.50	≤23	≤22	≤20
下路堤	>1.50	≤25	≤24	≤22

（2）路床修筑试验路段，确定能达到最大压实干密度的压实功率、碾压速度、碾压遍数、铺筑层厚度、沉降差等。

4. 填料的摊铺

石方路堤的填筑施工方式有倾填法（含抛填）和逐层填筑、分层压实法两种。

（1）倾填法（竖向填筑法）。倾填法是指以路基一端按横断面的部分或全部高度自上往下倾卸石料，逐步推进填筑。主要用于陡峻山坡施工特别困难或大量以爆破方式挖开填筑的路段，以及无法自下而上分层填筑的陡坡、断岩、泥沼地区和水中作业的填石路堤。由于石料是从高处自然落下，石料间难免犬牙交错，空隙较大，故倾填路堤的压实、稳定等问题较多。倾填路堤在路床底面不小于1m的范围内仍需采用分层填筑压实。

（2）逐层填筑、分层压实法（碾压法）。高速公路、一级公路和铺设高级路面的其他等级公路的填石路堤采用此方法。施工时，自下而上水平分层，逐层填筑，逐层压实，是普遍采用并能保证填石路堤质量的方法。分层填筑分为机械作业和人工作业两种方法。

①机械施工分层填筑。高速公路及一级公路分层松铺厚度一般为500mm；其他公路为1000mm。按水平分层，先低后高、先两侧后中央卸料。由于每层填筑厚度较大，故摊铺平整工作必须采用大型推土机进行，个别不平处应配合人工用细石块、石屑找平，如果石块级配较差、粒径较大、填层较厚，石块间的空隙较大时，可于每层表面的空隙里扫入石渣、石屑、中砂、粗砂，再以压力水将砂冲入下部，反复数次，使空隙填满。

②人工摊铺填筑石质路堤。当铺填粒径250mm以上石料时，应先铺填大块石料，大面向下，小面向上，摆平放稳，再用小石块找平，石屑塞填，最后压实；铺填粒径250mm以下石料时，可直接分层摊铺，分层碾压。在推平过程中，需人工配合机械，按照公路技术规范规定，把直径大于规范规定的块石，推出路基边线以外。

5. 布设测点，检查松铺厚度

沿线纵向每隔20m布设一断面，在每个断面由路中心开始，每隔10m布设一测点，当路基宽度大于50m时在一个横断面上布设5个测点；当路基宽度小于50m时，在一横断面上布设 3 个测点。

测点应布置在整齐而坚硬的块石上，防止破坏。各上下层测点位置相同，测点用红油漆明显标出。上下层测得高程读数之差，即为本层的松铺厚度，松铺厚度必须满足规范要求。

6. 碾压

填石路堤在压实之前，应用大型推土机摊铺平整，个别不平处应用人工配合以细石屑找平。按照试验段得出的最佳机械组合、碾压次序及遍数，进行大面积碾压施工。

碾压时，先用自重不小于 18t 的光轮振动压路机或相近的重型压路机静压 1 遍，时速控制在 1.5km/h。再用激振力 400kN 以上的振动压路机或 50t 拖式振动碾先慢后快、由弱振至强振振压。碾压符合“压实三原则”。振动压路机械，振幅一般控制在 1.5 ~ 2.0mm 范围内，振动频率在 25 ~ 30Hz 之间，做到无漏压、无死角，确保碾压均匀。之后再用自重不小于 18t 的光轮振动压路机或相近的重型压路机激振 1 遍进行收面。

7. 测量和分析

测出各测点的高程，填入表格中，计算出碾压这一段后的沉降量。

沉降量一般在 0 ~ 5mm 之内变化时，密实度已满足要求。该层的横坡、纵坡及外观质量全部符合要求时，可进行上层的填筑工作。

8. 石方路堤的填筑注意事项

（1）岩性相差较大的填石路堤应分层或分段填筑，严禁将软质石料与硬质石料混合使用。

（2）中硬、硬质石料填筑路堤时，应进行边坡码砌。码砌边坡的石料强度、尺寸及码砌厚度应符合设计要求。边坡码砌与路基填筑宜基本同步进行。

（3）压实机械宜选用自重不小于 18t 的振动压路机。

（4）在石方路堤顶面与细粒土填土层之间应按设计要求设过渡层。

四、石方路堤质量验收标准

1. 基本要求

（1）填石路堤应分层填筑压实，每层表面平整，路拱合适，排水良好，上路床不得有碾压轮迹，不得亏坡。

（2）修筑填石路堤时应进行地表清理，填筑层厚度应符合规范规定并满足设计要求，填石空隙用石渣、石屑嵌压稳定。

（3）填石路堤应通过试验段确定沉降差控制标准。

2. 石方路堤实测项目

石方路堤实测项目应符合表 2-2-2 规定。

填石路堤实测项目 表 2-2-2

项次	检查项目	规定值或允许偏差		检查方法和频率
		高速公路、一级公路	其他公路	
1	压实①	孔隙率满足设计要求		密度法：每 200m 每压实层测 1 处
		沉降差≤试验路确定的沉降差		精密水准仪：每 50m 检测 1 个断面，每个断面测 5 点

续上表

项次	检查项目		规定值或允许偏差		检查方法和频率
			高速公路、一级公路	其他公路	
2	弯沉(0.01mm)		不大于设计值		按《公路工程试验检测评定标准》(JTG F80/1—2017)标准附录J检查
3	纵断高程(mm)		+10,−20	+10,−30	水准仪:中线位置每200m测2点
4	中线偏位(mm)		≤50	≤100	全站仪:每200m测2点,弯道加HY、YH两点
5	宽度(mm)		满足设计要求		米尺:每200m测4点
6	平整度(mm)		≤20	≤30	3m直尺:每200m测2处×5尺
7	横坡(%)		±0.3	±0.5	水准仪:每200m测2个断面
8	边坡	坡度	满足设计要求		尺量:每200m抽查4点
		平顺度	满足设计要求		

注:①上下路床填土时压实度检测标准同土方标准。

3. 外观质量

(1)路基边线与边坡不应出现单向累计长度超过50m的弯折。

(2)上边坡不得有危石。

任务思考

1. 石方路堤填筑对填料有哪些要求?
2. 试验路段需要总结哪些施工参数?
3. 石方路堤的填筑方法有哪些?
4. 石方路堤实测项目有哪些?

任务评价

任务考核评价表见附表。

知识拓展应用

阅读资料2-2:石方路堤施工工程实例,见数字资源13。

知识拓展2-2:填石路堤强力夯实法施工,见数字资源14。

13-石方路堤施工工程实例　14-填石路堤强力夯实法施工

任务2-3　土石路堤施工

任务描述

某高速公路M合同段(K17+300~K27+300),主要为路基土石方工程,本地区岩层构成为泥岩、砂岩互层,抗压强度20MPa左右,地表土覆盖层较薄。在招标文件中,工程量清单列有挖方2400000m^3(土石比例为6:4),填方249000m^3,填方路段填料由挖方路段调运。

在填筑路堤时，施工单位采用土石混合分层铺筑，用平地机整平每一层，最大层厚40cm，填至接近路床底面高程时，用土方填筑。

请根据以上背景资料简述土石路堤质量控制和验收要点。

任务目标

1. 掌握土石路堤填料选择。
2. 能进行土石路堤施工控制。
3. 掌握土石路堤质量验收。

建议课时

2课时。

任务引领和分析

土石路堤是指用石料含量在30%～70%的土石混合材料填筑的路堤。土石路堤施工的基本内容包括路堤的放样、填料的选择、土石路堤填筑质量控制，及其土石路堤的质量验收标准。土石路堤施工实例如图2-3-1所示。

图2-3-1　土石路堤施工

任务实施

一、土石路堤对填料的要求

土石路堤填料应符合以下规定：

(1)膨胀岩石、易溶性岩石、崩解性岩石和盐化岩石等不得直接用于路堤填筑。

(2)天然土石混合填料中，中硬、硬质石料的最大粒径不得大于压实层厚的2/3；若石料为强风化石料或软质石料时，其CBR值应符合路基填料的要求，石料最大粒径不得大于压实层厚。

二、土石路堤填筑质量控制

1. 基底处理的要求

基底处理满足石方路堤施工的有关规定，详见石方路堤施工。在陡、斜坡地段，土石路堤靠山一侧应按设计要求做好排水和防渗处理。

2. 土石路堤的填筑规定

(1)压实机械宜选用自重不小于18t的振动压路机。

(2)土石路堤不得倾填，应采用逐层填筑分层压实。

(3)施工前,应根据土石混合材料的类别分别进行试验路段施工,确定能达到最大压实干密度的松铺厚度、压实机械型号及组合、压实速度及压实遍数、沉降差等参数。

(4)碾压前应使大粒径石料均匀分散在填料中,石料间空隙应填充小粒径石料、土和石渣。

(5)压实后透水性差异大的土石混合材料,应分层或分段填筑,不宜纵向分幅填筑;如确实需要纵向分幅填筑,应将压实后渗水良好的土石混合材料填筑于路堤的两侧。

(6)土石混合材料来自不同料场,其岩性或土石比例相差较大时,宜分层或分段填筑。

(7)土石混合料最后一层的压实厚度应小于300mm,该层填料最大粒径宜小于150mm,压实后,该层表面应无孔洞。

(8)中硬、硬质石料的土石路堤,应进行边坡码砌;软质石料的土石路堤,边坡按土质路堤边坡处理。

三、土石路堤质量验收标准

1. 土石路堤外观质量标准

(1)路基表面无明显孔洞。

(2)大粒径填石无松动,铁锹挖动困难。

(3)中硬、硬质石料土石路堤边坡码砌紧贴、密实,无明显孔洞和松动,砌块间承接面应向内倾斜,坡面平顺。

2. 中硬、硬质石料的土石路堤质量标准

(1)施工过程中每一压实层,可用试验路段确定的工艺流程和工艺参数,控制压实过程;用试验路段确定的沉降差指标,检测压实质量。

(2)路堤成型后,应符合石方路堤质量标准。实测项目见表2-2-2。

3. 软质石料填筑的土石路堤质量标准

软质石料填筑的土石路堤,应符合土方路堤的质量验收标准,见表2-1-6。

任务思考

1. 土石路堤对填料的要求有哪些?

2. 简述土石路堤填筑质量控制内容。

任务评价

任务考核评价表见附表。

知识拓展应用

阅读资料2-3:土石路堤试验段施工工程实例,见数字资源15。

15-土石路堤试验段施工

任务2-4　土方路堑施工

任务描述

某高速公路路线所在区域为山岭重丘区,路线走向由北往南,地势南北低,中间高。最高峰为中部,海拔约3198m,最低点为北部大关河,海拔约610m,南部为盆地,海拔1850~2100m。地形急剧起伏,高低悬殊,相对高差一般在500~2000m,最大高差超过2500m,切割较深,多呈V形谷。

本合同段承建路基段主要为构造侵蚀—溶蚀地形,K25+386~K27+666段属山间河谷工程地质区。河谷多呈U形峡谷,岸坡较陡,多在25°~30°或以上,因为侵蚀堆积成型,组成岩性主要为第四系全新统冲洪积卵石土、漂石土。根据以上背景材料编制土方路堑开挖方案。

任务目标

1. 掌握土方路堑开挖的方法。
2. 掌握土方路堑开挖的质量控制及验收。

建议课时

4课时。

任务引领和分析

路堑施工是指按设计要求进行挖掘,并将挖掘出来的土石方以挖作填或运往弃土点。路堑施工的主要内容有:路堑放样、开挖土方、开挖截水沟、开挖边沟、整修边坡、整修碎落台、修筑地面排水结构物、修筑地下排水结构物以及边坡防护与加固等。

任务实施

一、土方路堑放样

路堑施工放样的内容,包括恢复中线、确定横断面方向、边桩放样、边坡放样、标定填挖高度、移点移桩等。路堑边桩放样的方法有图解法、解析法、坐标法等。

二、土方路堑施工

1. 土方路堑开挖方法

路堑开挖前,应做好现场伐树、除根等清表工作。根据现场施工条件,土方路堑的开挖有横向开挖法、纵向开挖法、混合开挖法几种基本方法。

1)横向开挖法

(1)单层横向全宽开挖法。在开挖时,从开挖的路堑一端或两端按断面全宽一次挖到设计高程,逐渐向纵深挖掘,挖出的土方一般都是向两侧运送,如图2-4-1所示。此方法适用于开挖浅且短的路堑。

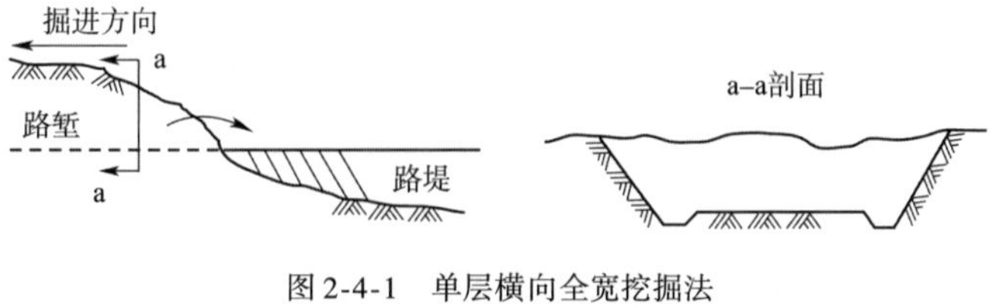

图2-4-1 单层横向全宽挖掘法

(2)多层横向全宽开挖法。在开挖时,从开挖的路堑一端或两端按横断面分层挖到设计高程。每层(一般为 1 ~ 2m)都有单独的运土出路和临时排水设施,如图 2-4-2 所示。此方法适用于开挖深且短的路堑。

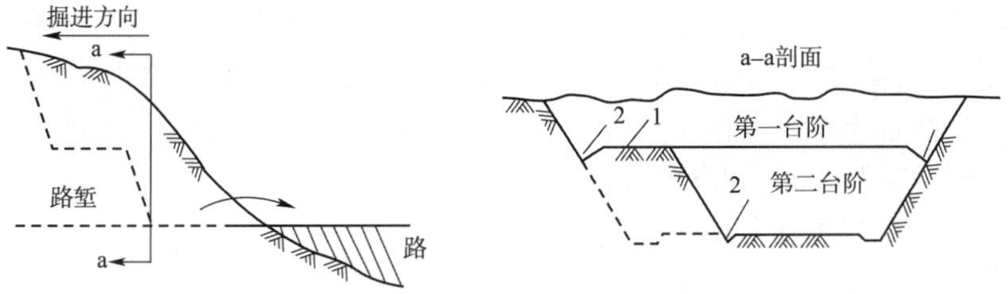

图 2-4-2 多层横向全宽挖掘法

2)纵向开挖法

(1)分层纵挖法。当路堑的宽度及深度都不大时,沿横断面全宽纵向分层挖掘,如图 2-4-3所示。此方法适用于较长的路堑开挖。

(2)分段纵挖法。沿路堑纵向选择一个或几个适宜处,将较薄一侧堑壁横向挖穿,使路堑分成两段或数段,各段再纵向开挖,如图 2-4-4 所示。此方法适用于路堑过长,弃土运距过远,一侧堑壁较薄的傍山路堑开挖。

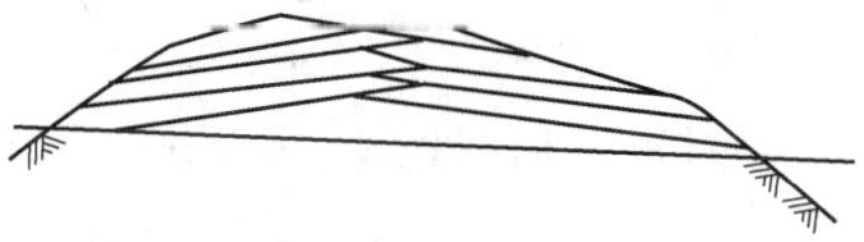

图 2-4-3 分层纵挖法

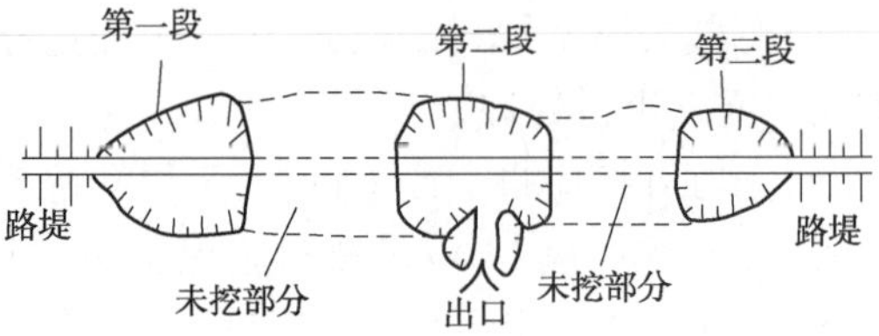

图 2-4-4 分段纵挖法

(3)通道纵挖法。先沿路堑纵向挖掘一通道,然后将通道向两侧拓宽以扩大工作面, 并利用该通道作为运土路线及场内排水的出路。该层通道拓宽至路堑边坡后,再挖下层通道,如此向纵深开挖至路基高程,如图 2-4-5 所示。此方法适用于路堑较长、较深,两端地面纵坡较小的路堑开挖。

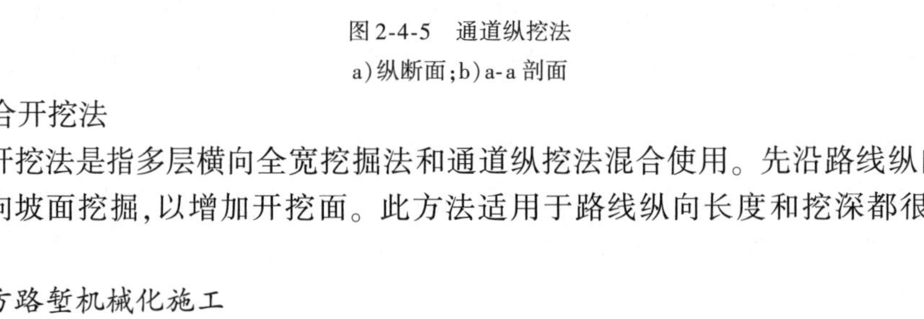

图 2-4-5 通道纵挖法

a)纵断面;b)a-a 剖面

3)混合开挖法

混合开挖法是指多层横向全宽挖掘法和通道纵挖法混合使用。先沿路线纵向挖通道,然后沿横向坡面挖掘,以增加开挖面。此方法适用于路线纵向长度和挖深都很大的路堑开挖。

2. 土方路堑机械化施工

1)土方路堑开挖常用机械

土方路堑开挖可根据土质、地形、开挖深度及现场条件,采用推土机、装载机、挖掘机、铲运机、运输车等施工机械。

2)机械开挖作业

在组织大型土方机械开挖路堑作业时,往往投入作业的机械类型很多,各自又有不同的应用范围和作业效果,为多机联合作业提供了可能性。常见的主要有以下几种组合:

(1)铲运机与推土机联合作业。

(2)推土机、装载机与自卸汽车联合作业。

(3)挖掘机与自卸车联合作业。

(4)装载机与自卸车联合作业。

3)机械化施工要点

(1)运输距离较远时,宜用挖掘机配合自卸汽车作业。

(2)机械开挖路堑后可用平地机或人工分层修刮平整边坡。

(3)采用机械按纵向开挖法开挖路堑时,宜采用推土机作业。

(4)在开挖边沟、刷刮边坡、整平路基表面时,宜采用平地机配合其他土方机械作业。

3. 土方路堑施工注意事项

1)土方路堑开挖

(1)可作为路基填料的挖方,应分类开挖分类使用。非适用材料应按设计要求或作为弃方按规定要求进行处理。

(2)土方开挖应自上而下进行,不得乱挖超挖,严禁掏底开挖。

(3)在开挖过程中,应采取措施保证边坡稳定,必要时进行加固处理,避免出现塌方现象。开挖至边线前,应预留一定宽度,预留的宽度应保证刷坡过程中设计边坡线外的土层不受扰动。

(4)路基开挖中,基于实际情况,如需修改设计边坡坡度、截水沟和边沟的位置及尺寸时,应及时按规定报批。边坡上稳定的孤石应保留。

(5)开挖至零填、路堑路床部分后,应尽快进行路床施工;如不能及时进行,宜在设计路床顶高程以上预留至少300mm厚的保护层。

(6)应采取临时排水措施,确保施工作业面不积水。

(7)挖方路基路床顶面终止高程,应考虑因压实而产生的下沉量,其值通过试验确定。

(8)挖方路基施工遇到地下水时,可按下列规定处理:应采取排导措施,将水引入路基排水系统,不得随意堵塞泉眼;路床土含水率高或为含水层时,应采取设置渗沟、换填、改良土质、土工织物等处理措施,路床填料除应符合土方填料的规定外,还应具有良好的透水性能。

2)边沟与截水沟开挖

边沟截水沟的开挖应从下游向上游开挖。截水沟通过地面坑凹处时,应将凹处填平夯实。边沟截水沟开挖后,应及时进行防渗处理,不得渗漏、积水和冲刷边坡和路基。

3)弃方

路堑开挖施工中,应将挖掘出来的土石方移挖作填或运往弃土点。弃土不得占用耕地,不得影响排洪、通航,不得加剧河岸冲刷,不得向水库、湖泊、岩溶漏斗及暗河口处弃土,禁止在贴近桥墩台、涵洞口处弃土。弃土应按设计要求进行压实,并应按设计要求及时完成弃土场的防护、排水工程。

沿线弃土堆应符合设计要求,设计无要求时,应符合以下规定:

(1)弃土应相对集中堆放,并与周边环境相协调,严禁随意处理。

(2)弃土堆的几何尺寸、压实程度、位置,应保证路基边坡的和弃土堆自身的稳定。弃土堆的边坡不陡于1∶1.5,顶面向外设不小于2%的横坡,其内侧高度不宜大于3m。

(3)在地面横坡陡于1∶5的路段,不得在高于路堑边坡的山坡上方设弃土堆。

(4)在山坡上侧的弃土堆,应连续而不间断,并在弃土堆上侧设置截水沟。山坡下侧的弃土堆,应每隔50～100m设宽度不小于1m的缺口排水,排水主流方向不得对地面结构物及农田等造成不利影响,必要时可布设人工沟渠导引排水。弃土堆坡脚应进行防护和加固措施。

三、土方路堑质量验收标准

土方路堑质量验收标准,见表2-1-6。

任务思考

1. 土方路堑开挖方法有哪些?
2. 简述土方路堑开挖施工程序。
3. 土方路堑验收实测项目有哪些?

任务评价

任务考核评价表见附表。

知识拓展应用

阅读资料2-4:土方路堑施工工程实例,见数字资源16。

知识拓展2-4:土方深路堑的开挖作业,见数字资源17。

16-土方路堑施工实例　17-土方深路堑开挖

任务2-5　石方路堑施工

任务描述

某施工单位承接了某高速公路路基H合同段工程施工,该区段设计车速100km/h,平均挖深19m,路基宽度26m,其中K20+300～K20+520为石质路堑。该区段岩石为石炭系硅质灰岩,岩石较坚硬,多为厚层构造,局部呈薄层状构造,裂隙发育。要求路堑采用钻爆开挖,爆破石渣最大允许直径为30cm,对开挖石渣尽可能提高利用率。

本合同段内K20+300～K20+520段需开挖石方140000m^3,采用2台装载机(每台作业率720m^3/台班)和6台自卸汽车(每台作业率300m^3/台班)配合装运石方,其他机械均配套,将石方调运到两端的填方路段。施工完成后,按规范对路基工程进行了质量检验。

试根据以上背景资料编制石方路堑施工方案。

任务目标

1. 会选用石方路堑开挖方式。
2. 了解石方爆破各种爆破方法及适用性等基本知识。
3. 会进行石方路堑质量验收。

建议课时

6课时。

任务引领和分析

由于岩石坚硬，石方路堑的开挖往往比较困难，这对路基的施工进度影响很大，尤其是工程量大而集中的山区石方路堑更是如此。因此，采用何种开挖方法以加快工程进度，是石方路堑开挖需要解决的重要问题。

任务实施

一、基本要求

在开挖程序确定之后，根据岩石条件、开挖尺寸、工程量和施工技术要求，通过方案比较，拟定合理的方式。其基本要求：

(1)保证开挖质量和施工安全。

(2)符合施工工期和开挖强度的要求。

(3)有利于维护岩体完整和边坡稳定性。

(4)可以充分发挥施工机械的生产能力。

(5)辅助工程量小。

二、开挖方法

石方路堑的开挖应根据岩石的类别、风化程度、岩层产状、岩体断裂构造、施工环境、工程量大小等因素来选择开挖方法，其方法有爆破法、松土法、破碎法和静态破碎法等。

1.爆破法

爆破法是指利用炸药爆炸的能量将土石料炸碎，以利挖运或借助爆炸能量将土石移到预定位置。

根据炸药用量的多少，爆破法分为中小型爆破和大爆破，其中使用频率最高的是中小型爆破，然后用机械清方，是一种非常有效的石方路堑开挖方法。

2.松土法

松土法开挖是指充分利用岩体的各种裂缝和结构面，先用推土机牵引松土器将岩体翻松，再用推土机、装载机与自卸汽车配合，将翻松的岩块搬运到指定的地点。

松土法开挖避免了爆破作业的危险性，而且有利于挖方边坡的稳定和附近建筑设施的安全。凡能用松土法开挖的石方路堑，应尽量不采用爆破法施工。

3.破碎法

破碎开挖是指利用破碎机凿碎岩块，即将凿子安装在推土机或其他挖土机械上，利用活塞的冲击作用使凿子产生冲击力以凿碎岩石，然后进行挖运等作业。

该方法主要适用于岩体裂缝较多、岩块体积小，抗压强度低于100MPa的岩石。

4.静态破碎法

将膨胀剂放入炮孔内，利用产生的膨胀力，缓慢地作用于孔壁，经过数小时至24h达到300~500MPa的压力，使介质裂开。

该方法的优点是安全可靠,没有爆破产生的公害;其缺点是破碎效率低,开裂时间长。

三、常用的爆破方法

爆破方法的选择应根据石方的集中程度,地形、地质条件,路基断面形状等,因地制宜,一般包括中小炮爆破和大炮爆破两大类。其中,中小炮爆破,其用药量在1t以下,主要包括钢钎炮、深孔爆破、药壶炮和猫洞炮等;大炮爆破用药量在1t以上,常用的为洞室炮。

1. 钢钎炮

钢钎炮是指炮眼直径和深度分别小于70mm和5m的爆破方法,如图2-5-1所示。钢钎炮比较灵活,适用于地形艰险及爆破量较小地段。它是一种改造地形、为其他炮型服务的不可缺少的辅助炮型。

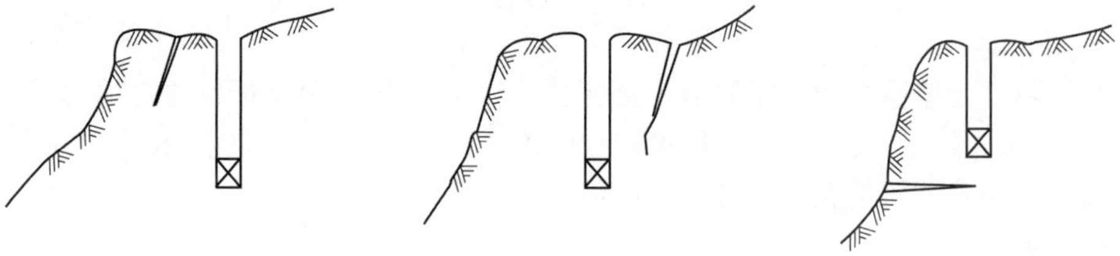

图2-5-1　钢钎炮

2. 深孔爆破

深孔爆破是指孔径大于75mm、深度在5m以上、采用延长药包的一种爆破方法。深孔爆破炮孔需用大型的潜孔凿岩机或穿孔机钻孔,其优点是劳动生产率高,一次爆破的石方量多,施工进度快,对路基边坡的影响小。若配合预裂或光面爆破,则对边坡稳定影响小,爆破效果容易控制,爆破时比较安全。

3. 药壶炮

药壶炮是指在深度在2.5~3.0m以上的炮眼底部用小量炸药一次或多次烘膛,使底部呈葫芦形,将炸药集中装入药壶中进行爆破,如图2-5-2所示。药壶炮装药量可根据药壶体积而定,一般介于10~60kg之间,最多可超过100kg。每次可炸岩石数十方至数百方,是小炮中最省工、省药的一种方法。

4. 猫洞炮

猫洞炮是指炮洞直径为0.2~0.5m,洞穴呈水平或略有倾斜(台眼),深度小于5m,用集中药锯炮洞中进行爆炸的一种方法,如图2-5-3所示。猫洞炮充分利用岩体本身的崩塌作用,能用较浅的炮眼爆破较高的岩体,当采用药壶炮药壶不易形成时,采用猫洞炮可以获得好的爆破效果。

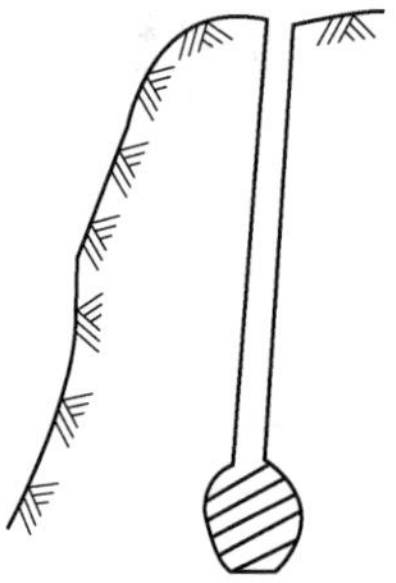

图2-5-2　药壶法

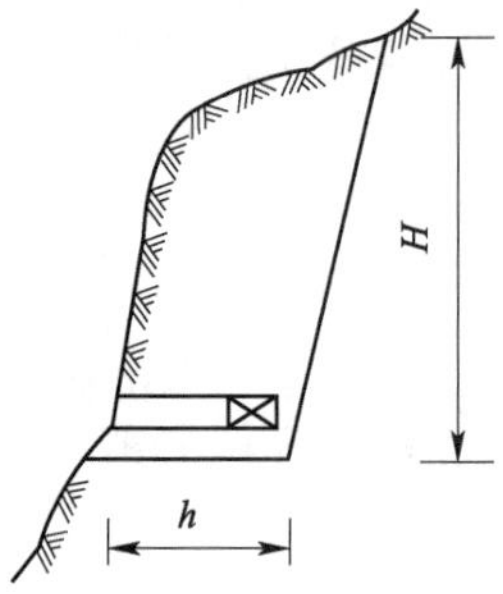

图2-5-3　猫洞炮

5. 光面爆破

在开挖限界的周边，适当排列一定间隔的炮孔，在有侧向临空面的情况下，用控制抵抗线和药量的方法进行爆破，使之形成一个光滑平整的边坡，如图 2-5-4 所示。

图 2-5-4　光面爆破边坡

6. 预裂爆破

在开挖限界处按适当间隔排列炮孔，在没有侧向临空面和最小抵抗线的情况下，用控制药量的方法，预先炸出一条裂缝，使拟爆体与山体分开，作为隔震减震带，起保护开挖限界以外山体或建筑物和减弱地震对其破坏的作用。

7. 微差爆破

两相邻药包或前后排药包以若干毫秒的时间间隔（一般为 15～75ms）依次起爆，称为微差爆破，又称为毫秒爆破。

8. 其他爆破

（1）定向爆破。利用爆能将大量土石方按照指定的方向，搬移到一定的位置并堆积成路堤的一种爆破施工方法，称为定向爆破。

（2）抛掷爆破。为使爆破设计断面内的岩体大量抛掷（抛坍）出路基，减少爆破后的清方工作量的一种爆破方法，称为抛掷爆破。

（3）松动爆破。利用炸药在钻孔中爆破，使岩体松动、破碎、产生裂隙的一种爆破方法，称为松劲爆破。

四、石方路堑爆破施工的作业程序

爆破作业必须符合《爆破安全规程》（GB 6722）规定。石方路堑不宜超挖超爆。爆破开挖石方，宜按以下程序进行。

1. 爆破区调查

采用爆破法开挖石方，应先查明空中缆线、地下管线的位置，以及开挖边界外可能受爆破影响的建筑物结构类型、居民居住情况等，然后制订详细的爆破技术安全方案。

2. 爆破设计与设计审批

爆破设计应按相关规定分别报送当地公安部门、建（构）造物行业主管部门、项目承担单位主管部门审批。

3. 实施爆破专业人员配备

凡进行爆破作业，必须由经过专业培训并取得爆破证书的专业人员实施爆破。

4. 清理爆破区施工现场的覆盖层和强风化石等

施工现场可用人工或机械进行清理。

5. 炮眼钻孔作业

1）炮孔位置的选择

炮孔的位置、方向和深度都会直接影响爆破的效率，合理地选择炮孔位置十分重要，如

图 2-5-5 所示。

炮孔位置选择应注意以下几点：

(1)炮位设计应充分考虑岩石的形状、类别、节理发育程度，岩石溶蚀情况等，炮孔药室应避开溶洞和大的裂隙。

(2)应避免在两种岩石硬度相差很大的交界面处设置炮孔药室。

(3)非群炮的单炮或数炮施爆，炮孔宜选在抵抗线最小，临空面多，且与各临空面距离较平均的位置，同时应为下次布孔创造更多的临空面。

图 2-5-5　炮眼布置

(4)群炮炮眼间距宜根据地形、岩石类别、炮型等确定，并根据炮眼间距、岩石类别、地形、炮眼深度，计算确定每个炮眼的装药量和种类。对于群炮，宜分排或分段采用微差爆破。

(5)非群炮的单炮或数炮施爆，炮眼方向宜与岩石临空面大致平行，一般按岩石外形、节理、裂隙等情况，分别选择正炮眼、斜炮眼、平炮眼或吊眼等。

2)钻孔

钻孔作业一般采用机械钻孔，如图 2-5-6 所示。当采用凿岩钻孔机钻孔时，使用的仪器设备包括凿岩机、穿孔机及其附属设备。

a)

b)

图 2-5-6　机械钻孔

a)钻机准备；b)钻机钻孔

当实施较小规模的少量浅孔爆破时，也可采用人工打眼，但效率较低。风钻钻孔如图 2-5-7所示。

6. 爆破器材检查测试

检查引爆线如图 2-5-8 所示。

图 2-5-7　风钻钻孔

图 2-5-8　检查引爆线

7. 炮孔检查合格

略。

8. 装炸药及安装引爆器材

装药时间应尽可能短，避免炸药受潮。装药必须用木棒把炸药轻轻压入炮眼，严禁使用金属棒。装药应自下而上、由里向外逐层码砌，操作平稳、填压密实。装药不得在雨雪、大风、雷电、浓雾天气及黑夜时进行，如图2-5-9、图2-5-10所示。

图2-5-9　装炸药

图2-5-10　安装引爆器材

9. 引爆前的炮眼检查

略。

10. 布设安全警戒岗

略。

11. 堵塞炮孔

堵塞药孔的材料应尽量就地取材，一般可用干砂、滑石粉、黏土和碎石等，要求堵塞密实，不漏气，如图2-5-11所示。

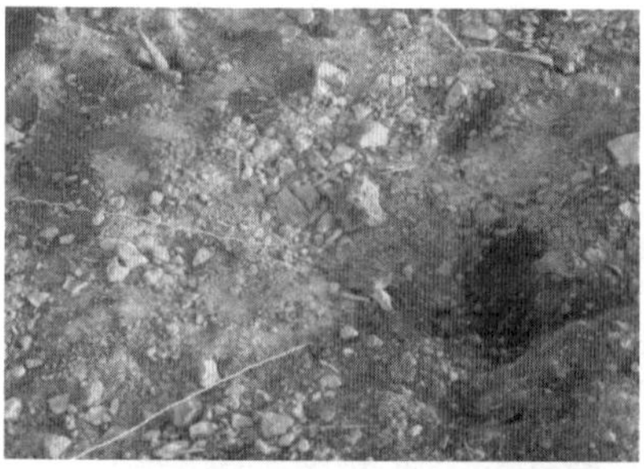

图2-5-11　堵塞炮孔

12. 撤离爆破警戒区和飞石、振动影响区的人、畜等

略。

13. 爆破作业信号发布及作业

略。

14. 清除盲炮

通过引爆而未能爆炸的药包称为盲炮。爆破后如有盲炮，应由原施工人员处理，采取安全措施排除。其处理方法如下：

(1)对大爆破，应找出线头接上电源重新起爆，或沿导洞小心掏取堵塞物、取出起爆体，或用水灌浸药室使炸药失效后消除。

(2)对中小型炮，可在距瞎炮的最近距离不小于0.6m处，另行打眼爆破。当炮眼不深时,也可用裸露药包爆破。

15. 解除警戒

略。

16. 测定、检查爆破效果

测定、检查爆破效果,包括飞石、地震及对施爆区内构造物的损伤、损失等,如图 2-5-12 所示。

图 2-5-12　测定检查爆破效果

17. 清方

清渣撬石工作,应严格按照操作规程进行。首先将松动、碎裂的岩石自上而下地撬落,以免坍塌伤人砸物。清渣工作可用人工或机械进行,如图 2-5-13 所示。若炸落的岩石体积很大,可集中于挖方区进行二次爆破,二次爆破可用钢钎炮或裸露药包法进行。

图 2-5-13　清方

五、边坡整修及路床清理

1. 边坡整修

(1)挖方边坡应从上往下分段整修,每下挖 2 ~ 3m,宜对新的开挖边坡刷坡,同时清除危石和松动的石块,确保边坡安全稳定。

(2)石质边坡不宜超挖。

2. 路床清理

(1)欠挖路床部分必须凿除;超挖部分应采用无机结合料、稳定碎石或级配碎石填平碾压密实,严禁用细粒土找平。

(2)石质路床地面有地下水时,可设置渗沟进行排导,渗沟应用坚硬碎石回填。

(3)石质路床边沟应与路床同步施工。

六、石方路堑质量验收标准

石方路堑的质量验收标准,见表 2-2-2。

任务思考

1. 石方路堑开挖的方法有哪些？
2. 石方路堑开挖的爆破方法有哪些？
3. 简述石方路堑爆破开挖的作业程序。

任务评价

任务考核评价表见附表。

知识拓展应用

阅读资料2-5：爆破开挖路基石方工程实例，见数字资源18。

知识拓展2-5：炸药相关知识，见数字资源19。

18-爆破开挖路基石方工程

19-炸药相关知识

任务2-6　回 填 施 工

任务描述

某高速公路位于河南省境内，某公司承担施工的土建工程第4合同段，线路全长8.82km。合同段共有大桥11座，中桥4座，有钢筋混凝土拱涵1道，单跨1～4m钢筋混凝土拱涵6道。为了减少路基在结构物两侧产生的不均匀沉降，减轻桥头跳车现象，提高高速公路车辆行驶的舒适度，桥涵台背路基采用级配碎石填筑。根据以上背景资料编制桥涵台背回填方案。

任务目标

1. 掌握回填填料选择。
2. 能确定回填范围。
3. 掌握回填质量控制要点。

建议课时

2课时。

任务引领和分析

桥、涵及构造物的回填质量的好坏直接影响公路的行车质量和行车安全。若回填质量不好，就会造成行车不适，桥头跳车。桥头跳车除回填部分的密实度不够造成沉陷外，还有回填部分的地基沉陷。因此，必须做好桥、涵及构造物的回填工作，确保公路的安全畅通和行车安全。结构物（包括桥涵台背、锥坡、挡土墙墙背等）的回填是指结构物完成后，用符合要求的材料分层填筑结构物与路基之间的遗留部分。

任务实施

一、桥、涵及构造物的回填填料的要求

填料宜采用透水性材料（如片石、卵石、碎石、砂砾、砂等）、轻质材料、无机结合料（如石

灰土、二灰土等)或经监理工程师批准的材料,非透水性材料不得直接用于回填。

二、桥、涵及构造物的回填施工

1. 回填要求

(1)回填必须在隐蔽工程(如盲沟、防水层、过滤层等)验收合格后方可进行。

(2)回填应严格分层填筑,应在结构物墙身上左、中、右位置,用红、白油漆相间画出每层压实厚度控制标线,并标注层位编号,如图 2-6-1 所示。

图 2-6-1　回填施工

(3)回填应分层填筑,分层压实,严禁向坑内倾倒,分层厚度宜为 100 ~ 200mm;采用小型夯实机具时,回填的分层压(夯)实厚度不宜大于 150 mm,并应压(夯)实到设计要求的压实度。

(4)与路堤交界处应预留台阶,台阶宽度应不小于 2m,台阶高度应不大于 1m、内倾2% ~4% 。

(5)回填施工应采用大型压路机为主、小型压实机具配合进行压实。大型机械作业不得影响结构物安全,如图 2-6-2 所示。

图 2-6-2　回填压实

(6)回填过程中,应防止雨水浸泡,回填结束后顶部应及时封闭。

(7)台身强度达到设计强度的 85% 以上时方可进行填土。

2. 台背及与路堤间的回填

(1)台背回填范围应符合设计要求。设计图纸无规定时应按以下要求执行:台背填土顺路线方向长度,顶部为距翼墙尾端不小于台高加 2m;底部距基础内缘不小于 2m;拱桥台背填土长度不应小于台高的 3 ~4 倍。

(2)二级及二级以上公路应按设计图纸做好过渡段,过渡段路堤压实度应不小于 96% ,并按设计图纸做好纵向和横向防排水系统。

(3)二级以下公路的路堤与回填的联结部,按设计要求预留台阶。

(4)台背回填部分的路床宜与路堤路床同步填筑。

(5)桥台背和锥坡的回填施工宜同步进行,一次填足并保证压实修正后能达到设计宽度要求。

(6)梁式桥的轻型桥台台背填土,应在梁体安装完成后两侧对称回填;柱、肋式桥台台背填土,宜在台帽施工前,柱、肋周围对称、平衡地进行。

3. 涵洞回填施工

(1)涵洞回填长度每侧不应小于2倍孔径长度。

(2)涵洞洞身两侧,应对称分层回填压实,填料粒径宜小于150mm。

(3)在涵洞两侧及顶面填土施工时,应采取措施防止压实过程对涵洞产生不利后果。当顶面填土压实厚度超过50cm时,方可使重型机械通过。

(4)回填前,八字墙、一字墙以及支撑梁必须完成,梁板架设前最多对称回填至1/3墙高。回填应与路基同步施工,不能同步时应严格按要求开挖台阶。

4. 台背回填实测项目检验

台背回填应符合表2-6-1规定,且应按路基要求检验其他项目。

台背回填实测项目 表2-6-1

项次	检查项目	规定值或允许偏差			检查方法和频率
		高速公路、一级公路	二级公路	三、四级公路	
1	压实度(%)	≥96	≥95	≥94	按《公路工程质量检验评定标准》JTG F80/1—2017标准附录B检查;每桥台每压实层测2处
2	填土长度(mm)	≥设计值			尺量:每桥台测顶、底面两侧

任务实训(表2-6-2)

任务实训表 表2-6-2

实训项目	土方路基交工验收实训
实训内容	路基施工完毕后,根据《公路工程质量检验评定标准》(JTG F80/1—2017)及相关规定组织人员对工程质量进行自检
实训目的	1. 通过实训掌握路基交工验收基本程序。 2. 通过实训掌握路基交工验收检查项目和需要配置的仪器设备
实训要求	1. 严格遵守实训纪律,服从实训老师安排,统一行动,有令必行、有禁必止。 2. 遵守实习单位的劳动纪律和各项规章制度,树立良好的职业道德和组织纪律观念。 3. 安全实训,严防意外伤害。注意与机械、设备和危险源保持安全距离;操作机械、设备时严格遵守安全作业规程。 4. 本实训重在组织人员、设备进行验收,不必实测检验项目
实训准备	1. 知识准备: 仔细阅读《公路工程竣(交)工验收办法实施细则》(交公路发〔2010〕65号)和《公路工程质量检验评定标准》(JTG F80/1—2017)相关内容,熟悉交工验收程序。 2. 场地选择: 选择一段有代表性的完工路基不少于200m。 3. 仪器、设备: 根据验收项目合理选用

续上表

实训过程	1. 土方路基实测项目。

土方路基实测项目

项次	检查项目				规定值或允许偏差			检查方法和频率
	填挖类型			路床顶面以下深度（m）	高速公路、一级公路	其他公路		
						二级公路	三、四级公路	
1	压实度（%）	上路床		0～0.3	≥96	≥95	≥94	按《公路工程质量检验评定标准》（JTG F80/1—2017）标准附录B检查；密度法：每200m每压实层测2处
		下路床	轻、中及重交通荷载等级	0.3～0.8	≥96	≥95	≥94	
			特重、极重交通荷载等级	0.3～1.2	≥96	≥95	—	
		上路堤	轻、中及重交通荷载等级	0.8～1.5	≥94	≥94	≥93	
			特重、极重交通荷载等级	1.2～1.9	≥94	≥94	—	
		下路堤	轻、中及重交通荷载等级	>1.5	≥93	≥92	≥90	
			特重、极重交通荷载等级	>1.9				
2	弯沉（0.01mm）				不大于设计验收弯沉值			按《公路工程质量检验评定标准》（JTG F80/1—2017）标准附录J检查
3	纵断高程（mm）				+10，−15	+10，−20		水准仪：中线位置每200m测2点
4	中线偏位（mm）				50	100		全站仪：每200m测2点，弯道加HY、YH两点
5	宽度（mm）				满足设计要求			尺量：每200m测4点
6	平整度（mm）				≤15	≤20		3m直尺：每200m测2处×5尺
7	横坡（%）				±0.3	±0.5		水准仪：每200m测2个断面
8	边坡				满足设计要求			尺量：每200m测4点

续上表

实训过程

2. 外观质量：

①路基边线与边坡不应出现单向累计长度超过50m的弯折。

②路基边坡、护坡道、碎落台不得有滑坡、塌方或深度超过100mm的冲沟。

3. 根据实测项目和外观质量验收要求，组织人员、仪器设备进行验收，并填写土方路基质量检验计划表

土方路基质量检验计划表

项次	检查项目			规定值或允许偏差	检查方法和频率	仪器设备	人员
1	压实度(%)	上路床	0～0.3m				
		下路床					
		上路堤					
		下路堤					
2	弯沉(0.01mm)						
3	纵断高程(mm)						
4	中线偏位(mm)						
5	宽度(mm)						
6	平整度(mm)						
7	横坡(%)						
8	边坡						

实训总结

（实训中遇到的问题和解决方法，对本次实训的意义和建议、受训收获）

任务思考

1. 回填对填料有什么要求？
2. 台背回填和涵洞回填的范围？
3. 回填应遵循哪些原则？

任务评价

任务考核评价表见附表。

知识拓展应用

阅读资料2-6：桥涵台背回填实例，见数字资源20。

知识拓展2-6：桥头跳车的产生与处治措施，见数字资源21。

20-桥涵台背回填

21-桥台跳车的产生与处治措施

项目3　防护工程施工

项目内容

本项目为路基施工，主要包括以下两项内容：

任务3-1　边坡坡面防护

任务3-2　边坡加固

项目要求

1. 掌握坡面防护的类型、主要施工要点及质量检验。
2. 了解挡土墙的构造。
3. 掌握重力式挡土墙的施工流程和质量控制。

项目知识点、技能点

1. 边坡坡面防护

(1)植物防护。

(2)骨架植物防护。

(3)圬工防护。

2. 边坡加固

(1)挡土墙构造。

(2)重力式挡土墙。

任务3-1　边坡坡面防护

任务描述

某公司承建山东省某高速公路第二合同段，起讫桩号K12+268～K26+400，全长14.132km。设计车速100km/h，路基宽度26m，双向四车道，行车道宽4×3.75m。沿线地形主要为低山丘陵区，地形起伏多变，沿线经过地区地形地貌主要为低山丘陵、山前丘陵区和剥蚀平原及冲积平原地貌。挖方边坡主要为低液限黏土、碎块石、泥岩及砂泥岩互层边坡。

请根据以上资料编制边坡防护方案。

任务目标

1. 能根据具体情况，选用合理的路基边坡坡面防护形式。
2. 能对各施工程序进行质量控制。
3. 能对各防护工程进行质量验收。

建议课时

4 课时。

任务引领和分析

坡面防护的目的是保护路基边坡表面免受雨水冲刷,减缓温差及湿度变化的影响,防止和延缓软弱岩土表面的风化、破碎、剥蚀演变过程,从而保护边坡的整体稳定性,在一定程度上还可美化路容,协调自然环境。坡面防护包括植物防护、骨架植物防护、圬工防护和封面、捶面防护等。坡面防护设施本身不承受外力作用,要求坡面岩土必须整体牢固。

任务实施

一、植物防护

植物防护适用于适宜植物生长的土质边坡。其作用是减缓坡面水流速度,调节表层水、土状况,固结表层土,并可美化路容。常用的类型有种草、铺草皮、植树等。

1. 种草防护

种草防护适用于边坡稳定,坡面受雨水冲刷轻微,且易于草类生长的路堤与路堑边坡。选用根系发达、叶茎低矮、多年生长且适宜于当地土壤和气候条件的草种,如图 3-1-1 所示。播种方法有撒播法、喷播法和行播法。当前推广使用的两种新方法是湿法喷播技术和客土喷播技术。

图 3-1-1　种草边坡防护

1) 工艺流程与施工要求

撒播法施工工艺流程:准备工作→坡面整理→播种→养护管理。

喷播法施工工艺流程:准备工作→坡面整理→配料→注水→搅拌→喷播→覆盖→养护。

施工要求:

①种草施工,草籽应撒布均匀,同时做好保护措施。

②采用撒播法时,草种应均匀撒布在已清理好的土质边坡上,同时做好保护措施。

③对于不利于草类生长的土质,坡面上应先铺一层 0.10 ~ 0.15m 厚的种植土。

④采用行播法时,草籽埋入深度应不小于 10 ~ 20mm,且行距应均匀。

2) 湿法喷播防护

湿法喷播是指将植物种子、肥料、土壤稳定剂和水按一定比例混合均匀,用专门的设备(如喷播机)喷射到边坡上,种子在较稳定的时间内萌芽、生长成株、覆盖坡面,以达到迅速绿化、稳固边坡的目的。湿法喷播施工,喷播后应及时养护,成活率应达到 90% 以上。

3)客土喷播防护

客土喷播是指将客土(即提供植物生育的基盘材料)、纤维(基盘辅助材料)、侵蚀防止剂、缓效肥料和种子按一定比例,加入到专用设备中充分混合后,用喷射机均匀喷涂到坡面上,使植物获得必要的生长基础,以达到快速绿化的目的。它主要适用于岩石边坡、贫瘠土质和硬土边坡,且气温低于12℃的条件下不宜喷播作业。

4)三维植被网防护

三维植被网防护是土工织物复合植被防护坡面的一种典型形式。三维植被网以热塑料树脂为原料制成,其结构分为上、下两层网包组成。由于网包能降低雨水的冲蚀能量,很好地固定充填物(包括土、营养土、草籽等)不被雨水冲走,固定于坡面上,直接对坡面起固筋作用。当植物生长茂盛后,其根系与三维网盘错、连接、纠缠在一起,坡面与土相接,形成一个坚固的绿色保护整体,起到复合护坡的作用,如图3-1-2所示。

图3-1-2　三维植被网防护

施工要求:

(1)三维植被网中的回填土应采用客土,或土、肥料及腐殖质土的混合物。

(2)铺网前应将坡面杂物清理干净,平整坡面。如果边坡干燥应洒水润湿。

(3)三维植被网的搭接宽度不宜小于100mm。

2. 铺草皮防护

铺草皮防护适用于快速绿化地段,草皮可为天然草皮或人工培植的土工网草皮,应选用根系发达、茎矮叶茂的耐旱草种,不宜采用喜水草种,严禁采用生长在泥沼地的草皮。铺草皮方法有:平铺式、竖铺式、网格式,如图3-1-3所示。

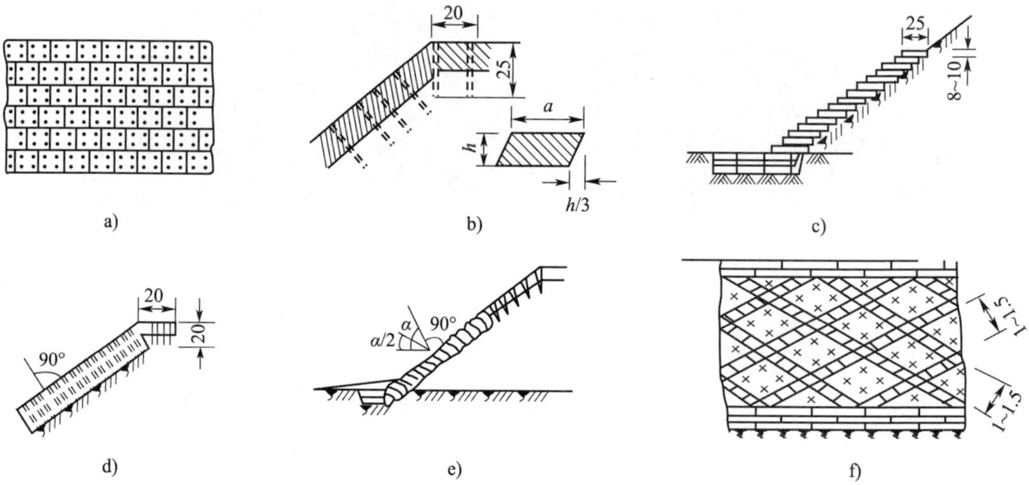

图　3-1-3

g)

h)

图 3-1-3　铺草皮防护(尺寸单位:m)

a)平铺平面;b)平铺侧面;c)水平叠铺;d)垂直叠铺;e)斜交叠铺;f)网格铺;g)、h)铺草皮施工实例图

施工工艺流程:

准备工作→备料→自下而上铺草皮→尖木桩固定草皮→养护管理。

铺草皮防护施工要求:

(1)铺草皮需预先将草皮切成整齐块状或带状,草皮厚度宜为 100mm。

(2)在施工时,应将边坡表面挖松整平,随挖随铺,必要时还应加铺种植土。

(3)铺设时,应自下而上用尖木桩固定于边坡上铺钉,使之稳定。

(4)草皮应铺过路堑顶部至少 1m,或铺至截水沟。

3. 植树(灌木)防护

植树(灌木)防护适用于坡率缓于 1:1.5 的路基边坡,还适用于堤岸边的河滩上。其主要作用是加固边坡、防止和减缓水流冲刷。林带可以防汛、防沙和防雪,调节气候、美化路容,如图 3-1-4 所示。

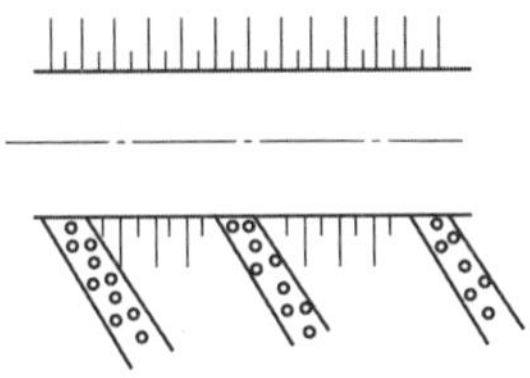

a)

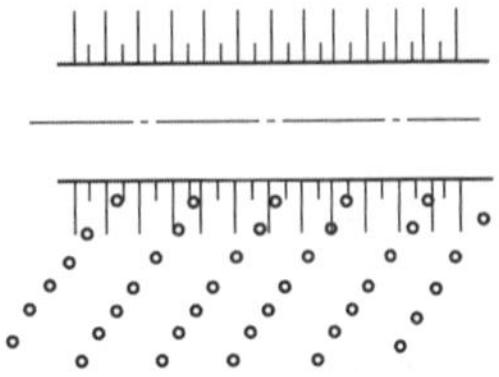

b)

c)

d)

图 3-1-4　植树防护

a)带式植树防护;b)连续植树防护;c)、d)植树实例图

植树(灌木)防护施工工艺流程:

准备工作→定点放线→挖坑换土→起苗运输→栽前修剪→种植→养护。

植树(灌木)防护施工要求:

(1)植树(灌木)防护应根据当地土壤与气候条件,选用能迅速生长、根系发达、枝叶茂盛,适合当地环境的低矮灌木类树种。

(2)用于冲刷防护时宜选用生长很快的杨柳类,或不怕水淹的灌木类,高等级公路边坡上严禁种植乔木。

(3)边坡土若不利于植物生长,则应将树坑内的土换填为适宜植物生长的种植土。

(4)沿河路堤植树,树种应具有喜水性。

二、骨架植物防护

骨架植物防护主要适用于植物防护不足以抵抗侵蚀冲刷的路基边坡,受雨水侵蚀和风化严重易产生沟槽的路段。主要有浆砌片石(或混凝土)骨架植物防护、水泥混凝土空心块防护、锚杆混凝土框架植草防护等构造形式。

1. 浆砌片石(或混凝土)骨架植物防护

浆砌片石(或混凝土)骨架植物防护具有规则的几何形状,造型美观,当骨架中间的草长起来后,绿白相间,具有较好的视觉效果。其形式主要有窗孔式(拱形)骨架、菱形(方格)骨架、人字形骨架等,如图 3-1-5 所示。

图 3-1-5 骨架植物防护

a)人字形式;b)窗孔式;c)方格式;d)菱形格式

浆砌片石(或混凝土)骨架植物防护施工工艺流程:

准备工作→施工放线→开挖基坑→砌筑或浇筑骨架→覆盖种植土→翻松整平→种植→养护。

浆砌片石(或混凝土)骨架植物防护施工要求:

(1)骨架的宽度及其间距,可视工程实际情况进行调整,常用的骨架宽度为 0.5m,间距为 2.0~3.0m。

(2)骨架嵌入坡体较坚实的土层上,一般不应小于 0.5m。

2. 多边形混凝土预制空心块植物防护

多边形混凝土预制空心块植物防护也属于骨架植草防护,目前采用较多的是六边形空心块,每个六边形的六个边同周围的六个六边形相互嵌挤,因此, 其稳定性和抗雨水侵蚀能力要比拱形骨架好，如图 3-1-6 所示。

多边形混凝土预制空心块植物防护施工工艺流程：

准备工作→施工放线→空心砖砌筑→种植→养护。

图 3-1-6　六边形预制块骨架植物防护

多边形混凝土预制空心块植物防护施工要求：

(1)坡面坡度符合设计要求，表面平整密实。

(2)空心砖铺筑应自下而上进行。

3. 锚杆混凝土框架植草防护

锚杆混凝土框架植草防护既利用了锚杆对风化破碎岩石边坡主动加固作用，又吸收了浆砌片石(混凝土)骨架植草防护的造型美观、便于绿化的优点，如图 3-1-7 所示。

图 3-1-7　锚杆混凝土骨架植草防护

锚杆混凝土框架植草防护的形式有多种组合：

(1)锚杆混凝土框架 + 喷播植草。

(2)锚杆混凝土框架 + 挂三维土工网 + 喷播植草。

(3)锚杆混凝土框架 + 土工格室网 + 喷播植草。

(4)锚杆混凝土框架 + 混凝土空心块 + 喷播植草。

三、圬工防护

圬工防护包括喷护、锚杆挂网喷护、干砌片石、浆砌片(卵)石护坡和护面墙、勾缝与灌缝等结构形式。圬工防护施工时应注意与周围环境的协调；用于路堑边坡防护时，应注意与边坡渗沟或排水孔配合使用，防止边坡产生变形破坏。

1. 喷护与锚杆挂网喷护

1)喷护

喷护包括喷射水泥浆防护和喷射混凝土防护。将配制好的砂浆(混凝土)使用喷射机(或水泥枪)喷射于坡面上，由于喷射产生一定的压力，提高了保护层与坡面间的黏聚力及保护层的强度，如图 3-1-8、图 3-1-9 所示。

图 3-1-8　喷射水泥浆防护

图 3-1-9　喷射混凝土防护

(1)喷射水泥浆防护施工要求:

①喷护前应采取措施对坡面、泉眼、渗水进行处治。

②喷射前,每间隔 2 ~ 3m 交错设置孔径为 100mm 的泄水孔。

③喷浆防护应设置伸缩缝,伸缩缝间距宜为 15 ~ 20m。

④喷射顺序应自下而上进行。

⑤采用的砂浆强度不应低于 M10。

⑥喷射水泥浆防护厚度不宜小于 50mm。

⑦砂浆初凝后,应立即开始养护,养护期一般为 5 ~ 7d。

⑧应及时对喷浆层顶部进行封闭处理。

(2)喷射混凝土防护施工要求:

①喷护前应采取措施对坡面、泉眼、渗水进行处治。

②喷射前,每间隔 2 ~ 3m 交错设置孔径为 100mm 的泄水孔。

③喷混凝土防护应设置伸缩缝,伸缩缝间距宜为 15 ~ 20m。

④作业前应进行试喷,选择合适的水灰比和喷射压力。喷射顺序应自下而上进行。

⑤采用的混凝土强度不应低于 C15。

⑥喷射混凝土防护厚度不小于 80mm。

⑦混凝土初凝后,应立即开始养护,养护期一般为 7 ~ 10d。

2)锚杆挂网喷护

锚杆挂网喷护又称为喷锚网支护,是指在清挖出密实、稳定的新鲜坡面上钻孔、灌浆、安装锚杆,然后挂上钢丝网或纤维网,最后用高压泵喷射混凝土(砂浆)形成防护层,如图 3-1-10 所示。

锚杆挂网喷护施工要求:

(1)锚杆应嵌入稳固基岩内,锚固深度应根据设计要求结合岩体性质确定;锚杆孔深应大于锚固长度 200mm。

（2）固定锚杆宜用1:3水泥砂浆，并捣固密实。

（3）铺设钢筋网前宜在岩面喷射一层混凝土，厚度为30mm。

（4）钢筋网与锚杆连接牢固；钢筋网与岩面的间隙宜为30mm，钢筋保护层厚度不应小于20mm。

（5）喷射混凝土厚度要均匀，钢筋网及锚杆不得外露。

（6）锚杆挂网喷混凝土（砂浆）防护混凝土（砂浆）的强度、注浆强度、钻孔位置、钻孔深度、钻孔倾角和方向、锚杆间距、喷层厚度等应符合设计要求。

（7）其他施工要求同喷射水泥浆（混凝土）防护。

图3-1-10　锚杆挂网喷护

2. *浆砌片石防护*

浆砌片石防护主要的类型有实体式护面墙（图3-1-11）、窗孔式护面墙（图3-1-12）、拱式护面墙（图3-1-13）。实体护面墙可分为等截面和变截面两种形式，如图3-1-14所示。

图3-1-11　实体式护面墙

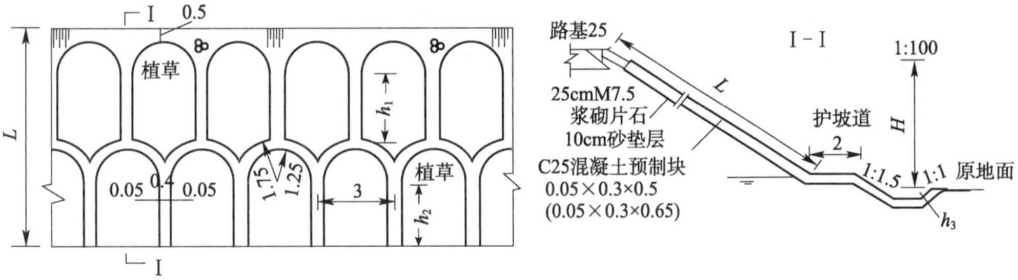

图3-1-12　窗孔式护面墙（尺寸单位：m）

浆砌片石防护施工工艺流程：

施工准备→清理挖方边坡→测量放样→开挖基坑→基坑验收→基础砌（浇）筑→墙身砌筑→墙顶抹面→墙身勾缝→交工验收。

浆砌片石护面墙施工要求：

（1）基础应设置在稳定的地基上，地基承载能力、冰冻深度、冲刷深度应满足设计要求，必要时做砂砾垫层。

(2)修筑护面墙前,应清除边坡风化或风化迅速的岩层至新鲜岩面,清挖后应立即修筑护面墙。

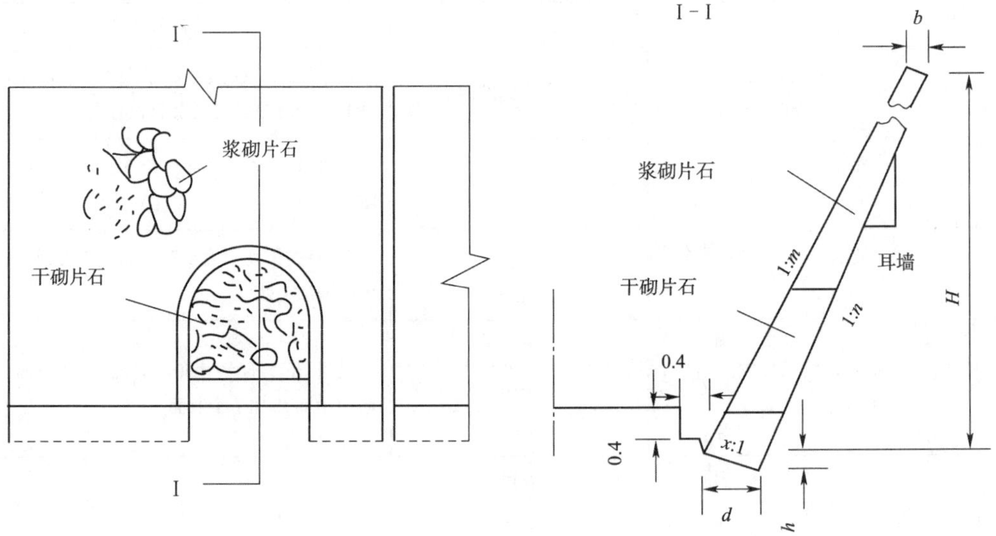

图 3-1-13　拱形护面墙(尺寸单位:m)

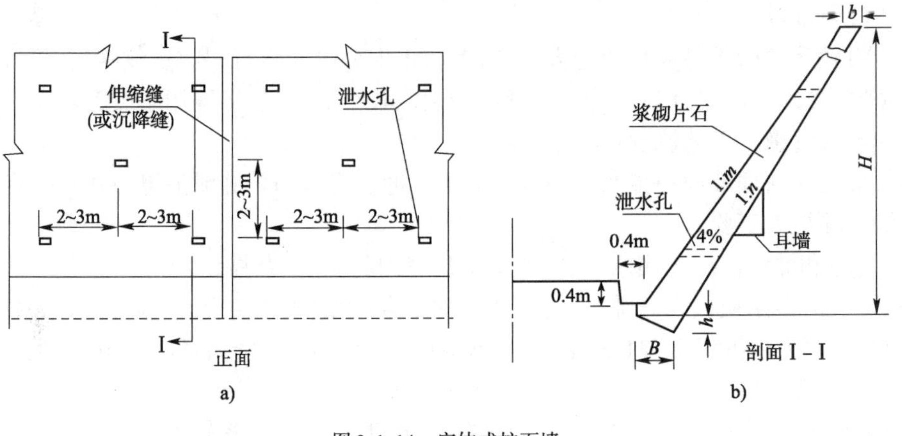

图 3-1-14　实体式护面墙

a)正面;b)剖面

(3)基坑开挖应有足够的工作面,高程、几何尺寸应满足设计要求,必要时对坡面进行加固处理,以保证施工安全。

(4)当采用混凝土基础时,应选择钢模板,模板制作、钢筋配置、浇筑混凝土应符合规范要求。

(5)做好伸缩缝和沉降缝,每 10 ~ 15m 应留一条伸缩缝,缝宽 20 ~ 30mm,在基底地质有变化处,应设沉降缝,可将伸缩缝与沉降缝合并设置。

(6)中、下部应布设 10cm × 10cm 的矩形或直径为 10cm 的圆形泄水孔,一般间距为 2 ~ 3m,泄水孔后 0.5m 的范围内应设置反滤层。

(7)石料应选用未风化的坚硬岩石,其片石厚度一般为 0.3 ~ 0.5m。砂浆强度不应低于 M5,用于冲刷防护时,最小厚度一般不小于 0.35m。

(8)墙背必须与路基坡面贴紧,边坡局部凹陷处,应挖成台阶后,用与墙身相同的圬工砌补，护面墙坡顶与坡面之间做好防渗处理。

浆砌片石施工质量见表 3-1-1。

浆砌片石施工质量标准 表 3-1-1

项次	检查项目		规定值或允许偏差	检查方法和频率
1	砂浆强度(MPa)		在合格标准内	按《公路工程质量检验评定标准》(JTG F80/1—2017)标准附录 F 检查
2	顶面高程(mm)	料、块石	±15	水准仪不大于 30m 时测 5 点，每增加 10m 增加 1 点
		片石	±20	
3	坡度(%)	料、块石	≤0.3	铅锤法：长度不大于 30m 时测 5 处，每增加 10m 增加 1 处
		片石	≤0.5	
4	断面尺寸(mm)	料石	±20	尺量：长度不大于 50m 时测 10 个断面，每增加 10m 增加 1 个断面
		块石	±30	
		片石	±50	
5	表面平整度(mm)	料石	≤15	2m 直尺：每 $20m^3$ 处，每处测竖直、水平两个方向
		块石	≤25	
		片石	≤35	

3. 勾缝与灌缝

对岩石较坚硬而不易风化的挖方边坡，为防止水分渗入岩石裂隙造成病害，可视裂隙的深浅与宽窄，分别予以灌缝与勾缝。勾缝用于裂隙较小的情况，灌缝用于裂隙较大的情况。

勾缝与灌缝施工工艺流程：

施工准备→清理坡面→拌制砂浆或混凝土→冲洗裂缝→勾缝或灌缝→找平→养护。

勾缝和灌缝施工要求：

(1)勾缝和灌缝前应先用水冲洗，并清除裂缝内的泥土、杂物。

(2)勾缝时砂浆应嵌入缝隙中，与岩体牢固结合；灌缝时插捣密实，灌满缝口并抹平。

(3)勾缝可采用体积比为 1:2 或 1:3 的水泥砂浆，也可用水泥:石灰:砂浆体积比为 1:0.5:3 或 1:2:9 的混合砂浆。

(4)灌缝可采用体积比为 1:4 或 1:5 的水泥砂浆。当裂缝较宽时，可用水泥混凝土灌注。

4. 无砂混凝土

无砂混凝土为干硬性的混凝土，通常采用集料粒径为 2.5～5.0mm、5.0～10mm 和 10～20mm。它是一种新型的集支撑(承重)、透水、反滤三种用途为一体的新型工程材料，由粗集料、水泥和水拌制而成的一种多孔混凝土，不含细集料，由粗集料与表面包覆的一薄层水泥浆相互黏结而形成孔穴均匀分布的蜂窝状结构，具有一定的强度和渗透性，可作为透水的渗沟、渗管、挡墙等需要排水或反滤的结构，具有透水性、过滤性和稳定性好，施工简便、省料等优点。

任务思考

1. 坡面防护有哪些类型？

2. 如何进行坡面防护？

任务评价

任务考核评价表见附表。

知识拓展应用

阅读资料3-1：挖方边坡三维网喷播绿化施工实例，见数字资源22。

知识拓展3-1：植生袋，见数字资源23。

22-挖方边坡三维网喷播绿化施工

23-植生袋

任务3-2 边坡加固

任务描述

某高速公路一合同段内有衡重式路肩墙、重力式路肩墙、护面墙及护脚墙四种类型挡土墙。其中2号衡重式路肩墙长约50m，平均高约8m，该墙采用浆砌片石砌筑，需砌石6500m^3。

请根据以上背景编制挡土墙砌筑方案。

任务目标

1. 能识读挡土墙结构图。
2. 能根据具体情况选择合适的挡土墙类型。
3. 会进行砌筑施工及质量控制。
4. 能够编制挡土墙施工工艺流程。

建议课时

6课时。

任务引领和分析

路基支挡工程的主要功能是支撑天然边坡或人工边坡以保持土体稳定或加强路基的强度和稳定性，以及防护边坡在水温变化条件免遭破坏。适用于收缩路堤坡脚，减少土方数量或少占地；降低挖方边坡的高度，减少挖方数量，避免山体失稳崩塌；防止沿河路堤边坡被水冲刷；防止山坡覆盖层下滑；防止滑坡体向下滑动等。在工程中，经常采用的挡土墙有砌石挡土墙和混凝土挡土墙。

本教材主要介绍重力式挡土墙施工。

任务实施

一、挡土墙构造

路基挡土墙是一种能够抵挡侧向土压力、防止边坡或路基主体崩塌而设置在路旁的结构物，其基本构造及各部分名称如图3-2-1所示。靠回填土（或山体）一侧为墙背，外露临空一侧为墙面（也称为墙胸），墙底与墙面交线为墙趾，墙底与墙背的交线为墙踵，墙背与垂线的交角为墙背倾角(α)。

二、重力式挡土墙

重力式挡土墙依靠圬工墙体的自重抵抗墙后土体的侧向推力(土压力),以维持土体的稳定,这是我国目前最常用的一种挡土墙形式,多用浆砌片(块)石砌筑。缺乏石料的地区,有时可用混凝土预制块作为砌体,也可以直接用混凝土浇筑,一般不配钢筋或只在局部范围配置少量钢筋。

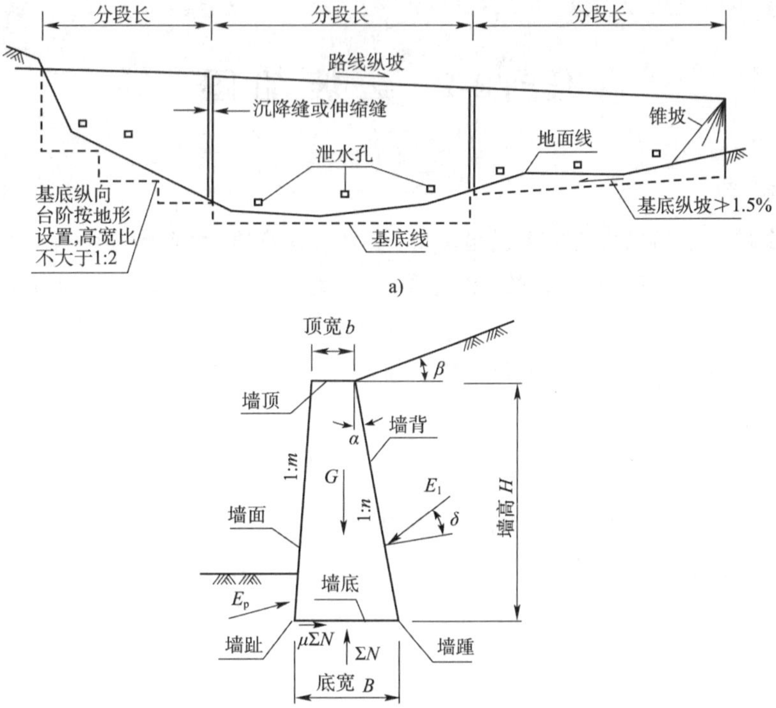

图 3-2-1　挡土墙基本构造及各部分名称

a)正面;b)横截面

1. 重力式挡土墙的特点

(1)优点:形式简单、施工方便、可就地取材、适应性强。

(2)缺点:墙身截面大、圬工数量也大、对地基条件要求高。

2. 重力式挡土墙的构造

重力式挡土墙一般由墙身、基础、排水设施和沉降缝、伸缩缝等部分组成。

(1)墙身。为适应不同地形、地质条件,重力式挡土墙具有多种墙背形式,可分为仰斜式、俯斜式、垂直式、凸形折线(凸折)式和衡重式五种形式,如图 3-2-2 所示。

(2)基础。挡土墙大多数都是直接砌筑在天然地基上,一般采用扩大基础。

(3)排水设施。挡土墙应设置排水设施,疏干墙后土体和防止地面水下渗。

(4)沉降缝与伸缩缝。为避免地基不均匀沉降而引起墙身开裂,须按墙高、墙身断面变化情况和地基性质的变异,设置沉降缝。同时,为了防止圬工砌体因结硬收缩和温度变化而产生裂缝,须设置伸缩缝。这两种缝一般合并设置,统称为沉降伸缩缝,如图 3-2-3 所示。

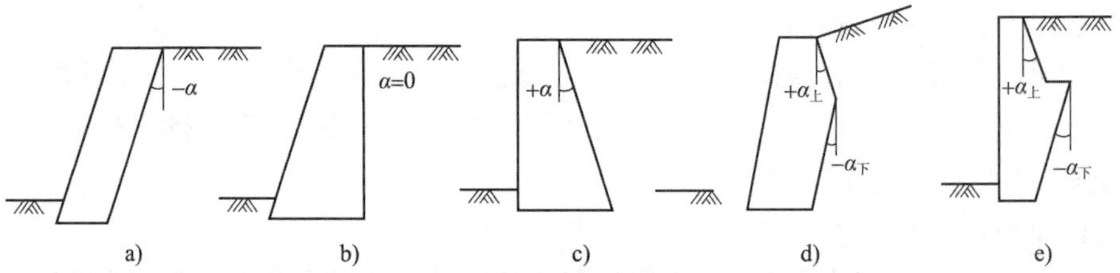

图 3-2-2 重力式挡土墙

a)仰斜式;b)垂直式;c)俯斜式;d)凸形折线式;e)衡重式

图 3-2-3 沉降伸缩缝

3. 重力式挡土墙的材料要求

1)石料

重力式挡十墙所用石料有片石、块石和粗料石三种,要求强韧、密实、坚固与耐久,其技术指标必须满足设计和规范要求。

(1)片石。片石厚度不应小于 150mm。镶面石料应选择尺寸稍大并具有较平整表面,且应稍加粗凿;在角隅处应使用较大石料,大致粗凿方正。

(2)块石。块石应大致方正,上下面大致平行。石料厚度 200 ~ 300mm,石料宽度及长度应分别为石料厚度的 1 ~1.5 倍和 1.5 ~3 倍。石料的尖锐边角应凿去,所有垂直于外露面的镶面石的表面应修凿,其表面凹陷深度不得大于 20mm。

(3)粗料石。粗料石应修凿并修整到大致形成六面体,其厚度 200 ~ 300mm,宽度为 1 ~1.5 倍厚度,长度为 2.5 ~4 倍厚度,表面凹陷深度不超过 20mm。粗料石砌体的镶面石,其丁石长度应比同层顺石宽度至少大 150mm。镶面石的外露面和所有垂直于外露面的表面应修凿。

2)砂浆

砂浆按其用途不同可分为砌筑砂浆和抹面砂浆两类。

(1)砂浆所用水泥、砂及水应符合规范要求。砂浆中砂宜用中砂或粗砂。

(2)砌筑砂浆的强度等级应符合设计要求,一般不低于 M5 号。

(3)勾缝砂浆的强度等级对于主体工程不低于 M10,附属工程不低于 M7.5,且均不低于砌筑砂浆的强度等级。

(4)砂浆拌制一般要求采用机械拌和。

4. 重力式挡土墙的施工

施工工艺流程:施工准备→测量放样→开挖基坑→基底检测→基础砌筑→墙身砌筑→墙身勾缝→砌体养护→墙背回填压实→交工验收。

1)施工前,应做好排水、防水措施

引排地面水,防止雨水及地面水下渗,墙趾前的边沟应予以铺砌加固,防边沟水渗入基础，设置墙身泄水孔，排除墙后水等。

泄水孔形式一般为方孔或圆孔，孔眼间距一般为 2 ~ 3m，交错布置。泄水孔的出口应高出墙前地面或边沟水位 0.3m。泄水孔应在砌筑墙身过程中设置，确保排水畅通，并应保证墙背反滤、防渗设施的施工质量。

2）预留伸缩缝、沉降缝

伸缩缝和沉降缝一般合并设置，统称为沉降伸缩缝。自墙顶做到基底，缝宽 2 ~ 3cm，土质地基，每隔 10 ~ 15m 设置一道；岩石地基间距可适当增大。浆砌挡土墙的沉降伸缩缝内可用胶泥填塞；但在渗水量大、填料容易流失或冻害严重地区，则宜用沥青麻筋或沥青木板等具有弹性的材料，沿挡土墙内、外、顶三方填塞，填塞深度不宜小于 15cm 。

3）开挖基坑

（1）开挖施工前，应做好截、排水及防渗设施。在施工过程中，基坑内积水应随时排干。

（2）在施工过程中，应对地质情况进行核对，如与设计不符时，应及时处理。

（3）基坑开挖宜分段进行，以防基坑坍塌。

（4）采用倾斜基底时，应严格按照基底坡度、基底高程、几何尺寸开挖，保持地基土的天然结构，不得超挖填补，如有超挖或扰动，应将原土回填夯实或做换填处理。

4）基底检测

开挖基坑后，应按规范要求对基底进行检测。

检测的主要项目有地基承载力、基地高程、基坑开挖尺寸等。基底经检验合格后，才能进行基础砌筑施工。若检测不符合设计要求时，应根据实际情况进行处治。

5）基础砌筑（图 3-2-4）

（1）硬质岩石基坑中的基础，宜满坑砌筑。

（2）雨季在土质或易风化软质岩石基坑中砌筑基础时，应在基坑挖好后及时封闭坑底。

（3）采用台阶式基础时，台阶与墙体应连在一起同时砌筑，基底及墙趾台阶转折处不得砌成垂直通缝，砌体与台阶壁间的缝隙砂浆应饱满。

图 3-2-4　基础砌筑

（4）基坑应随砌筑分层回填夯实，并在表面 3% 的向外斜坡，防止积水渗入基底。

6）墙身砌筑

浆砌石料挡土墙墙身，砌体石块应互相咬接，砌缝砂浆饱满，上下层错缝，应尽量使每层石料顶面自身形成一个较平整的水平层，或通过适当的调整找平，作为一个较平整的水平层，如图 3-2-5 所示。

图 3-2-5　墙身砌筑

(1)砌筑方法

一般的砌筑方法有坐浆法、抹浆法、挤浆法和灌浆法。

①坐浆法,又称为铺浆法。砌筑时先在下层砌筑面上铺上一层厚薄均匀的砂浆,压下砌石,借石料自重将砂浆压紧,并在灰缝上加以必要的插捣和用力敲击,使砌石完全稳定在砂浆层上,直至灰缝表面出现水膜。

②抹浆法。用抹灰板在砌石面上用力涂上一层砂浆,尽量使之贴紧,然后将砌石压上,辅助以人工插捣或用力敲击,使砂浆挤后灰缝平实。

③挤浆法。挤浆法是坐浆法与抹浆法综合运用的砌筑方法。除基底为土质的第一层砌体外,每一块石料,均应先铺底浆,再放石块,经左右轻轻揉动几下后,再轻击石块,使灰缝砂浆被压实。在已砌筑好的石块侧面砌筑时,应在相邻侧面先抹砂浆,后砌石,并向下及侧面用力挤压砂浆,使灰缝挤实,砌体被贴紧,如图 3-2-6 所示。

④灌浆法。灌浆法是指把砌石分层水平铺放,每层高度均匀,空隙间填塞碎石,在其中灌以流动性较大的砂浆,边灌边捣实直至砂浆不能渗入砌体空隙为止。

(2)浆砌施工

浆砌砌体时应立杆挂线或样板挂线,要求墙面坡线顺直整齐,逐层收坡,墙背坡线可大致适顺。在砌筑过程中应经常校正线杆,以保证砌体各部尺寸符合设计要求。

①砌石应分层、分段进行,两相邻段的砌筑高差不应超过 1.2m,分段处应设置沉降缝或伸缩缝,如图 3-2-7 所示。

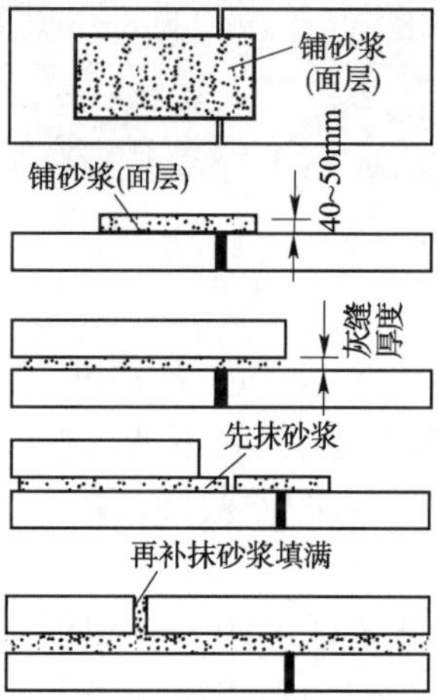

图 3-2-6 砂浆的铺砌

图 3-2-7 浆砌片石挡土墙

②砌石应按照先角石,后边石,最后再填腹石的顺序,如图 3-2-8 所示。腹石宜采取与运送石料方向倒退砌筑的方法,先远处,后近处。

③砌体外侧面石与转角石应选择表面较平且尺寸较大的石块。浆砌时,应长短相间并与里层石块咬紧,石块应大小搭配、相互错叠、咬接紧密、大面向下。为使面石与腹石边连接紧密,可采用一丁一顺或两丁一顺的相间排列,如图 3-2-9 所示。片石与片石之间均应有砂浆隔开,不得直接接触,如图 3-2-10 所示。块石应分层平砌。

④上下层石块应交错排列,避免竖缝重合,错缝距离不应小于 100mm,砌缝宽度一般不应大于 40mm。浆砌块石挡土墙,如图 3-2-11 所示;浆砌料石挡土墙,如图 3-2-12 所示。垂直缝应用砂浆填实饱满,不得用稀浆灌注。

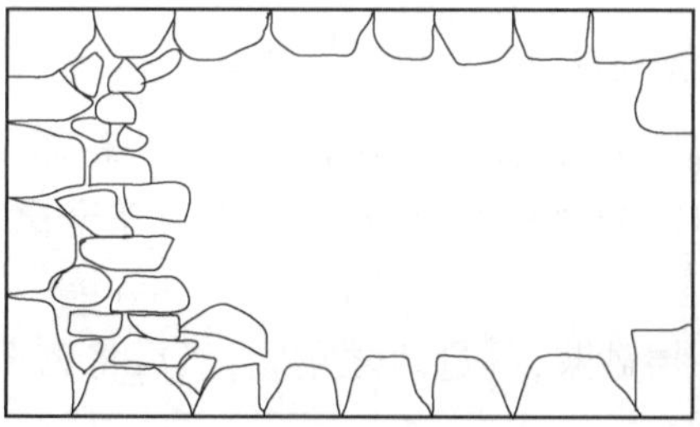

图 3-2-8　砌石顺序

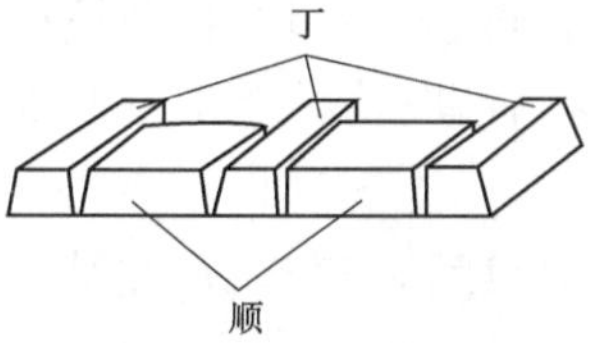

图 3-2-9　浆砌丁顺排列

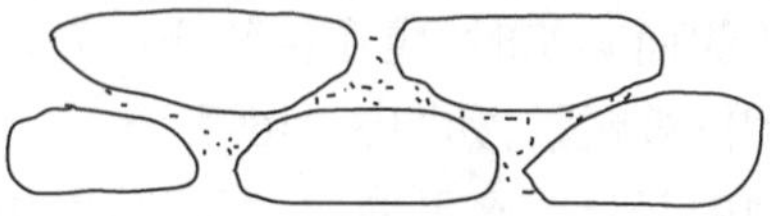

图 3-2-10　浆砌片石施工

图 3-2-11　浆砌块石挡土墙

图 3-2-12　浆砌料石挡土墙

7）墙身勾缝

圬工表面应勾缝，以防止雨水渗漏，并增加结构物的美观，如图 3-2-13 所示。勾缝形式有凸缝、凹缝、平缝。通常在用水泥砂浆嵌入砌缝内勾缝之前，应先清理缝槽，用水冲洗湿润，勾缝深度约 20mm。砌体勾缝应牢固、美观，片石砌体的勾缝应保持砌后的自然缝构造。

8）砌体养护

图 3-2-13　墙身勾缝

为保证砌体砂浆强度的形成和提高，对浆砌砌体应加强养护。新砌的砌体需用浸湿的草帘、麻袋等将砌体盖好，养护期间覆盖物应经常保持湿润。一般气温条件下，在砌完后的10～12h 以内，须洒水养护。养护时间一般不少于 7～14d。

9）墙背回填

当墙身的强度达到设计强度的 75% 时，才能进行墙背回填等工作。在距墙背 0.5～1.0m以内，不宜用重型振动压路机碾压。墙背回填料应尽可能地采用透水性好，抗剪强度高且稳定、易排水的砂类土或碎（砾）石类土等。在季节性冰冻地区，不得使用冻胀材料。

10）砌体检查与验收

砌石防护工程质量检验应符合表 3-2-1 规定。

砌体挡土墙实测项目 表 3-2-1

项次	检查项目		规定值或允许偏差	检查方法和频率
1	砂浆强度（MPa）		在合格标准内	按《公路工程质量检验评定标准》（JTG F80/1—2017）标准附录 F 检查
2	平面位置（mm）		≤50	全站仪：测墙顶外边线，长度不大于 30m 时测 5 点，每增加 10m 增加 1 点
3	墙面坡度（%）		≤0.5	铅锤法：长度不大于 30m 时测 5 处，每增加 10m 增加 1 处
4	断面尺寸（mm）		≥设计值	尺量：不大于 50m 时测 10 个断面，每增加 10m 增加 1 个断面
5	顶面高程（mm）		±20	水准仪：长度不大于 30m 时测 5 点，每增加 10m 增加 1 点
6	表面平整度（mm）	块石	≤20	2m 直尺：每 20m 处测 3 处，每处测竖直、墙长两个方向
		片石	≤30	
		混凝土预制块、料石	≤10	

任务实训（表 3-2-2）

任务实训表 表 3-2-2

实训项目	浆砌片石挡墙施工实训
实训内容	根据相关规范要求，结合实际施工条件，选择合适的砌筑方法，砌筑一段片石挡墙，并对挡墙进行自检
实训目的	1. 通过实训掌握浆砌工艺。 2. 通过实训掌握砌体挡墙的质量验收
实训要求	1. 严格遵守实训纪律，服从实训教师的安排，统一行动，有令必行、有禁必止。 2. 遵守实习单位的劳动纪律和各项规章制度，树立良好的职业道德和组织纪律观念。 3. 安全实训，严防意外伤害。注意与机械、设备和危险源保持安全距离；操作机械、设备时严格遵守安全作业规程
实训准备：	1. 知识准备： 仔细阅读《公路路基施工技术规范》（JTG F10—2006）、《公路工程质量检验评定标准》（JTG F80/1—2017）和本章节关于砌筑的相关内容，掌握挡墙施工的基本程序。 2. 场地选择： 选择一处适宜进行砌筑施工的空地，提前完成场地清理和基坑开挖。 3. 仪器、设备： 砌筑材料：砂浆、片石。 砌筑工具：瓦刀、抹泥刀、手锤、钢凿、勾缝灰刀。 检验工具：全站仪、铅锤、米尺、水准仪、2m 直尺

续上表

实训过程	1. 测量放样： 根据施工图纸，用全站仪放出挡墙位置。 2. 基础砌筑： 按照砌筑工艺进行基础砌筑。 3. 墙身砌筑： 在基础顶面上精确放出墙身底面位置，清理基础顶面的杂物并用水湿润基础，按照砌筑工艺要求挂线砌筑墙身。 4. 墙身勾缝： 墙身砌筑完成后，按勾缝要求进行勾缝。 5. 自检： 利用检测仪器，按照《公路工程质量检验评定标准》(JTG F80/1—2017)要求对挡墙进行验收，砌体挡土墙实测项目见表 3-2-1

任务思考

1. 简述挡土墙施工工艺流程。
2. 简述挡土墙的砌筑方法。

任务评价

任务考核评价表见附表。

知识拓展应用

阅读资料 3-2：重力式挡土墙施工实例，见数字资源 24。
知识拓展 3-2：加筋土挡土墙，见数字资源 25。

24-重力式挡土墙施工实例

25-加筋土挡土墙

项目 4　排水工程施工

项目内容

本项目为排水工程施工，主要包括以下两项内容：

任务 4-1　地表排水设施施工

任务 4-2　地下排水设施施工

项目要求

1. 地表排水设施的构造类型及施工要点。
2. 地下排水设施的构造类型及施工要点。

项目知识点、技能点

1. 地表排水设施施工

(1)边沟施工。

(2)截水沟施工。

(3)排水沟施工。

(4)跌水和急流槽施工。

(5)蓄水池施工。

2. 地下排水设施施工

(1)暗沟施工。

(2)渗沟施工。

(3)渗井施工。

(4)检查井施工。

任务 4-1　地表排水设施施工

任务描述

某路基填方路段设置坡脚排水沟，均为浆砌排水沟，共长 528m，沟型为梯形排水沟，排水沟内的水通过沟底纵坡导入天然沟渠内。

请编制该排水沟施工方案。

任务目标

1. 能根据具体情况，选用合理的路基地表排水方式。
2. 能对各种地表排水设施施工进行质量控制。

建议课时

4 课时。

任务引领和分析

路基排水的目的就是把路基工作区内的土基含水率降低到一定的范围内。当浸入路基的水分过多,便会危害路基,致使土基的含水率、路基强度降低,边坡坍塌,基身沉陷或滑动,影响公路的使用功能。就路基病害的规模、范围、成因、类型及其程度而言,水经常是决定性的因素之一。因此,必须做好路基排水,保持路基常年处于干燥或中湿状态,确保路基具有足够的强度和稳定性。

任务实施

常见的地表排水设施有边沟、截水沟、排水沟、跌水和急流槽及蓄水池等设施。

一、边沟

挖方路基以及填土高度低路基设计要求的临界高度的路堤,在路肩外缘均应设置纵向人工沟渠,称为边沟。边沟主要用来汇集和排除路基范围之内和流向路基的少量的地表水,包括路面、路肩和边坡的流水。

1. 边沟的构造形式及适用范围

常用的边沟断面形式,如图 4-1-1 所示,有梯形、矩形、三角形及流线型等。

a)

b)

c)

图 4-1-1

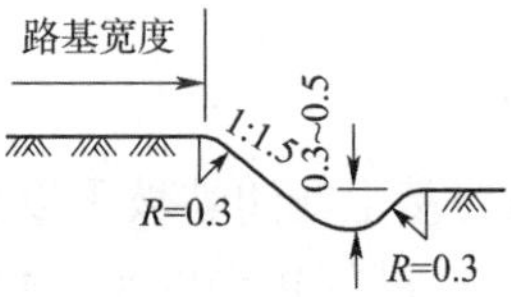

d)

图 4-1-1　边沟断面形式示意图(尺寸单位:m)

a)梯形边沟;b)矩形边沟;c)三角形边沟;d)流线型边沟

一般情况下,土质和软弱石质边沟用梯形;石质边沟用矩形;机械化施工时,边沟用三角形;易于积雪或积沙的路段,其边沟宜用流线型。

(1)对于梯形边沟,内侧边坡坡度一般为 1:1 ~ 1:1.5,外侧边坡坡度与路堑边坡相同。当边沟外设碎落台时,内外侧边坡坡度相同。深度不得小于 400mm,底宽不得小于 400mm,在平曲线处应根据横断面的超高适当调整边沟深度,以保证排水通畅。

(2)对于矩形边沟,边坡直立或稍有倾斜。深度不得小于 400mm,底宽不得小于 400mm,在平曲线处应根据横断面的超高适当调整边沟深度。

(3)对于三角形边沟,边坡一般为 1:2 ~ 1:3。深度不得小于 400mm,当水流量较大时,可适当加深。

(4)对于流线型边沟,曲线半径 R 宜采用 300mm。深度不得小于 400mm,当水流量较大时,可适当加深。

2. 边沟的施工工艺流程

施工工艺流程:施工准备→施工放样→挂线或撒石灰线→沟槽开挖→人工修整→验槽→边沟加固。

3. 边沟的施工要求

(1)边沟水引出路基时,应注意不能造成冲刷破坏。路堑边沟与填方毗邻处设跌水或急流槽,应将边沟水流直接引到填方坡脚之外,如图 4-1-2 所示。

(2)当边沟水流流向桥涵进水口时,为避免边沟流水冲刷,应作如下处理:

①在涵洞进口处设置窨井,或根据地形需要,在进口前设置急流槽与跌水等构造物,将水流引入涵洞,如图 4-1-3 所示。

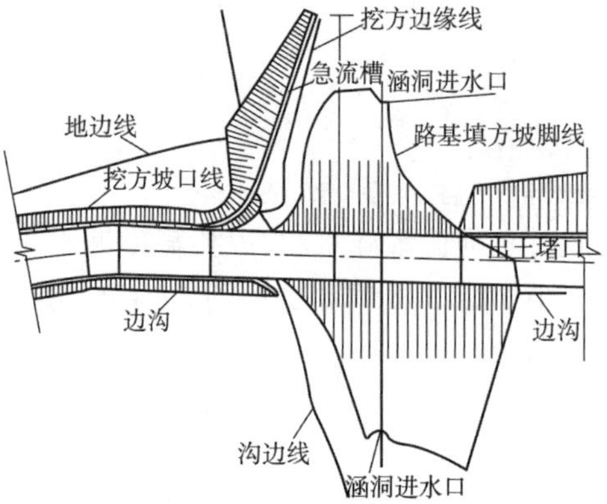

图 4-1-2　路堑与填方毗邻处边沟处理方式

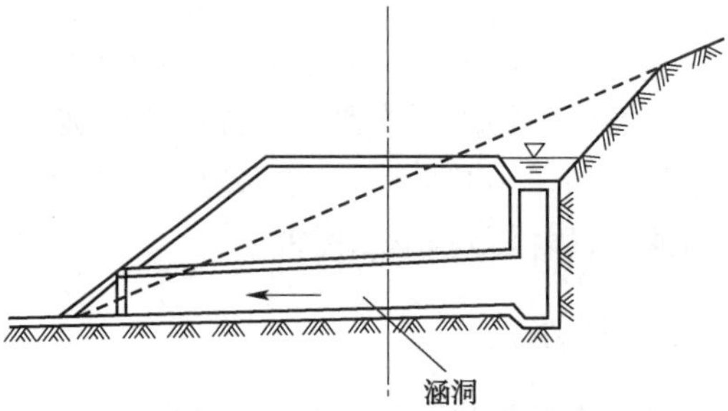

图 4-1-3　涵洞进口处设置窨井

②在桥头翼墙或挡土墙之后端，设置急流槽或跌水，将水引入河道。

(3)石方路堑边沟一般应浆砌，以保证边沟的整齐美观和路基宽度。

二、截水沟

设置在挖方路基上侧边坡坡顶以外，或山坡路堤的上方的适当位置，用以拦截路基上方流向路基的地面水，减轻边沟的水流负担，保护挖方边坡和填方坡脚不受流水冲刷和损害的人工沟渠，称为截水沟，又称为天沟。

1. 截水沟的构造形式

截水沟断面一般为梯形，在地面横坡较陡时，也可做成石砌矩形，如图4-1-4所示。

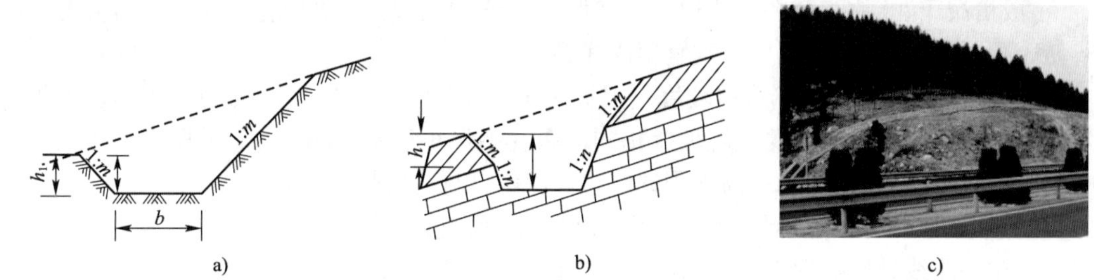

图4-1-4　截水沟的常见断面形式

a)土质截水沟示意图；b)石质截水沟示意图；c)截水沟实例图

截水沟底宽和沟深不小于0.5m，土质截水沟的边坡坡度为1:1～1:1.5。截水沟应结合地形合理布置并接顺，沟底纵坡一般宜为1%。

2. 截水沟的施工要求

图4-1-5是路堑挖方边坡上方设置的截水沟示例之一。图中d一般为5.0m，土质不良时可取10.0m或更大。截水沟下方一侧，可填置挖沟的土方，并要求做成顶部向沟倾斜2%的土台。

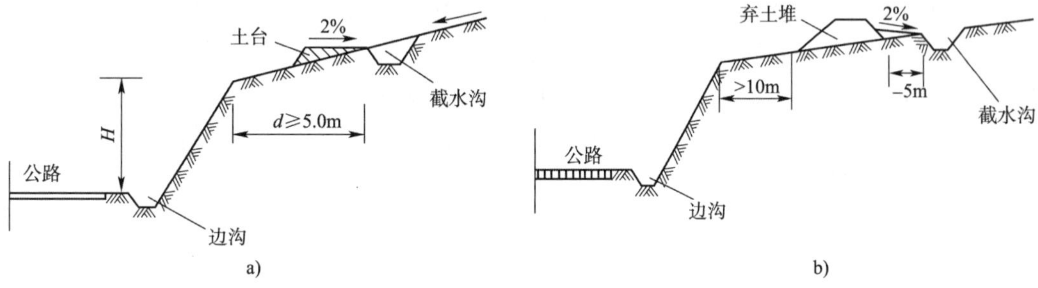

图4-1-5　挖方路段截水沟示意图

a)无弃土堆挖方路基坡顶设置的截水沟；b)有弃土堆挖方路基坡顶设置的截水沟

山坡填方路段可能遇到上方水流的破坏作用，此时必须设置截水沟，以拦截山坡水流保护路基。如图4-1-6所示，截水沟与坡脚之间要有不小于2.0 m间距，并做成2%的向沟倾斜的横坡，确保路基不受侵害。

三、排水沟

排水沟是指将边沟、截水沟和路基附近的积水，引排至桥涵或路基范围以外的设施。

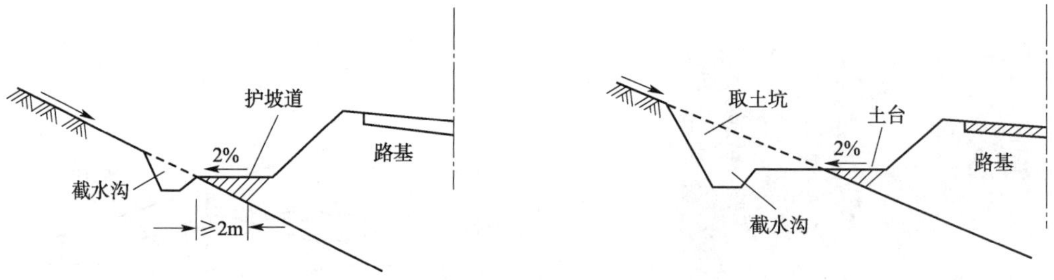

图4-1-6　山坡上路堤设置的截水沟

1. 排水沟的构造形式

排水沟多为梯形断面，底宽不小于0.5m，边坡坡度通常为1:1～1:1.5。排水沟的沟底纵坡一般不小于0.5%，如图4-1-7所示。

排水沟水流注入其他沟渠或水道时，应使原水道不产生冲刷或淤积。通常应使排水沟与原水道两者呈锐角相交，交角不大于45°，如图4-1-8所示。

图4-1-7　浆砌排水沟

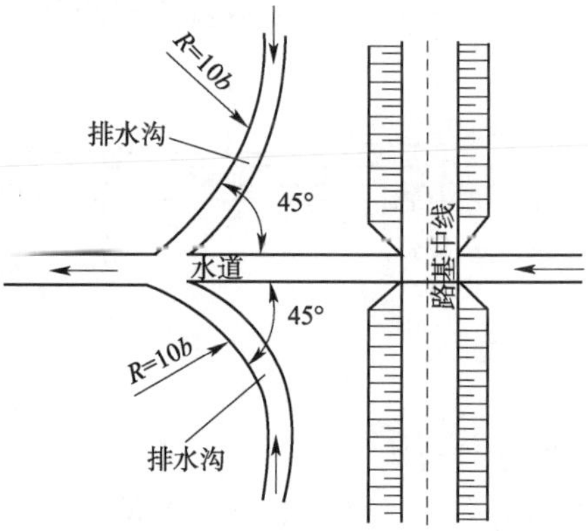

图4-1-8　排水沟布置图

2. 排水沟的施工要求

(1)排水沟的具体位置与地形有关，线形要求平顺。排水沟长度不宜超过500m，以免流量过大造成漫溢。

(2)当排水沟的水流速度大于沟底、沟壁土的容许冲刷流速时，应采取加固措施。

(3)排水沟的出水口，应设置跌水和急流槽将水流引出路基或引入自然排水系统。当排水沟中的水流入河道或沟渠时，应避免产生冲刷或淤积。

四、跌水和急流槽

跌水是设置于需要排水的高差较大而距离较短或坡度陡峻的地段的阶梯形构筑物，其作用主要是降低流速和消减水的能量。急流槽是具有很大坡度的水槽，但水流不离开槽底，其作用主要是在很短的距离内，水面落差很大的情况下进行排水。

1. 跌水的构造

跌水由进口、台阶、出口三部分组成，跌水槽身一般砌成矩形，出口部分必须设置隔水墙。图4-1-9所示为单级跌水，图4-1-10所示为多级跌水。

跌水台阶高度应视当地地形确定，多级跌水的每阶高度一般为300～600mm，每阶高度与长度之比一般应大致等于地面坡度。跌水的台面坡度一般为2%～3%。

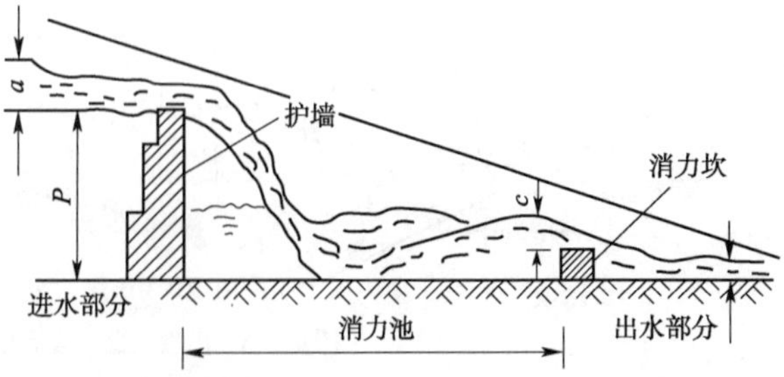

图 4-1-9　单级跌水

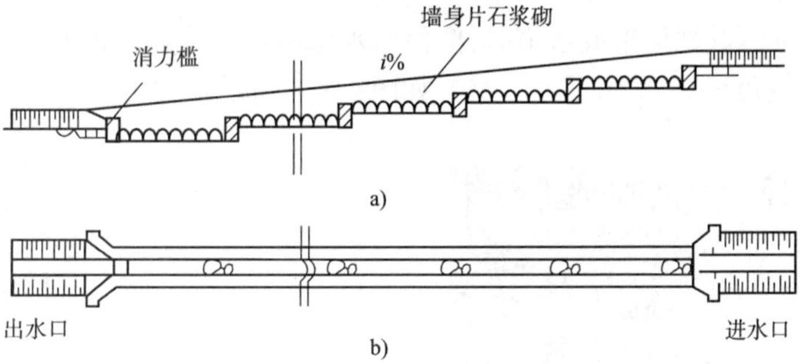

图 4-1-10　多级跌水

a）纵断面图；b）平面图

2. 急流槽的构造

急流槽由进口、槽身、出口三个部分组成，急流槽底宜砌成粗糙面，用以消能和减少流速。急流槽进水口的喇叭型簸箕口可以很好地汇集流水到槽口，如图 4-1-11 所示。

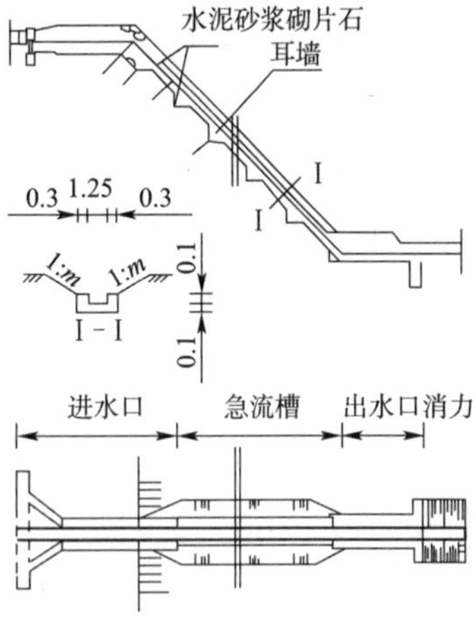

图 4-1-11　急流槽构造图（尺寸单位：m）

3. 跌水和急流槽的适用范围

一般在山岭重丘地区，排水沟渠纵坡较陡，水流湍急，冲刷力强，为减少其流速，降低其能量，防止对路基形成危害，常采用跌水或急流槽。沟底纵坡较陡的涵洞，也常将其洞内铺底及进出水口做成跌水或急流槽。

4. 跌水和急流槽的施工工艺

跌水和急流槽必须用浆砌片石、水泥混凝土预制块或水泥混凝土浇筑。若急流槽和跌水通过岩石山坡，也可利用岩石坡面开槽形成急流槽槽身，然后进行必要的勾缝、灌浆或喷射混凝土等处理措施。

施工工艺流程：

施工准备→施工放样→沟槽开挖→人工修整→验槽→槽身加固→进、出水口铺砌。

5. 跌水与急流槽的施工要求

(1)跌水的台阶高度可根据地形、地质等条件决定，多级台阶的各级高度可以不同，其高度与长度之比应与原地面坡度相适应。

(2)当急流槽较长时，应分段砌筑，每段长度以5～10m为宜，接头用防水材料填塞，密实无空隙。混凝土预制块急流槽，分节长度宜为2.5～5.0m，接头采用榫接。

(3)路堤边坡急流槽的修筑，应能为水流流入排水沟提供一个顺畅通道，路缘石开口及流水进入路堤边坡急流槽的过渡段应连接圆顺，如图4-1-12所示。

图4-1-12 路缘石开口与急流槽连接

五、蓄水池

蓄水池是指在气候干旱地区的排水困难路段，于道路两侧每隔一定距离，为汇集边沟流水任其蓄水所设置的积水池。

(1)蓄水池边缘距路基边沟距离应以保证路基稳定和安全为原则，并不应小于5m，湿陷性黄土地区不得小于湿陷半径。蓄水池中水位应低于排水沟的沟底。

(2)蓄水池的池底宜设0.5%的横坡，其入口处应与排水沟平顺连接。

(3)蓄水池进行石砌，四周应进行围护。

(4)蓄水池应根据具体情况采取适当的防护加固措施，蓄水池的设置不应使附近地面形成盐渍化或沼泽化或对周围环境产生不利影响。

六、浆砌水沟施工质量检验实测项目

1. 浆砌水沟实测项目

浆砌水沟实测项目见表4-1-1。

浆砌水沟实测项目 表4-1-1

序号	检查项目	规定值或允许值	检查方法或频率
1	砂浆强度(MPa)	在合格标准内	按《公路工程质量检验评定标准(JTG F80/1—2017)》附录F检查
2	轴线偏位(mm)	50	全站仪或尺量：每200m测5点
3	沟底高程(mm)	±15	水准仪：每200m测5点
4	墙面直顺度(mm)	30	20m拉线，每200m测2点
5	断面尺寸(mm)	±30	尺量：每200m测2个断面，且不少于5个断面
6	铺砌厚度(mm)	不小于设计值	尺量：每200m测2点
7	基础垫层宽度、厚度	不小于设计值	尺量：每200m测2点

2. 浆砌水沟的外观质量要求

（1）砌体抹面不得有空鼓。

（2）沟内不应有杂物，无排水不畅。

任务实训（表4-1-2）

任务实训表　　表4-1-2

实训项目	边沟质量检查与验收实训
实训内容	浆砌边沟施工完成后，请根据《公路工程质量检验评定标准》（JTG F80/1—2017）的技术要求，结合实训设备及实训条件，对边沟进行质量评定验收
实训目的	1. 通过实训能对浆砌边沟进行质量检查与验收。 2. 通过实训掌握浆砌边沟质量验收的有关要求
实训要求	1. 严格遵守实训纪律，服从实训老师安排，统一行动，有令必行、有禁必止。 2. 遵守实习单位的劳动纪律和各项规章制度，树立良好的职业道德和组织纪律观念。 3. 安全实训，严防意外伤害。注意与机械、设备和危险源保持安全距离；操作机械、设备时严格遵守安全作业规程
实训准备	1. 知识准备： 认真学习教材内容，查阅相关规范。 2. 场地选择： 选择一段浆砌边沟施工完工的路基。 3. 仪器、设备： （1）相机：拍摄工程照片、视频；记录本：记录施工作业注意事项、流程、施工示意图、心得体会等。 （2）现场检测仪器：水准仪、全站仪、3m 直尺、卷尺等
实训过程	1. 浆砌水沟实测项目（见表4-1-1）。 2. 浆砌水沟的外观质量要求。 （1）砌体抹面不得有空鼓。 （2）沟内不应有杂物，无排水不畅

续上表

<table>
<tr><td>实训表格</td><td>
表 K-1　分项工程质量检验评定表
分项工程名称：　工程部位：(桩号、墩台号、孔号)　所属建设项目(合同段)：
所属分部工程名称：　所属单位工程：　施工单位：　分项工程编号：
<table>
<tr><td colspan="2">基本要求</td><td colspan="15">1.
2.
…</td></tr>
<tr><td rowspan="6">实测项目</td><td rowspan="2">项次</td><td rowspan="2">检查项目</td><td rowspan="2">规定值或允许偏差</td><td colspan="10">实测值或实测偏差值</td><td colspan="3">质量评定</td></tr>
<tr><td>1</td><td>2</td><td>3</td><td>4</td><td>5</td><td>6</td><td>7</td><td>8</td><td>9</td><td>10</td><td>平均值、代表值</td><td>合格率(%)</td><td>合格判定</td></tr>
<tr><td></td><td></td><td></td><td colspan="13"></td></tr>
<tr><td></td><td></td><td></td><td colspan="13"></td></tr>
<tr><td></td><td></td><td></td><td colspan="13"></td></tr>
<tr><td></td><td></td><td></td><td colspan="13"></td></tr>
<tr><td colspan="3">外观质量</td><td colspan="6"></td><td colspan="3">质量保证资料</td><td colspan="5"></td></tr>
<tr><td colspan="3">工程质量等级评定</td><td colspan="14"></td></tr>
</table>
检验负责人：　检测：　记录：　复核：　年　月　日
</td></tr>
<tr><td>实训总结</td><td>(实训中遇到的问题和解决方法,对本次实训的意义和建议、受训收获)</td></tr>
</table>

任务思考

1. 常见的地表排水设施有哪些？
2. 路基边沟、截水沟、排水沟施工时分别应注意哪些问题？

任务评价

任务考核评价表见附表。

知识拓展应用

阅读资料4-1：急流槽施工方案(节选)，见数字资源26。

26-急流槽施工方案

任务 4-2　地下排水设施施工

任务描述

某工程某施工段路线地形复杂，系山岭重丘区高速公路。K78 + 100 ~ K79 + 820 路基属于填方路基，填方高度约 20m，此段路基底部原为老河沟沟底，常年有流水，设计单位在原沟底设计了片石盲沟，盲沟采用土工布包片石，断面尺寸 423cm × 120cm。

请编制该盲沟施工方案。

任务目标

1. 能根据具体情况，选用合理的路基地下排水方式。
2. 能对各种地下排水设施施工进行质量控制。

建议课时

2 课时。

任务引领和分析

路基是道路的基础，更是保证路面质量的关键，然而地下水对路基路面的危害性很大，由于地下水破坏路基土的结构，使路基失去稳定性，不但会造成路基滑坡、坍塌，而且容易导致路基路面发生沉陷、翻浆等病害，因此，做好地下水的防治工作至关重要。盲沟是排除地下水的方式之一，可以用来排除泉眼等集中水。

任务实施

公路路基常用的地下排水设施有暗沟、渗沟、渗井等，对水量不大的地下水以渗透为主汇集水流，就近予以排除；遇有大量水流，则应另设专用地下沟管予以排除。

一、盲沟

设在路基边沟下面的暗沟，称为盲沟。其目的是拦截或降低地下水。盲沟通过边沟内分层填实的不同粒径的颗粒材料，利用其透水性将地下水汇集于沟内，并沿沟排泄到指定地点。

图 4-2-1 为一侧边沟下设盲沟，用以拦截流向路基的层间水，防止路基边坡滑坍和毛细水上升危害路基。

图 4-2-2 为两侧边沟下设盲沟，用以降低地下水位，防止毛细水上升至路基工作区范围内，形成水分积聚而造成冻胀和翻浆，或土基过湿而降低强度。

图 4-2-3 为设置在路基挖方和填方交界处的横向盲沟，用以拦截和排除路堑下面层间水或小股泉水，保持路基填土不受水害。

1. 盲沟的施工工艺流程

施工准备→施工放样→确定泉眼范围→泉井开挖→土沟开挖→砌筑井壁→安装盖板→铺筑碎(卵)石层→填砂砾层。

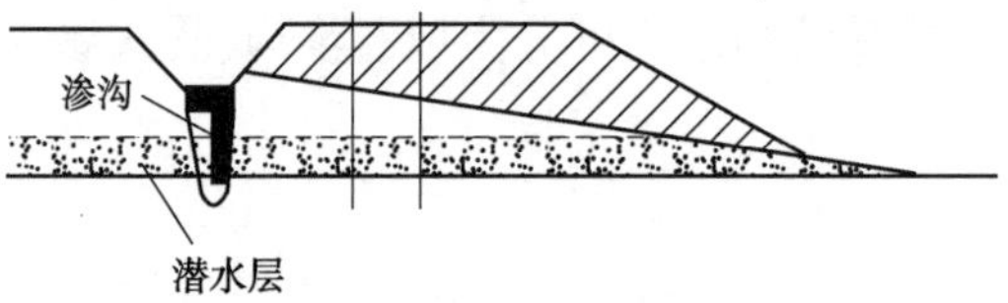

图 4-2-1　一侧边沟下设盲沟

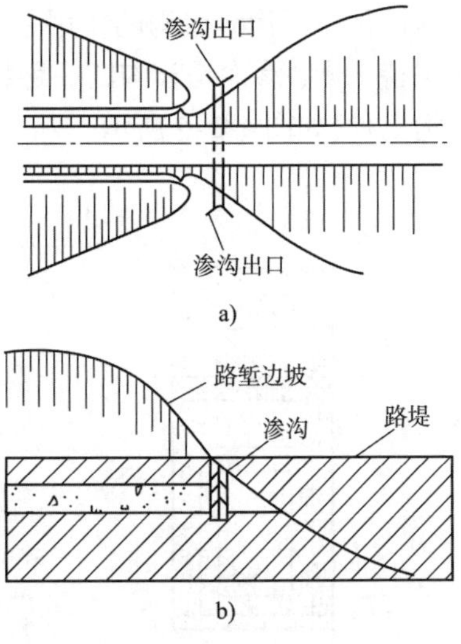

图 4-2-3　填挖交界处横向盲沟

a) 平面；b) 剖面

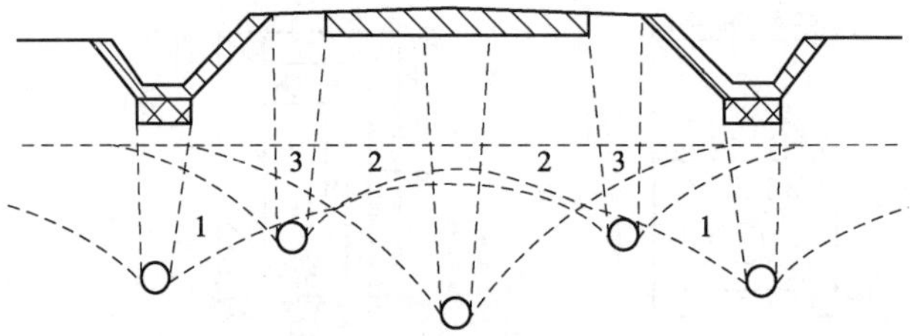

图 4-2-2　两侧边沟下设盲沟

盲沟构造图如图 4-2-4 所示。

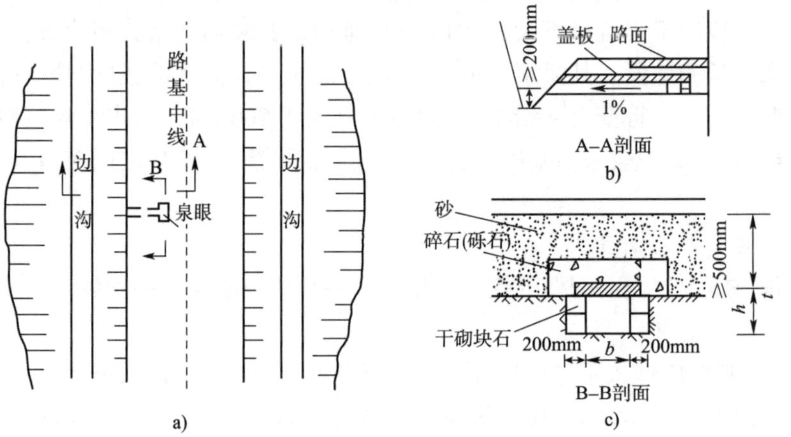

图 4-2-4　盲沟构造图

a) 平面；b) A—A 剖面；c) B—B 剖面

2. 盲沟的施工要求

(1) 沟底必须埋入不透水层内，沟壁最低一排渗水孔应高出沟底至少 200mm。

(2) 沟底纵坡应大于 0.5%，出水口处应加大纵坡，并高出地表排水沟常水位 200mm 以上。

(3) 施工一般由下游向上游进行，并随挖、随撑、随填。

(4) 沟壁外侧应填筑粗粒透水性材料或土工合成材料形成反滤层。

(5) 沿沟槽底每隔 10～15m 或在软硬岩层分界处应设置沉降缝和伸缩缝，缝中应填塞沥青麻絮或浸透沥青的木板或土工合成弹性材料，以防止漏水。

(6) 应防止泥土或砂粒落入沟槽或泉眼，以避免堵塞。

二、渗沟

采用渗透方式将地下水汇集于沟内，并通过沟底通道将地下水排到指定区域的地下排水设施被称为渗沟。渗沟的作用是拦截汇集流向路基的地下水,并排至路基范围以外,使路基土保持干燥,渗沟是盲沟的一种特殊形式,按其结构形式可分为填石渗沟、管式渗沟和洞式渗沟三种,如图4-2-5所示。

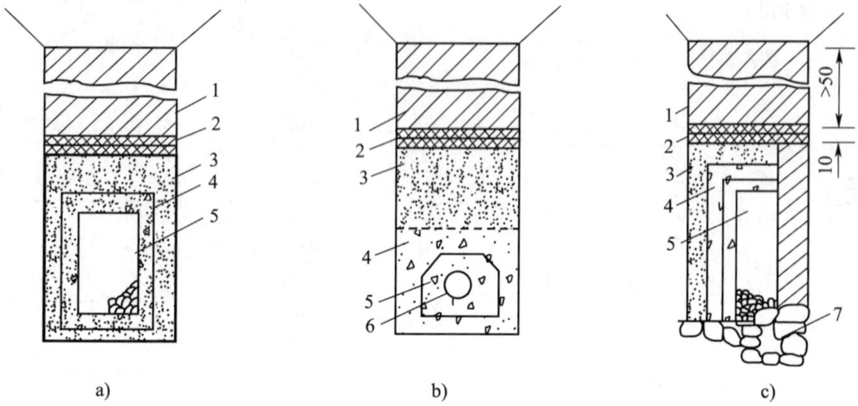

图4-2-5 渗沟结构图示(尺寸单位:cm)

a)填石渗沟;b)管式渗沟;c)洞式渗沟

1-黏土夯实;2-双层反铺草皮;3-粗砂;4-石屑;5-碎石;6-预制混凝土管;7-浆砌片石沟洞

填石渗沟一般用于水流量不大,渗沟不长的地段。其断面通常为矩形或梯形;管式渗沟设于地下引水较长的地段。其泄水管可用陶瓷、混凝土、石棉、水泥或塑料材料制成,管壁应设泄水孔。泄水孔应在管壁上交错布设,间距不宜大于200mm。洞式渗沟适用于地下水流量较大的地段,其洞壁一般采用浆砌片石,洞顶应用盖板覆盖,盖板之间应留有空隙,使地下水能够流入洞内。

1.渗沟的施工工艺流程

施工准备→施工放样→沟槽开挖→沟槽清理→验槽→渗沟材料安装→回填夯实。

2.渗沟的施工要求

(1)渗沟的基底应埋入不透水层,沟壁的一侧应设反滤层汇集水流,另一侧用黏土夯实或浆砌片石拦截水流。如渗沟沟底不能埋入不透水层时,两侧沟壁均应设置反滤层。

(2)渗沟通常为矩形或梯形,在沟的底部和中部用较大碎石或卵石(粒径30~50mm)填筑,在碎石或卵石的两侧和上部,按一定比例分层(层厚约150mm),并填入较细颗粒的粒料(如中砂、粗砂、砾石),做成反滤层,逐层的粒径比例,大致按4:1递减。砂石料颗粒小于0.15mm的含量不应大于5%。或用土工合成材料包裹有孔的硬塑管,管四周填以大于硬塑管孔径的等粒径碎、砾石,组成渗沟。

(3)渗沟顶部应设置封闭层,封闭层宜采用浆砌片石或干砌片石水泥砂浆勾缝,寒冷地区应设保温层,并加大出水口附近纵坡。

(4)渗沟宜从下游向上游开挖,并应随挖随支撑、及时回填,不宜暴露太久。

三、渗井

当路基附近的地面水或浅层地下水无法排除,而距地面不深处有渗透性土层,且地下水流向背离路基,地面水流量不大时设置的立式排水设备,称为渗井。

圆形渗井的结构与布置如图4-2-6所示。渗井上部为集水结构,下部为排水结构。

1. 施工工艺流程

施工准备→确定位置和深度→开挖井坑→验井坑→渗井填充→井顶封闭→平整场地。

2. 施工要求

(1)渗井直径一般采用0.5～0.6m,井深应保证将地面水或浅层地下水引入透水层中去。

(2)井内填充砂石料按单一粒径分层填筑;下层透水层范围内填碎石或卵石,上层不透水范围内填砂或砾石。

(3)渗井顶部四周用黏土填筑围护,井顶应加盖封闭。

(4)渗井开挖应随挖随支撑、及时回填,确保施工安全顺利。

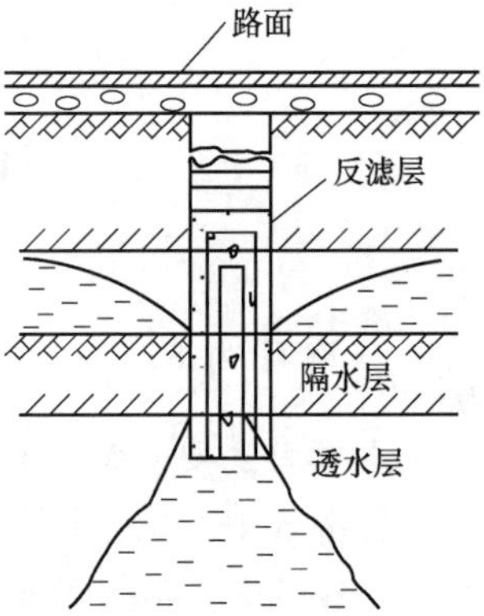

图4-2-6　渗井的结构与布置图

四、检查井

为检查维修渗沟,每隔30～50m或在平面转折和坡度由陡变缓处宜设置检查井。

施工要求:

检查井一般采用圆形,内径不小于1.0m,在井壁处的渗沟底应高出井底0.3～0.4m,井底铺一层厚0.1～0.2m的混凝土。井基如遇不良土质时,应采取换填、夯实等措施,兼起渗井作用的检查井的井壁,应在含水层范围设置渗水孔和反滤层。深度大于20m的检查井,除设置检查梯外,还应设置安全设备,井口顶部应高出附近地面0.3～0.5m,并设井盖。

任务思考

1. 常见的地下排水设施有哪些?

2. 路基盲沟、渗沟、渗井施工时分别应注意哪些问题?

任务评价

任务考核评价表见附表。

知识拓展应用

知识拓展4-2:地下水对路基的影响及防护措施,见数字资源27。

27-地下水对公路的影响

项目5　路面基层施工

项目内容

本项目主要介绍路面基层施工的相关知识，主要包括以下主要内容：

任务5-1　石灰土基层施工

任务5-2　二灰土基层施工

任务5-3　二灰稳定粒料施工

任务5-4　水泥稳定粒料施工

任务5-5　级配碎石施工

任务5-6　大粒径柔性沥青混合料基层简介

项目要求

1. 掌握各种类型的基层对原材料和配合比的要求。

2. 掌握各种类型基层的基本的施工流程和质量控制要点。

3. 掌握各种类型基层的质量检验标准和方法。

项目知识点、技能点

1. 知识点

(1)路面基层、底基层常用原材料类型、质量要求及试验项目。

(2)路面基层、底基层混合料试验项目。

(3)各类基层对材料的要求。

(4)各类基层的施工工艺流程。

(5)各类基层质量控制要点。

(6)各类基层的质量检验。

2. 技能点

(1)熟知各类基层、底基层常用原材料质量标准及试验项目。

(2)能组织常用稳定土基层的施工。

任务5-1　石灰土基层施工

任务描述

根据设计文件，某高速公路第×合同段的底基层为石灰稳定土，请根据本任务所学的知识，尝试写出石灰土的主要施工流程。

任务目标

1. 能对现场原始材料进行调查分析。
2. 能够进行石灰土填料的选择,会进行配合比设计。
3. 掌握石灰土路拌法的铺土铺灰计算,能运用计算数据进行布土布灰工作。
4. 能选择合理的机械设备。
5. 掌握路拌法施工环节质量控制和质量验收。

建议课时

6课时。

任务引领和分析

石灰土是以石灰为结合料,通过加水与细粒土共同拌和形成的混合料,当强度符合要求时,称为石灰土,是常用的石灰稳定土之一。石灰土基层(底基层)的质量要通过原材料、混合料拌和、整平碾压、养护等进行严格控制。本任务以石灰土路拌法施工为例,介绍石灰土基层(底基层)的工艺流程和质量控制要求。

任务实施

一、材料要求

1. 土质

细粒土塑性指数一般为15~20,有机质含量≤10%,硫酸盐含量≤0.8%,并且石灰土用土的质量指标见表5-1-1。采用黏性土、黏土、砂性土稳定效果较好。使用前,细粒土应闷料、粉碎,土块最大粒径不大于15mm。

石灰稳定土用土的质量指标 表5-1-1

项目	高速公路、一级公路	其他公路		
	底基层	二级公路基层	二级以下公路基层	底基层
塑性指数	15~20			
有机质含量(%)	10			
硫酸盐含量(%)	≤0.8			
压碎值(%)	≤30	≤30	≤35	≤35
最大粒径(mm)	≤37.5	≤37.5		≤53

2. 石灰

石灰技术要求应符合表5-1-2、表5-1-3规定。

生石灰技术要求 表5-1-2

指标	钙质生石灰			镁质生石灰			试验方法
	Ⅰ	Ⅱ	Ⅲ	Ⅰ	Ⅱ	Ⅲ	
有效钙加氧化镁含量(%)	≥85	≥80	≥70	≥80	≥75	≥65	T0813

续上表

指标	钙质生石灰			镁质生石灰			试验方法
	Ⅰ	Ⅱ	Ⅲ	Ⅰ	Ⅱ	Ⅲ	
未消化残渣含量(%)	≤7	≤11	≤17	≤10	≤14	≤20	T 0815
钙镁石灰的分类界限,氧化镁含量(%)	≤5			>5			T 0812

消石灰技术要求 表5-1-3

指标		钙质生石灰			镁质消石灰			试验方法
		Ⅰ	Ⅱ	Ⅲ	Ⅰ	Ⅱ	Ⅲ	
有效钙加氧化镁含量(%)		≥65	≥60	≥55	≥80	≥75	≥65	T 0813
含水率(%)		≤4	≤4	≤4	≤4	≤4	≤4	T 0801
细度	0.60mm 方孔筛的筛余(%)	0	≤1	≤1	0	≤1	≤1	T 0814
	0.15mm 方孔筛的筛余(%)	≤13	≤20	—	≤13	≤20	—	T 0814
钙镁石灰的分类界限,氧化镁含量(%)		≤4			>4			T 0812

(1)高速公路和一级公路用石灰应不低于Ⅱ级技术要求,二级公路用石灰应不低于Ⅲ级技术要求,二级以下公路用石灰宜不低于Ⅲ级技术要求。高速公路和一级公路的基层,宜采用磨细消石灰;二级以下公路使用等外灰时,有效氧化钙含量应在20%以上,且混合料强度应满足要求。

(2)生石灰应在使用前7~10d,充分消解成熟石灰粉或磨细,如图5-1-1、图5-1-2所示。

图5-1-1 石灰消解

图5-1-2 石灰磨细

(3)熟石灰粉使用时,应过10mm筛孔,筛除石渣、未消解的灰块。

(4)石灰消解后应尽快使用,存放期不应超过三个月,以免降低活性。

(5)石灰应设棚存放,并应防风避雨。

3. 水

符合现行《生活饮用水卫生标准》(GB 5749)要求的饮用水可直接作为基层、底基层材料拌和与养护用水。

二、配合比设计

混合料组成设计应符合《公路路面基层施工技术细则》(JTG/T F20—2015)有关规定。

1. 配合比表示方法

以石灰剂量(如10%、12%、14%)和含水率表示。石灰剂量以石灰质量占全部干燥被稳定材料质量的百分率表示。

2. 基本要求

(1)石灰稳定材料的7d龄期无侧限抗压强度标准R_d应符合表5-1-4的规定。

(2)石灰土组成设计在满足7d无侧限抗压强度时,选取最适宜于稳定的土,确定必需的或最佳的石灰剂量和混合料的最佳含水率,以及外掺加料的比例。

(3)工地实际采用的石灰剂量应比室内试验确定的剂量多0.5%~1%,即路拌法增加1%,集中厂拌法增加0.5%。

石灰稳定材料的7d龄期无侧限抗压强度标准R_d(MPa) 表5-1-4

结　构　层	高速公路和一级公路	二级及二级以下公路
基层	—	≥0.8[a]
底基层	≥0.8	0.5~0.7[b]

注:1. 石灰土强度达不到表5-1-4规定的抗压强度标准时,可添加部分水泥或改用另一种土。塑性指数过小的土,不宜用石灰稳定,宜改用水泥稳定。

2. [a]在低塑性材料(塑性指数小于7)地区,石灰稳定砾石土和碎石土的7d龄期无侧限抗压强度应大于0.5MPa(100g平衡锥测液限)。

3. [b]低限用于塑性指数小于7的黏性土,且低限值宜仅用于二级以下公路。高限用于塑性指数大于7的黏性土。

三、石灰土施工

1. 施工前准备

1)准备内容

(1)熟悉图纸和施工现场情况。

(2)对路基按照《公路工程质量检验评定标准》(JTG F80/1—2017)及设计要求进行验收。

(3)对技术人员进行技术交底和安全交底,对施工人员进行全面的技术、操作、质量、安全交底,确保施工过程的工程质量和人身安全。

(4)根据坐标点和水准控制点进行中桩、水准点和高程复测。

(5)根据作业面和进度要求配备足够的施工机械设备、工具及检测设备。

(6)对原材料按规定进行检验,确定其原材料质量符合相应标准,并且料源稳定,数量充足。

(7)设计配合比和施工配合比,在开工前15d报监理工程师。

(8)生石灰要集中消解,石灰消解场地选择要满足环保要求,现场便道保持湿润,施工现场安全设施准备齐全。

2)试验段

石灰土正式施工前必须做试验段,试验段应设置在生产路段上。

(1)目的是验证混合料的稳定性及拌和、摊铺和压实设备的效率和施工方法、施工组织的适应性。

(2)试验段长度宜为200~300m。

(3)开工前应向监理工程师上报开工申请报告,开工报告的内容包括拟采用施工工艺流程、进场人员、机具设备、试验设备的调试和检修情况,以及各种计量工具是否进行标定。各项准备工作达到开工条件,经监理工程师同意后,方可铺筑试验路段。

(4)铺筑试验路段时,应做好试验路段的检测工作。

试验路段应做好如下检测工作:

①确定用于施工的材料配合比例、布料方式、松铺系数、数量控制、含水率的添加和控制方法。

②确定标准施工方法和合适的拌和机械、拌和方法、拌和深度和拌和遍数。

③确定整平和整形的合适机具和方法。

④确定压实机械的选择及其组合、压实的顺序、速度和遍数。

⑤确定密实度的检查方法、初定每一作业段的最小检查数量。

⑥确定控制结合料数量和均匀性的方法。

⑦确定每一作业段的合适长度与一次铺筑的合适厚度。

(5)试验路段施工结束后,承包人应及时总结和上报试铺段的总结报告,监理工程师应及时组织人员对试验路段进行检测。不成功的试验路段承包人应自费清理出现场,且不能计量支付。若试验路段检验合格,监理工程师可作为工程的一部分予以验收,并进入计量支付。

(6)试验段合格后,承包商应根据试验路段的记录作出详细的试验路段总结报告,提出合理的施工方法和工艺流程,报监理工程师审批以作为施工的指导方案。试验段施工后的总结报告应包括下列内容:

①试验路段检测报告。

②试验路段总体效果评价。

③施工关键参数的推荐值,包括配合比、含水率、松铺系数、碾压工艺等。

④确定每一作业段的合适长度。

2. 石灰土路拌法施工

石灰土路拌法的施工工艺流程如图5-1-3所示。

1)准备工作

(1)下承层准备

下承层表面平整、坚实,高程、路拱、压实度、弯沉值等指标符合设计及规范要求,凡验收不合格的路段,必须采取措施处理,使之达到设计图纸及规范规定的标准。上土前应将下承层表面洒水润湿。

(2)施工放样

在下承层上恢复中线、石灰土施工边线,直线段每15~20m、平曲线段每10~15m布设一指示桩。

(3)原材料准备

根据配合比组成设计确定的土场,作好取土的准备,将合格石灰进场,并且磨细或在使用前7~10d充分消解,并过10mm筛孔的筛。

(4)人员与机械配备准备

根据工程进度要求、作业面数量及试验段成果,配备适当数量的技术人员、操作工人、机械设备、试验检测设备。

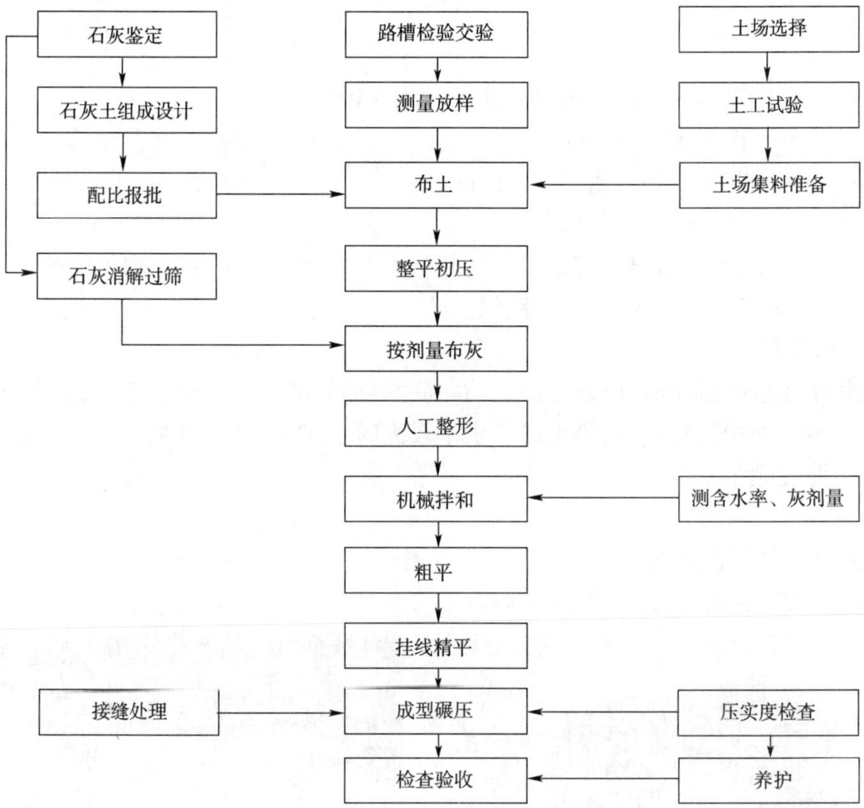

图 5-1-3　石灰土路拌法施工工艺流程

2)布土

(1)按批准的配合比中土的用量布土。根据所选择的布土计量方式可分为按方格和松铺厚度布土。

①方格法(或每延米控制布土)

每车运土量基本相同,用土数量用车数控制,车数的计算见下式。

$$n = \frac{bh\rho s(1 + w)}{G} \tag{5-1-1}$$

式中:b——方格宽度(或灰土摊铺宽度),cm;

n——每方格(或延米)需要的车数;

h——灰土摊铺厚度,m;

ρ——灰土混合料最大干密度,$10^3 kg/m^3$;

s——混合料中土的百分含量,%;

G——每车湿土的标准质量,$10^3 kg$;

w——土的含水率,%。

按每车土摊铺的面积作为一个方格,在路上划定方格网,将每车土卸在已划定的网格然后用推土机摊土,初平并排压,使厚度基本一致。

②松铺厚度法

布土数量用松铺厚度控制,土的松铺厚度计算见下式:

$$h_1 = \frac{\gamma_0 h_0 \dfrac{P_1}{P_1 + P_2}}{\gamma_1} \tag{5-1-2}$$

式中：P_2、P_1——消石灰和土的质量百分比，%，$P_1 = 100\%$；

h_1——土的松铺厚度，mm；

γ_0——石灰土的最大密实度，kg/m^3；

h_0——石灰土铺装层压实厚度，mm。

按照式(5-1-2)计算或试验路段确定的松铺系数与松铺厚度，将土均匀地摊铺在预定的宽度上，表面应力求平整，并有规定的路拱。

(2)洒水闷料

当细粒土含水率过小时，应在土层上均匀洒水闷料，细粒土应经一夜闷料，中、粗粒土视细土含量多少可缩短闷料时间；当土的含水率较大时，应摊开翻拌晾晒。当含水率合适后再整平、整形，厚度满足要求。

3)布灰

(1)被稳定材料宜先摊平并用两轮压路机碾压1～2遍，再人工摊铺石灰。

(2)打灰条或者灰条布灰(图5-1-4)。

图5-1-4　灰条布灰

①划分布灰宽度。一般石灰土宽度在10m以下打一个灰条，10m以上根据情况分打几个灰条。

②在布灰宽度的中央，沿公路中线方向撒一条灰线。

③计算每延米石灰用量，严格按剂量上灰，一般采用沿灰线码呈梯形(或三角形)灰带检验。

④检验合格后，用人工扣锹逐次排列均匀布撒在相应段落上，并剔除石渣和未消化的灰块。

(3)方格法。

以一车石灰为单位计算摊铺面积，或者计算每一网格需要的石灰数量，按数量上灰后，再均匀摊铺。此方法适用于散装消石灰和袋装石灰，如图5-1-5所示。

图5-1-5　袋装石灰布灰

(4)松铺厚度法。

计算石灰摊铺的松铺厚度，其计算方法见本任务(附：石灰土路拌法施工铺土铺灰计算)。

4)灰土拌和

拌和应采用稳定土拌和机拌和，如图5-1-6所示。

(1)拌和深度应达到稳定土层底。应设专人跟随拌和机,随时检查拌和深度并配合拌和机操作员调整拌和深度(图5-1-7),人工配合拣出超尺寸颗粒。

图5-1-6　石灰土拌和

图5-1-7　拌和深度检查

(2)严禁在拌和层底部留有“素土”夹层。拌和应适当破坏(5～10mm,不应过多)下承层的表面,以利上下层联结。

(3)拌和时控制好含水率,保证在压实时达到或接近最佳含水率。

(4)应拌和2遍以上,直至均匀为止。

(5)对石灰稳定塑性指数大的黏土,宜先加70%～100%预定剂量的石灰拌和,闷放1～2d,再补足需用的石灰,进行第二次拌和。

(6)拌和完成的标志:混合料色泽一致,没有灰条、灰团和花面,且水分合适均匀。

5)稳压

稳压的主要目的是保持水分、凸显潜在不平点、给予一定的初始密实度,为整平、整形、碾压等做好准备。

(1)稳压一般采用履带推土机进行。

(2)拌和完成后立即进行稳压,工作面允许时也可随时稳压,如图5-1-8所示。

(3)稳压过程中,对特别不平整部位进行粗平。

(4)稳压至少2遍,初始密实度达80%以上。

6)整形

履带推土机稳压后,先恢复中线、边线,设置高程测点,然后用平地机整平和整形。

(1)高程测点一般15～25m设置一个断面,每个断面根据灰土宽度,可采用3点法或5点法,如图5-1-9所示。

图5-1-8　推土机稳压

图5-1-9　放样测点

(2)平地机刮平作业时,沿公路纵向行驶,应遵循“由低到高”的原则,多余的土用装载机配合自卸汽车清除,如图5-1-10所示。

(3)整形时,对于局部低洼处,应用齿耙将其表层5cm以上耙松,并用新拌的石灰土混合料进行找补平整,再用平地机整形一次。

(4)根据试验段经验总结,预留压实沉降厚度,确保压实后灰土厚度、横坡度、纵坡度、高程等指标满足设计要求。

7)碾压

整形后,当含水率合适时,立即进行碾压,如图5-1-11所示。

图5-1-10　平地机刮平

图5-1-11　压路机碾压

(1)当混合料处于最佳含水率或略大于最佳含水率时,进行碾压,如表面水分不足,应适当洒水。

(2)碾压符合压实“三原则”,后轮应重叠1/2的轮宽。

(3)每个(种)压实机械必须全宽压实,不得分幅压实。

(4)一般先轻压或静压2遍,重压或振动2～4遍,以达到规定要求的密实度。

(5)用平地机再终平一次,高出部分刮除,使其纵向顺适,路拱和超高符合设计要求,再进行轻压,消除轮迹。

(6)碾压过程中出现“弹簧”、松散、起皮等现象,应及时翻开重新拌和,或补充洒水、晾晒、加石灰处理等。

(7)在碾压结束后,对于局部低洼之处,不再进行找补,留待铺筑上层时再处理。

8)前后段衔接处和掉头处的处理

(1)同日施工的两个工作段的衔接处,应采用搭接形式。前一段拌和整形后,留5～8m不进行碾压,后一段施工时,应与前段留下未压部分再一起拌和。

(2)拌和机械及其他机械不宜在已压实的石灰土上掉头;如必须掉头,应采取保护措施使掉头部分不至于受到破坏。

9)养护及交通管制

石灰土碾压完成后,应进行养护,确保其强度增长,避免表面遭到破坏。

(1)养护的方法

①洒水。根据气温、灰土表面的干湿情况,及时洒水养护,如图5-1-12所示。

②覆盖洒水养护。在灰土表面覆盖草帘、草袋、保湿棉、砂等透水性材料,定期进行洒水养护,如图5-1-13所示。

③封闭覆盖养护。覆盖低塑性土、塑料薄膜、沥青膜等,或喷洒养护剂养护。

(2)养护及交通管制要求

①养护期间应保持一定的湿度,不应过湿,禁止围水养护。

②养护期一般不少于7d,宜延长至上层结构开始施工前2d。

③养护7d应达到设计要求的无侧限抗压强度，否则应进行返工处理。

④在养护期间，除洒水车外，应封闭交通；如不能封闭时，应采取限速、覆盖等措施，避免表面和结构被破坏。

图5-1-12　洒水养护

图5-1-13　覆盖草帘养护

四、施工过程质量控制与要求

(1)石灰稳定土的施工气温应不低于5℃，并在第一次重冰冻到来之前一个月完成，并且尽量避开雨季施工。

(2)土的性质应符合设计要求，土的塑性指数在15～20之间，土块要经粉碎，超尺寸颗粒应筛除；对塑性指数小于15的黏性土，可视土质和机械性能确定是否需要过筛。

(3)石灰质量应符合设计要求，块灰须经磨细或充分消解才能使用。消解后的石灰应保持一定的湿度，不得产生扬尘，也不可过湿成团。

(4)石灰和土的用量按设计要求控制准确，不得含有石渣、灰团和生石灰块。路拌法施工石灰剂量应比试验室确定的数量增加1%。

(5)现场拌和前应将下层表面清理干净，所备土经摊铺、洒水闷料后整平。

(6)拌和过程中应及时检查含水率，使其等于或略大于最佳值，同时使土和石灰充分拌和均匀，路拌深度要达到层底，不得留有“素土”夹层。

(7)石灰稳定土的压实厚度，每层不小于100mm，也不超过200mm，在混合料处于最佳含水率状况下碾压至要求的压实度。

(8)施工机械不宜在已压成的底基层上掉头；如必须在其上进行时，应采取保护措施。

(9)一个路段完成之后应按规定要求做密实度检查；如果未达到规定的要求，应重新进行碾压到合格为止。

五、石灰稳定土的缩裂与防治

石灰土在养护期间养护不当，会出现干缩裂缝或冻缩裂缝，裂缝的产生与土的黏性、石灰剂量、湿度、温度等因素有关。裂缝不仅影响路容，还降低结构强度。常用的防裂措施有下列几种：

(1)改善土质。在黏性土中掺入砂性土、粉煤灰等，以降低塑性指数。

(2)铺筑碎石过渡层。在石灰土与沥青路面间铺筑一层碎石过渡层，减少反射裂缝。

(3)掺加粗粒料。在石灰土中掺入一些粗粒料，如砂、碎石、碎砖、煤渣等。

(4)设置收缩缝。在石灰土层中每隔5～10m设置一道收缩缝，宽为5～10mm，深为层厚的0.5~1.0倍,内填细砂、沥青砂或油毛毡等。

六、石灰土质量检验

图5-1-14　压实度测定

1. 施工过程质量检验

在施工过程中后场质量控制时,每 2000m^2 取样一次,进行混合料含水率、石灰剂量试验;每个工日进行一次混合料最大干密度试验。在施工过程中前场质量控制时,每一作业段检查6处以上压实度和含水率,还要完成强度检测和钻芯检测。压实度检测如图5-1-14 所示。

2. 质量验收

实测项目见表5-1-5。

石灰土基层和底基层实测项目　　表5-1-5

项次	检查项目		规定值或允许偏差				检查方法
			基层		底基层		
			高速、一级公路	其他公路	高速、一级公路	其他公路	
1	压实度(%)	代表值	—	95	95	93	每200m每车道测2处
		极值	—	91	91	89	
2	平整度(mm)		—	12	12	15	3m直尺:每200m测2处×10尺
3	纵断高程(mm)			+5,-15	+5,-15	+5,-20	水准仪:每200mm测4个断面
4	宽度(mm)		不小于设计值		不小于设计值		尺量:每200m测4处
5	厚度(mm)	代表值	—	-10	-10	-12	每200m每车道测1处
		极值	—	-20	-25	-30	
6	横坡(%)		—	±0.5	±0.3	±0.5	水准仪:每200mm测4个断面
7	强度(MPa)		符合设计要求		符合设计要求		按规定检查

3. 外观质量验收标准

(1)表面平整密实、无坑洼。

(2)施工接茬平整、稳定。

石灰土路拌法施工铺土铺灰计算

1. 消石灰与土的体积比

$$石灰:土=\frac{P_2}{\gamma_2}:\frac{P_1}{\gamma_1} \tag{5-1-3}$$

式中:P_2、P_1——消石灰和土的质量百分比($P_1=100\%$)。

γ_2——消石灰的天然松方干密度,kg/m^3。

$$\gamma_2=\frac{天然松方密度}{1+w_2} \tag{5-1-4}$$

γ_1——土的天然松方干密度,kg/m^3。

$$\gamma_1=\frac{天然松方密度}{1+w_1} \tag{5-1-5}$$

w_1、w_2——土、消石灰的天然含水率(以小数计)。

2. 土(石灰)的松铺厚度

$$h_1 = \frac{\gamma_0 h_0 \dfrac{P_1}{P_1 + P_2}}{\gamma_1} \qquad \left(h_2 = \frac{\gamma_0 h_0 \dfrac{P_2}{P_1 + P_2}}{r_2}\right) \tag{5-1-6}$$

式中:$h_1(h_2)$——土(石灰)的松铺厚度,mm。

γ_0——石灰土的最大密实度,kg/m^3。

h_0——石灰土铺装层压实厚度,mm。

3. 每延米铺装层的消石灰(土)天然松方体积用量

$$V_2 = \frac{b_0 h_0 \gamma_0 \dfrac{P_2}{P_1 + P_2}}{\gamma_2} \qquad \left(V_1 = \frac{b_0 h_0 \gamma_0 \dfrac{P_1}{P_1 + P_2}}{\gamma_1}\right) \tag{5-1-7}$$

式中:$V_2(V_1)$——每延米铺装层的消石灰(土)天然松方体积用量,m^3。

b_0——石灰土铺装层宽度,m。

h_0——石灰土铺装层压实厚度,m。

灰土计算示意图如图5-1-15所示。

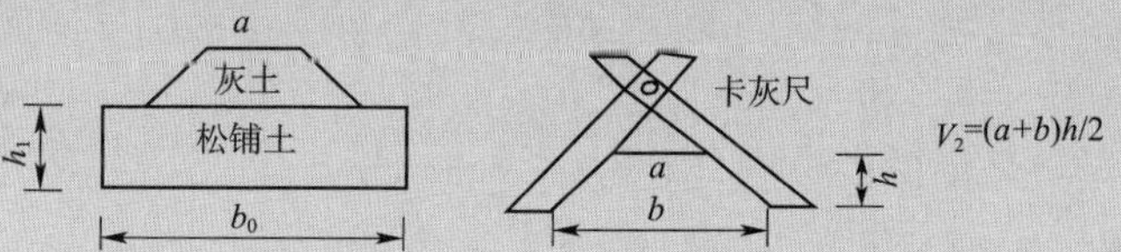

图5-1-15　灰土计算示意图

任务思考

1. 石灰土中对石灰的要求有哪些?
2. 简述石灰土施工的程序。
3. 简述石灰土施工过程质量与控制。

任务评价

任务考核评价表见附表。

知识拓展应用

阅读资料5-1:石灰土底基层施工方案,见数字资源28。

28-石灰土底基层施工方案

任务5-2　二灰土基层施工

任务描述

根据设计文件,某公路第×合同段的底基层为石灰粉煤灰稳定土,请根据本任务所学的知识,尝试写出二灰土施工的主要流程。

任务目标

1. 进行原始材料的选择。
2. 掌握二灰土施工的工艺流程及控制重点。
3. 了解二灰土施工中拌和、摊铺、碾压等控制方法。
4. 会进行二灰土基层和底基层的质量验收,明确其实测项目。

建议课时

4 课时。

任务引领和分析

二灰土是用石灰、粉煤灰稳定细粒土得到的混合料的简称,即用石灰、粉煤灰与细粒土三种材料,按一定比例,通过专用机具,加水拌和均匀,再摊铺碾压成型的一种路面结构层。

二灰土的施工方法主要有路拌法和厂拌法两种。本任务主要讲述二灰土路拌法施工工艺。

任务实施

一、材料要求

1. 土

细粒土宜采用塑性指数 12 ~ 20 的黏性土,易于粉碎,便于碾压,铺筑效果较好。土块的最大尺寸不应大于 15mm,有机质含量不宜超过 10%。

2. 石灰、水

具体要求请参见任务 5-1 石灰土施工部分相关内容。

3. 粉煤灰

(1)成分要求:SiO_2、Al_2O_3和 Fe_2O_3总含量 > 70%。

(2)烧失量要求:烧失量≤20%。

(3)细度要求:比表面积 > 2500cm^2/g,0.3mm 筛孔通过率≥90%,0.075mm 筛孔通过率≥70%。

(4)湿粉煤灰含水率≤35%。

二、配合比设计

1. 配合比表示方法

以石灰:粉煤灰:土的干质量比和含水率表示,如有其他外掺材料另行规定。

2. 石灰粉煤灰稳定细粒土参考比例

石灰:粉煤灰 = 1:2 ~ 1:4,石灰粉煤灰:细粒材料 = 30:70 ~ 10:90。

3. 配合比设计的内容

(1)石灰粉煤灰稳定材料的 7d 龄期无侧限抗压强度标准 R_d应符合表 5-2-1 规定。

石灰粉煤灰稳定材料的7d龄期无侧限抗压强度标准 R_d(MP_a)　　表5-2-1

结构层	公路等级	极重、特重交通	重交通	中、轻交通
基层	高速公路和一级公路	≥1.1	≥1.0	≥0.9
	二级及二级以下公路	≥0.9	≥0.8	≥0.7
底基层	高速公路和一级公路	≥0.8	≥0.7	≥0.6
	二级及二级以下公路	≥0.7	≥0.6	≥0.5

(2)确定各种材料的用量比例,最大干密度、最佳含水率。

(3)石灰粉煤灰稳定材料不满足表5-2-1中的强度要求时,可外加混合料质量1%～2%的水泥。

(4)水泥、石灰综合稳定时,水泥用量占结合料总量不小于30%时,应按水泥稳定材料的技术要求进行组成设计,水泥和石灰的比例宜取60:40、50:50或40:60。水泥用量占结合料总量小于30%时,应按石灰稳定材料设计。

三、二灰土施工

1.施工准备

施工准备阶段的工作要求与石灰土施工相关内容相同。

2.二灰土的施工工艺流程

二灰土一般采用路拌法施工,即用专用稳定土拌和机沿路拌和施工,其施工工艺流程,如图5-2-1所示。

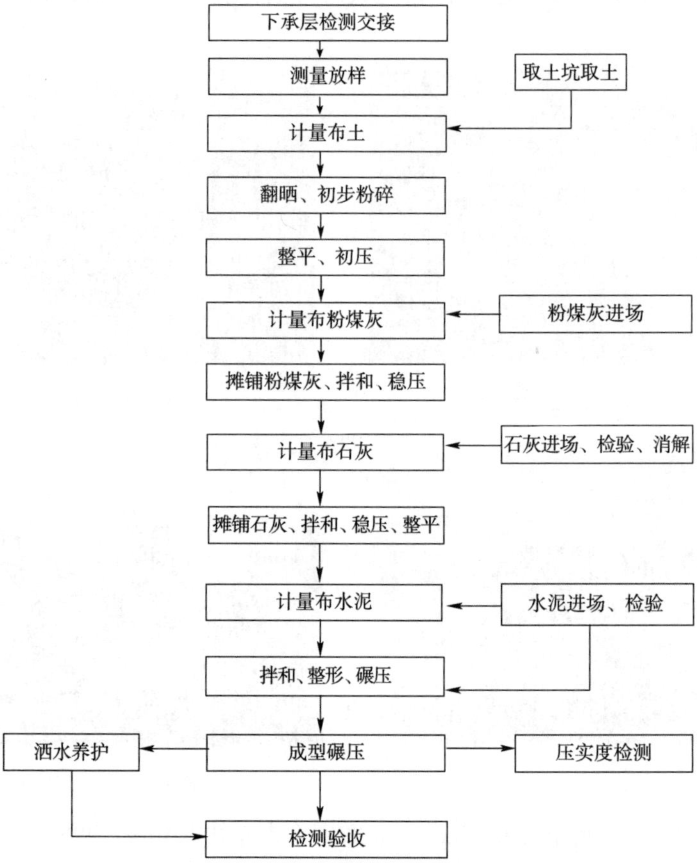

图5-2-1　二灰土路拌法施工工艺流程

（1）二灰土上料顺序为土、粉煤灰、消石灰、水泥（外掺，做底基层一般不掺），上料数量的控制方法同石灰土，如图5-2-2～图5-2-4所示。

图5-2-2　备土

图5-2-3　备粉煤灰

（2）上料时应指派专人现场指挥，参照计算配料表，指挥车辆分块卸料，并及时用平地机或推土机摊平，不足部分补齐，多余部分推走。

（3）每种材料摊铺均匀后，宜先用两轮压路机碾1～2遍，再运送并摊铺下一种材料。

（4）拌和稳定土拌和机拌和，粉煤灰、石灰摊铺完成后各干拌1～2遍，材料全部摊铺完成后，先干拌1～2遍，后湿拌2～3遍（图5-2-5～图5-2-8）。控制含水率略高于最佳含水率，确保碾压时处于或接近最佳含水率状态。拌和时应注意杜绝夹层及接头处漏拌，对接头处要重新翻拌，必要时辅以人工处理。拌和完成后，混合料应色泽一致，没有灰条、灰团、花白且水分合适均匀。

图5-2-4　备石灰

图5-2-5　初拌

图5-2-6　稳压

图5-2-7　二次拌和

（5）整形与碾压。二灰土拌和完成后，立即用履带车进行稳压，如图5-2-9所示。稳压结束后，用平地机进行初平，如图5-2-10所示。测量员配合平地机按预留厚度进行调坡，直到纵横坡满足设计要求。平地机整平后,一般采用振动压路机和胶轮压路机组合碾压。先用振动压路机静压一遍,然后轻振一遍,再重振两遍。最后由胶轮压路机收面,如图 5-2-11 所示。

图 5-2-8 拌和深度检查

图 5-2-9 二灰土稳压

图 5-2-10 整平整形

图 5-2-11 碾压

(6)掉头处理,如机械必须到已压成的稳定土层上掉头,一般可在准备用于掉头的 8 ~ 10m 长的稳定土层上,覆盖一张厚塑料布或油毡纸,然后铺上约 100mm 厚的土或砂,过后清理干净。

(7)材料摊铺、拌和、整形、碾压、接缝处理、养护、交通管制等要求同任务 5-1 石灰土施工。(图 5-2-12)。

图 5-2-12 覆盖养护

四、施工过程质量控制与要求

(1)拌和前将下层表面的杂物清理干净。

(2)土的性质应符合设计图纸和规范要求,土块要打碎,超尺寸颗粒应筛除。

(3)石灰、粉煤灰质量应符合设计图纸和规范要求,块灰须经磨细或充分消解后才能使用。

(4)各项材料用量按图纸要求控制准确,并确保布料均匀,不得含有灰团和生石灰块。

(5)雨季施工应采取措施,以避免石灰、粉煤灰和土遭受雨淋。

(6)二灰土的压实厚度,每层不小于100mm,也不超过200mm。

(7)拌和过程中应及时检查含水率,使其等于或略大于最佳含水率,同时使土、石灰和粉煤灰充分拌和均匀,拌和深度达到层底,严禁夹层。

(8)尽量避免平地机带料找补现象。

(9)经拌和、整形的混合料应立即在全宽范围碾压至要求的压实度,并在当日完成碾压。如果二灰土中掺入水泥,务必在水泥初凝之前碾压完成。

(10)碾压应在混合料处于最佳含水率状况下,按先轻型后重型压路机碾压至规定要求的压实度。必要时混合料需晾晒或补加水,使之达到最佳含水率时再碾压。

(11)两个工作段的衔接处应搭接拌和,前一工作段拌和后,留5~8m不进行碾压,后一工作段施工时,与前一工作段未压部分一起再进行拌和,并与后一工作段一起碾压。

(12)未经压实的混合料被雨淋后,均应清除并更换。

(13)施工机械不宜在已压成的底基层上掉头,如必须在其上进行,应采取保护措施。

(14)碾压完成后应及时养护,养护期不少于7d。养护期间应封闭交通,除洒水车外禁止车辆通行。

五、二灰土质量检验

1. 二灰土基层和底基层质量验收

实测项目见表5-2-2。

石灰、粉煤灰稳定土底基层和基层实测项目 表5-2-2

项次	检查项目		规定值或允许偏差				检查方法
			基层		底基层		
			高速公路 一级公路	其他 公路	高速公路 一级公路	其他 公路	
1	压实度(%)	代表值	—	95	95	93	每200m测2点
		极值		91	91	89	
2	平整度(mm)		—	12	12	15	3m直尺:每200m测2处×5尺
3	纵断高程(mm)		—	+5,-15	+5,-15	+5,-20	水准仪:200m测2个断面
4	宽度(mm)		满足设计要求		满足设计要求		尺量:每200m测4个断面
5	厚度(mm)	代表值	—	-10	-10	-12	每200m测2点
		极值	—	-20	-25	-30	
6	横坡(%)		—	±0.5	±0.3	±0.5	水准仪:200m测2个断面
7	强度(MPa)		满足设计要求		满足设计要求		按规定检查

2. 外观质量验收标准

(1)表面平整密实、无坑洼。

(2)施工接茬平整、稳定、无缝隙。

任务思考

1. 二灰土中对粉煤灰有何要求?

2. 简述二灰土施工工艺流程。

3. 简述二灰土施工过程质量与控制。

任务评价

任务考核评价表见附表。

知识拓展应用

阅读资料 5-2：二灰土底基层工程实例，见数字资源 29。
知识拓展 5-2：试验段施工技术方案，见数字资源 30。

29-二灰土底基层工程实例　30-试验段施工技术方案

任务 5-3　二灰稳定粒料施工

任务描述

根据设计文件，某高速公路第×合同段的基层为石灰粉煤灰稳定碎石材料，请根据本任务所学的知识，尝试写出该基层的施工方案。

任务目标

1. 能进行二灰稳定粒料基层对原材料的选择。
2. 会进行施工放样，尤其是基准线的相关内容。
3. 会进行机械设备选择。
4. 能控制综合稳定材料的拌和、运输、摊铺、碾压的质量控制。
5. 会进行接缝处理、养护。
6. 能进行质量验收。

建议课时

8 课时。

任务引领和分析

二灰稳定粒料属于综合稳定材料之一。综合稳定粒料基层的质量要通过原材料、混合料拌和及运输、摊铺、碾压、养护等方面进行严格控制。本任务以石灰粉煤灰稳定粒料厂拌法拌和、摊铺机摊铺（简称厂拌机铺）为例，介绍综合稳定粒料基层的工艺流程和质量控制要求。

任务实施

以两种或两种以上材料为结合料，通过加水与被稳定材料共同拌和形成的混合料叫作综合稳定材料，包括水泥石灰稳定材料、水泥粉煤灰稳定材料、石灰粉煤灰稳定材料等。石灰粉煤灰稳定粒料常用的有石灰粉煤灰稳定碎石和石灰粉煤灰稳定砂砾。

一、材料要求

1. 石灰和水

具体技术要求参见任务 5-1 石灰土施工相关部分。

2. 粉煤灰

具体技术要求参见任务5-2 二灰土施工相关部分。

3. 集料

1)粗集料

粗集料的石料性质、规格、压碎值、级配、针片状颗粒含量等指标应满足规范要求。

(1)用作被稳定材料的粗集料宜采用各种硬质岩石或砾石加工成的碎石,或直接采用天然砾石,粗集料应符合表5-3-1中Ⅰ类规定。

粗集料技术要求　　表5-3-1

指　标	层位	高速公路和一级公路				二级及二级以下公路		试验方法
		极重、特重交通		重、中、轻交通				
		Ⅰ类	Ⅱ类	Ⅰ类	Ⅱ类	Ⅰ类	Ⅱ类	
压碎值(%)	基层	≤22[a]	≤22	≤26	≤26	≤35	≤30	T 0316
	底基层	≤30	≤26	≤30	≤26	≤40	≤35	
针片状颗粒含量(%)	基层	≤18	≤18	≤22	≤18	—	≤20	T 0312
	底基层	—	≤20	—	≤20	—	≤20	
0.075mm以下粉尘含量(%)	基层	≤1.2	≤1.2	≤2	≤2	—	—	T 0310
	底基层	—	—	—	—	—	—	
软石含量(%)	基层	≤3	≤3	≤5	≤5	—	—	T 0320
	底基层	—	—	—	—	—	—	

注:[a]对花岗岩石料,压碎值可放宽至25%。

(2)基层、底基层的粗集料规格要求宜符合表5-3-2规定。

粗集料规格要求　　表5-3-2

规格名称	工程粒径(mm)	通过下列筛孔(mm)的质量百分比(%)									公称粒径(mm)
		53	37.5	31.5	26.5	19	13.2	9.5	4.75	2.36	
G1	20~40	100	90~100	—	—	0~10	0~5	—	—	—	19~37.5
G2	20~30	—	100	90~100	—	0~10	0~5	—	—	—	19~31.5
G3	20~25	—	—	100	90~100	0~10	0~5	—	—	—	19~26.5
G4	15~25	—	—	100	90~100	—	0~10	0~5	—	—	13.2~26.5
G5	15~20	—	—	—	100	90~100	0~10	0~5	—	—	13.2~19
G6	10~30	—	100	90~100	—	—	—	0~10	0~5	—	9.5~31.5
G7	10~25	—	—	100	90~100	—	—	0~10	0~5	—	9.5~26.5
G8	10~20	—	—	—	100	90~100	—	0~10	0~5	—	9.5~19
G9	10~15	—	—	—	—	100	90~100	0~10	0~5	—	9.5~13.2
G10	5~15	—	—	—	—	100	90~100	40~70	0~10	0~5	4.75~13.2
G11	5~10	—	—	—	—	—	100	90~100	0~10	0~5	4.75~9.5

(3)高速公路和一级公路极重、特重交通荷载等级基层的4.75mm以上粗集料应采用单一粒径的规格料。

(4)作为高速公路、一级公路底基层和二级及二级以下公路基层、底基层被稳定材料的天然砾石材料宜满足表5-3-1的要求,并应级配稳定、塑性指数不大于9。

(5)应选择适当的碎石加工工艺,用于破碎的原石粒径应为破碎后碎石公称最大粒径的3倍以上。高速公路基层用碎石,应采用反击破碎的加工工艺。

2)细集料

(1)细集料应洁净、干燥、无风化、无杂质,并有适当的颗粒级配。

(2)高速公路和一级公路用细集料技术要求应符合表5-3-3规定。

细集料技术要求 表5-3-3

项 目	水泥稳定①	石灰稳定	石灰粉煤灰综合稳定	水泥粉煤灰综合稳定	试验方法
颗粒分析	满足级配要求				T 0302/0303/0327
塑性指数②	≤17	适宜范围15~20	适宜范围12~20	—	T 0118
有机质含量(%)	<2	≤10	≤10	<2	T 0313/0336
硫酸盐含量(%)	≤0.25	≤10	—	≤0.25	T 0341

注:①水泥稳定包括水泥石灰综合稳定。

②应测定0.075mm以下材料的塑性指数。

(3)细集料规格要求应符合表5-3-4规定。

粗集料规格要求 表5-3-4

规格名称	工程粒径(mm)	通过下列筛孔(mm)的质量百分率(%)								公称粒径(mm)
		9.5	4.75	2.36	1.18	0.6	0.3	0.15	0.075	
XG1	3~5	100	90~100	0~15	0~5	—	—	—	—	2.36~4.75
XG2	0~3	—	100	90~100	—	—	—	—	0~15	0~2.36
XG3	0~5	100	90~100	—	—	—	—	—	0~20	0~4.75

(4)对0~3mm和0~5mm的细集料应分别严格控制大于2.36mm和4.75mm的颗粒含量。对3~5mm的细集料应严格控制小于2.36mm的颗粒含量。

(5)高速公路和一级公路,细集料中小于0.075mm的颗粒含量应不大于15%;二级及二级以下公路,细集料中小于0.075mm的颗粒含量应不大于20%。

(6)级配碎石或砾石中的细集料可使用细筛余料,或专门轧制的细碎石集料。

(7)天然砾石或粗砂作为细集料时,其颗粒尺寸应满足工程需要,且级配稳定,超尺寸颗粒含量超过《公路路面基层施工技术细则》(JTG/T F20—2015)或实际工程的规定时应筛除。

二、配合比设计

1.配合比的表示方法

用石灰、粉煤灰、被稳定材料的质量比,以及含水率和外掺材料比例来表示。

2.配合比设计要求

(1)级配范围。

石灰粉煤灰稳定材料可采用表5-3-5中推荐的级配范围,并应符合下列规定:

①用于高速公路和一级公路基层时,石灰粉煤灰总质量宜占15%,应不大于20%,被稳定材料公称最大粒径应不大于26.5mm,级配宜符合表中LF-A-2L和LF-A-2S的

规定。

②用于高速公路和一级公路底基层时,各挡被稳定材料总质量宜不小于80%,级配宜符合表中LF-A-1L和LF-A-1S的规定;对于极重、特重交通荷载等级,级配宜符合表中LF-A-2L和LF-A-2S的规定。

③用于二级及二级以下公路基层时,被稳定材料的公称最大粒径应不大于31.5mm,其总质量宜不小于80%,并符合表中LF-B-2L和LF-B-2S的规定。

④用于二级及二级以下公路底基层时,各挡被稳定材料总质量宜不小于70%,并符合表中LF-B-1L和LF-B-1S的规定;对于极重、特重交通荷载等级,可选择符合表中LF-B-2L和LF-B-2S的规定。

石灰粉煤灰稳定级配碎石或砾石的推荐级配范围(%) 表5-3-5

筛孔尺寸(mm)	高速公路和一级公路				二级及二级以下公路			
	稳定碎石		稳定砾石		稳定碎石		稳定砾石	
	LF-A-1S	LF-A-2S	LF-A-1L	LF-A-2L	LF-B-1S	LF-B-2S	LF-B-1L	LF-B-2L
37.5	—	—	—	—	100	—	100	—
31.5	100	—	100	—	100~90	100	100~90	100
26.5	95~91	100	96~93	100	94~81	100~90	95~84	100~90
19	85~76	89~82	88~81	91~86	83~67	87~73	87~72	91~77
16	80~69	84~73	84~75	87~79	78~61	82~65	83~67	86~71
13.2	75~62	78~65	79~69	82~72	73~54	75~58	79~62	81~65
9.5	65~51	67~53	71~60	73~62	64~45	66~47	72~54	74~55
4.75	45~35	45~35	55~45	55~45	50~30	50~30	60~40	60~40
2.36	31~22	31~22	39~27	39~27	36~19	36~19	44~24	44~24
1.18	22~13	22~13	28~16	28~16	26~12	26~12	33~15	33~15
0.6	15~8	15~8	20~10	20~10	19~8	19~8	25~9	25~9
0.3	10~5	10~5	14~6	14~6	—	—	—	—
0.15	7~3	7~3	10~3	10~3	—	—	—	—
0.075	5~2	5~2	7~2	7~2	7~2	7~2	10~2	10~2

(2)确定二灰稳定粒料的强度,强度应符合现行规范规定,见表5-3-6,若强度不满足要求,可外掺混合料质量为1%~2%的水泥。

石灰粉煤灰稳定材料的7d龄期无侧限抗压强度标准 R_d(MPa) 表5-3-6

结构层	公路等级	极重、特重交通	重交通	中、轻交通
基层	高速公路和一级公路	≥1.1	≥1.0	≥0.9
	二级及二级以下公路	≥0.9	≥0.8	≥0.7
底基层	高速公路和一级公路	≥0.8	≥0.7	≥0.6
	二级及二级以下公路	≥0.7	≥0.6	≥0.5

(3)确定各种材料的最佳用量比例,并符合“石灰:粉煤灰=1:2~1:4,石灰粉煤灰:被稳定材料=20:80~15:85”的要求。

(4)确定综合稳定材料的最大干密度和最佳含水率。

三、石灰粉煤灰稳定粒料施工

石灰粉煤灰稳定粒料(简称二灰稳定粒料)施工根据公路等级不同和所处结构层不同,可采用路拌法和厂拌法(集中拌和)。本任务主要讲述二灰稳定粒料集中厂拌、机械摊铺法施工。

1. 施工前准备

二灰稳定粒料施工前准备阶段的工作要求可参照石灰土施工相关内容。

2. 二灰稳定粒料施工

1)二灰稳定粒料施工工艺

二灰稳定粒料采用厂拌机铺法施工。施工工艺流程如图5-3-1所示。

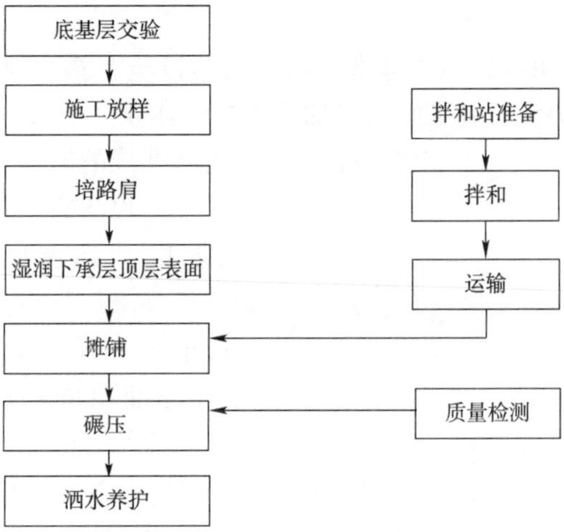

图5-3-1　二灰粒料施工工艺流程

(1)下承层准备

下承层按照规范进行验收,表面平整密实,路拱合适,无松散、软弹现象,不合格部分按要求进行处理,直至符合规范要求。

①清理下承层上的覆盖物,对黏在下承层上的覆盖物彻底清除,如图5-3-2所示。

②下承层如有起皮现象,将重皮清理干净,在摊铺时,用二灰稳定粒料找齐。

③下承层是稳定细粒材料时,宜先将下承层顶面拉毛或采用凸块式压路机碾压,再摊铺上层混合料;下承层是稳定中、粗粒材料时,应先将下承层清理干净,并洒铺水泥净浆,再摊铺上层混合料。

④下承层应在摊铺前提前清理出500~600m的工作面,如图5-3-3所示。

图5-3-2　下承层清理

图5-3-3　洒水润湿

(2)培路肩

下承层清理完毕后,放出中心线及边线,边线外采用人工培肩。培肩的主要目的是保证摊铺宽度和边部厚度,边部压实密实。

①培肩宽度不小于 0.5m,高度与二灰粒料松铺厚度相同。

②培肩的密实度与摊铺的二灰粒料的初始密实度基本相同,压实时,同步沉降。

③培肩内侧应垂直于地面和公路横断方向。

④培肩用塑料薄膜覆盖,防止培肩土吸收拌和料的水分,同时防止培肩土污染二灰粒料。

(3)施工放样

施工放样的主要内容包括恢复中线、标画摊铺边界线、划分摊铺带、设置施工基准线。这里主要介绍基准线设置。

机械摊铺时,一般采用设置施工基准。施工基准设施有基准线、滑靴、多轮移动支架和搬动方铝管等多种形式。设置基准线的目的是为摊铺建立一个高程、纵横坡的基准参照系。

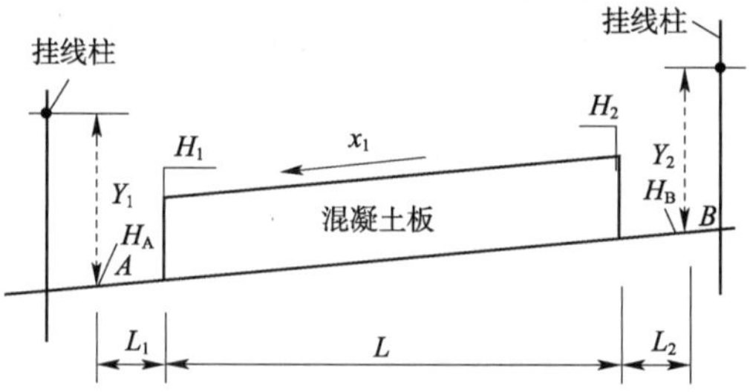

图 5-3-4 工作基准线的设置

①基准线的形式

基准线设置形式视施工需要可采用单向坡双线式、单向坡单线式和双向坡双线式三种。

a. 单向坡双线式。单向坡双线式基准线的两根基准线间的横坡应与路面一致,如图 5-3-4 所示。

b. 单向坡单线式。基准线仅位于摊铺机其中一侧(单线),已铺好的一侧不设基准线。在适用于多次摊铺的情况下,于后次横向连接摊铺时采用,其横坡应与路面一致。

c. 双向坡双线式。基准线位于摊铺机两侧,直线段上两条基准完全平行,且间距相等,对应高程也相等,基准线上没有横坡,并对应路面高程,路拱靠滑模摊铺机调整自动铺成。

②基准线器具

架设基准线前,所有材料器具均应齐全。

a. 基准线材料应使用 ϕ3mm ~ ϕ5mm 的钢绞线,总长度不小于 3000m。

b. 基准线桩具,基准线桩宜使用 ϕ12mm 的光圆钢筋加工,总高度宜为 1.20m,一端打尖,每根桩应配备一个架臂扣和一个夹线臂。架臂扣在基准线桩上可以上下移动并固定,并使夹线臂可以左右移动并固定。基准线桩具不少于 300 套。

c. 基准线安装器具,紧线器 5 个,固定扳手 2 把,大锤 2 把,水准仪或全站仪 1 台,水准尺 2 支,钢卷尺 2 把。

③基准线设置

基准线设置如图 5-3-5、图 5-3-6 所示。

a. 基准线设置在摊铺面边缘外侧不小于 0.5 ~ 1m 处, 5 ~ 10m 间距设置一个,基准线桩牢固打入下承层 150 ~ 250mm。

b. 测量并调整基准线桩上的夹线臂到使用高度,挂基准线并用紧线器张拉,张力 1kN 以上,以张紧后基准线上的垂度不大于 1.0mm 为准。基准线应先张紧,再扣进夹线臂夹口(夹口到桩的水平距离宜为 300mm)。

c. 每段基准线长度不得大于 450m。基准线续接方式应通过同一个过渡桩的夹线臂夹口平顺连接。基准线接头不得大于 10mm,每 100m 基准线不得多于 2 个接头。

d. 基准线宜在摊铺前一天完成设置,设置好后应进行校核复测;禁止扰动,严禁碰撞和振动,否则,应立即重新测量设定。

图 5-3-5　放样摊铺基准

图 5-3-6　放样摊铺基准

(4)混合料拌和

稳定料的拌和一般在拌和场运用稳定土拌和机拌和,全自动配料稳定土拌和机如图 5-3-7 所示,拌和示意图如图 5-3-8 所示。

图 5-3-7　全自动配料稳定土拌和机

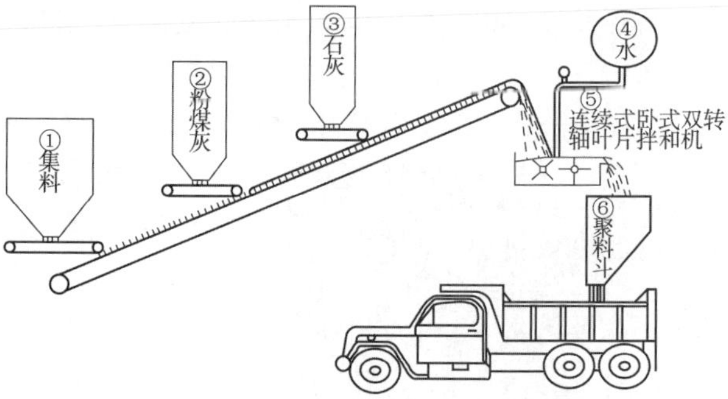

图 5-3-8　二灰稳定粒料拌和示意图

拌和站及拌和的要求如下:

①拌和场的料场、材料运输道路应进行硬化,各种用水、用电、消防设施齐全,并完善排水设施。

②混合料拌和设备的产量宜大于 500t/h,拌和设备应配有电子计量设备、显示装置,计量设备须进行标定。加水量的计量应采用流量计的方式,水的流量数值应在中央控制室的控制面板上显示。

③拌和设备的料仓数目应与规定的备料挡数相匹配,宜较规定的备料挡数增加 1 个。各个料仓之间的挡板高度应不小于 1m。每个料斗与料仓下面应安装称量精度达到 ±0.5% 的电子秤。

④不同粒径的粒料应分别堆放,设置隔离设施,防止交叉污染,并设置材料标识牌,标明材料名称、产地、规格、用途等;细集料、石灰、粉煤灰应有覆盖,以防止雨淋,必要时对材料进行处理,如用粉煤灰筛灰机(图 5-3-9)处理等。

⑤每天上、下午各测一次原材料的含水率,调整施工配合比,同时使混合料中含水率略大于最佳含水率;在拌和中,应严加控制混合料含水率,并考虑拌和、运输、摊铺过程的水分散失,确保压实时达到或接近最佳含水率。

⑥拌和时应经常目测二灰粒料混合料拌和的均匀性,使出厂的混合料色泽一致,没有灰

条、灰团和花面，以及无明显粗细集料离析现象，如图 5-3-10 所示。

图 5-3-9　粉煤灰筛灰机

图 5-3-10　二灰粒料拌和

⑦应从拌和场取料，每隔 2h 测定一次含水率，每隔 4h 测定一次结合料的剂量，并做好记录。每天拌和料应抽样做筛分试验，如变异较大应及时调整。全天拌和料应按规定要求的频率进行抽样试验，检测各项技术指标，使之达到规定要求。

⑧每 10min 打印各挡料仓的使用量。某挡材料的实际掺加量与设计要求值相差超过 10% 时，应立即停机检查原因，正常后方可继续生产。

⑨每天根据规范规定的频率制备试件，检测其 7d 的无侧限抗压强度。

(5)运输

二灰稳定粒料的运输宜由 15t 以上的自卸车运输，如图 5-3-11 所示。

图 5-3-11　自卸车运输混合料

①应配备足够的车辆，认真检查，排除故障，保证拌和料及时运输到施工现场。

②自卸汽车装料前应清理干净，并加盖篷布，以防止水分散失和混合料的散落污染。

③在装料时，运料车要有规律地移动，使拌和料在装车时不致产生离析。

④每辆车应签发运料单，记录出厂时间、运料数量、到场时间，超过规定时间的混合料应予以废弃。

⑤自卸车卸料时，严禁碰撞摊铺机，混合料不得卸在摊铺机前的下承层上，卸料时应注意卸料速度，防止离析。

⑥运到现场的混合料应及时摊铺，收料人核对查收，并注明摊铺时间，现场存放时间不得超过 24h。

(6)摊铺

①摊铺前要先将下承层清扫干净并洒水，保持表面清洁湿润。

②调整摊铺机，根据试验段总结的松铺系数，计算出松铺高程，然后挂线，使挂线高程等于松铺高程加一个机械数据的固定值，最后定好摊铺感应器，调整好摊铺机仰角和熨平板横坡，自动调平系统进入工作状态。

③根据摊铺速度、厚度和宽度等因素，调整好摊铺机工作频率，保证摊铺的混合料具备足够的密实度；把螺旋送料器调整到最佳状态，使螺旋送料器中混合料的高度埋过螺旋送料器直径的 2/3，以避免离析和大料沉底的现象发生。

④一台摊铺机分幅摊铺时，应设置侧模板或枕木，其高度与压实厚度相同，后幅施工时侧面刷水泥净浆或撒水泥。

⑤两台摊铺机同步向前摊铺时,摊铺机的型号和磨损程度宜相同,一前一后相隔 5 ~ 10m,同步摊铺,梯队前进,共同碾压,如图 5-3-12 所示。

⑥在摊铺过程中,要随时测量松铺厚度和横坡度。

⑦摊铺机后面设专人及时消除粗细集料的离析现象,对于粗集料“窝”和粗集料“带”,应添加细集料,并拌和均匀,严重的清除换填新料;对于细集料“窝”,应添加粗集料并拌和均匀。

(7)碾压

二灰稳定粒料摊铺后,应立即进行碾压,如图 5-3-13 所示。

图 5-3-12　二灰粒料摊铺

图 5-3-13　二灰粒料碾压

①二灰稳定粒料应处于最佳含水率或略大于最佳含水率状态时再碾压。

②根据试验段总结,应配备足够的碾压设备。

③压实时,根据试验段总结的机械组合、压实遍数进行碾压,每台压实设备必须全宽碾压,确保压实的均匀性。

④碾压应符合“压实的三原则”,即“由低到高、由慢到快、由轻到重”。采用钢轮压路机初压时,宜采用双钢轮压路机稳压 2 ~ 3 遍,再用 35t 以上的重型振动压路机、18 ~ 21t 三轮压路机或 25t 以上的轮胎压路机继续碾压密实,最后采用双钢轮压路机碾压,消除轮迹。采用胶轮压路机初压时,应采用 25t 以上的重胶轮压路机稳压 1 ~ 2 遍,错轮不超过 1/3 的轮迹带宽度,再采用重型振动压路机碾压密实,最后采用双钢轮压路机碾压,消除轮迹。

⑤在碾压过程中,稳定料的表面应始终保持湿润,如表层水分蒸发过快,应采用压路机雾状补水,严禁洒大水碾压。

⑥在碾压过程中,如有“弹簧、松散、起皮”现象,应及时翻开重新处理,对于局部低洼处不再进行找补,待铺筑上层时进行处理。

⑦严禁压路机在已完成的或正在碾压的路段上掉头和紧急制动,应保证稳定料表面不受破坏。

⑧碾压完成后,表面平整、密实,无“弹簧、松散、起皮”现象,无明显、离析轮迹。

(8)接缝处理

二灰稳定粒料的横向接头一般采用对接的形式。

①同日的横缝处理可以在前一施工段整平后留 5 ~ 8m 不碾压与后一施工段一起整平碾压;每天最后一施工段的处理可以在最后一端横向垂直中线放两根方木,高度与压实层厚相同,第二天施工时拆除方木再摊铺。

②若间隔时间长，应将上次铺筑的尾端高程和平整度不合要求的部分挖除，并将接触面挖成垂直面后再铺筑。

(9)养护及交通管制

参见任务5-1石灰土基层施工，这里不再赘述。

四、施工过程质量控制与要求

(1)二灰稳定粒料的施工气温应不低于5℃，并在第一次重冰冻到来之前一个月到一个半月前完成。

(2)摊铺前应将下层表面的杂物清理干净，摊铺前应洒水湿润。

(3)石灰、粉煤灰质量应符合图纸和规范要求，块灰须经磨细或充分消解、过筛才能使用。

(4)各项材料用量按配合比要求控制准确。

(5)做好厂拌设备的安装、检修、调试，使混合料的颗粒组成、含水率达到规定的要求。

(6)混合料摊铺应保证足够的厚度，碾压成型后每层的摊铺厚度宜不小于160mm，最大厚度宜不大于200mm。

(7)运料车在已完成的铺筑层上通过时，速度宜缓，以减少不均匀碾压或车辙。

(8)混合料在运输时应覆盖，卸料时就注意卸料速度，防止离析，运到现场的混合料应及时摊铺，现场存放时间不得超过24h。

(9)摊铺的混合料的含水率应略大于最佳含水率，以补偿摊铺及碾压过程中的水分损失。

(10)摊铺时要注意消除粗细料离析现象。

(11)碾压应在混合料处于最佳含水率状况下碾压至规定要求的压实度，并在当日完成碾压。如果二灰稳定粒料中掺入水泥，务必在水泥初凝之前碾压完成。

(12)未经压实的混合料被雨淋后，均应清除并更换。

(13)施工机械不宜在已压成的底基层上掉头，如必须在其上进行，应采取相应的防护措施。

(14)碾压完成后应及时保湿养护，养护期不少于7d。

五、质量检验

1. 质量验收实测项目(表5-3-7)

稳定粒料基层和底基层实测项目　　表5-3-7

项次	检查项目		规定值或允许偏差				检查方法
			基层		底基层		
			高速公路、一级公路	其他公路	高速公路、一级公路	其他公路	
1	压实度(%)	代表值	≥98	≥97	≥96	≥95	每200m测2点
		极值	≥94	≥93	≥92	≥91	
2	平整度(mm)		≤8	≤12	≤12	15	3m直尺:每200m测2处×5尺
3	纵断高程(mm)		+5,-10	+5,-15	+5,-15	+5,-20	水准仪:200m测2个断面

续上表

项次	检查项目		规定值或允许偏差				检查方法
			基层		底基层		
			高速公路、一级公路	其他公路	高速公路、一级公路	其他公路	
4	宽度(mm)		满足设计要求		满足设计要求		尺量:每200m测4点
5	厚度(mm)	代表值	-8	-10	-10	-12	每200m测2点
		极值	-10	-20	-25	-30	
6	横坡(%)		±0.3	±0.5	±0.3	±0.5	水准仪:200m测2点
7	强度(MPa)		符合设计要求		符合设计要求		按规定检查

2. 外观质量验收标准

(1)表面应无松散、无坑洼、无碾压轮迹。

(2)表面连续离析不得超过10m,累计离析不得超过50m。

任务评价

任务考核评价表见附录。

知识拓展应用

阅读资料5-3:二灰稳定粒料基层施工方案,见数字资源31。

知识拓展5-3:施工工艺掌控要点,见数字资源32。

31-二灰稳定粒料基层施工示意

32-施工工艺掌控要点

任务5-4 水泥稳定粒料施工

任务描述

尝试写出某高速公路第×合同段,水泥稳定碎石底基层试验段施工方案。

根据施工工期及现场准备情况,我部计划于10月13日开始进行水泥稳定碎石底基层试验段(半幅宽16.22m,厚度160mm)施工。通过试验路段的铺筑,获得施工中有关试验数据,并证实混合料的稳定性及拌和、摊铺和压实设备的效率、各类机械的匹配方式及施工工艺的可行性,以便指导今后大面积施工。

任务目标

1. 能够按照相关规定进行水泥稳定粒料配合比设计。
2. 能进行下承层准备。
3. 能选择合理的机械设备。
4. 能进行施工环节质量控制。
5. 能进行水泥稳定粒料质量检查与验收。

建议课时

6课时。

任务引领和分析

水泥稳定粒料是水泥稳定材料中应用较为广泛的混合料类型。水泥稳定粒料基层的质量要通过原材料、混合料拌和及运输、摊铺、碾压、养护等方面进行严格控制。本任务主要以水泥稳定粒料厂拌法拌和、摊铺机摊铺为例，介绍水泥稳定粒料基层的工艺流程和质量控制要求。

任务实施

水泥稳定材料是指以水泥为结合料，通过加水与被稳定材料共同拌和形成的混合料，包括水泥稳定级配碎石、水泥稳定级配砾石、水泥稳定石屑、水泥稳定土、水泥稳定砂等。

水泥稳定材料作为路面结构的基层和底基层时，推荐采用集中厂拌、摊铺机摊铺的施工工艺。

本任务将以水泥稳定粒料为例，讲述集中厂拌摊铺机摊铺法施工工艺。

一、材料要求

1. 水泥

强度等级为 32.5 或 42.5 且满足《公路路面基层施工技术细则》(JTG/T F20—2015)要求的普通硅酸盐水泥等均可使用。所用水泥初凝时间应大于 3h，终凝时间应为 6～10h。在水泥稳定材料中掺加缓凝剂或早强剂时，应对混合料进行试验验证。缓凝剂和早强剂的技术要求应符合现行《公路水泥混凝土路面施工技术细则》(JTG/T F30)的规定。

2. 粗、细集料

粗、细集料的技术性质指标参见二灰稳定粒料有关内容。

3. 水泥稳定类材料

(1)强度要求较高时，宜采用控制原材料技术指标和优化级配设计等措施，不宜单纯地通过增加水泥剂量来提高材料强度。

(2)采用水泥稳定时，被稳定材料的液限不应大于 40%，塑性指数应不大于 17。当塑性指数大于 17 时，宜采用石灰稳定或用水泥和石灰综合稳定。

二、水泥稳定粒料配合比设计

1. 配合比表示方法

用水泥剂量、含水率、被稳定材料的掺配比例表示。

2. 配比设计的要求

1)水泥稳定材料

(1)采用水泥稳定，被稳定材料中含有一定量的碎石或砾石，且小于 0.6mm 的颗粒含量在 30% 以下时，塑性指数可大于 17，且土的均匀系数应大于 5。其级配可采用表 5-4-1 中推荐的级配范围，并应符合下列规定：

①用于高速公路和一级公路的底基层时，被稳定材料的公称最大粒径应不大于 31.5mm，级配宜符合表中 C-A-1 或 C-A-2 的规定，被稳定材料中不宜含有黏性土或粉性土。

②用于二级公路的基层时，级配宜符合表中 C-A-1 的规定，被稳定材料中不宜含有黏性土或粉性土。

③用于二级以下公路的基层时，级配宜符合表中 C-A-3 的规定，被稳定材料的公称最大

粒径应不大于 37.5mm。

④用于二级及二级以下公路的底基层时，级配宜符合表中 C-A-4 的规定，被稳定材料的公称最大粒径应不大于 37.5mm。

水泥稳定材料的推荐级配范围 表 5-4-1

筛孔尺寸（mm）	高速公路和一级公路的底基层或二级公路的基层	高速公路和一级公路的底基层	二级以下公路的基层	二级及二级以下公路的底基层
	C-A-1	C-A-2	C-A-3	C-A-4
53	—	—	100	100
37.5	100	100	90 ~ 100	—
31.5	90 ~ 100	—	—	—
26.5	—	—	66 ~ 100	—
19	67 ~ 90	—	54 ~ 100	—
9.5	45 ~ 68	—	39 ~ 100	—
4.75	29 ~ 50	50 ~ 100	28 ~ 84	50 ~ 100
2.36	18 ~ 38	—	20 ~ 70	—
1.18	—	—	14 ~ 57	—
0.6	8 ~ 22	17 ~ 100	8 ~ 47	17 ~ 100
0.075	0 ~ 7	0 ~ 30	0 ~ 30	0 ~ 50

注：表中水泥稳定材料不包括水泥稳定级配碎石或砾石。

（2）采用水泥稳定，被稳定材料为粒径较均匀的砂时，宜在砂中添加适量塑性指数小于 10 的黏性土、石灰土或粉煤灰，加入比例应通过击实试验确定。添加粉煤灰的比例宜为 20% ~40%。

（3）水泥稳定级配碎石或砾石的级配可采用表 5-4-2 中推荐的级配范围，宜符合下列规定：

①用于高速公路和一级公路时，级配宜符合表中 C-B-1、C-B-2 的规定。混合料密实时也可采用 C-B-3 级配。C-B-1 级配宜用于基层和底基层，C-B-2 级配宜用于基层。

②用于二级及二级以下公路时，级配宜符合表中 C-C-1、C-C-2、C-C-3 的规定。C-C-1 级配宜用于基层和底基层，C-C-2 和 C-C-3 级配宜用于基层，C-B-3 级配宜用于极重、特重交通荷载等级下的基层。

③被稳定材料的液限宜不大于 28%。

④用于高速公路和一级公路时，被稳定材料的塑性指数宜不大于 5；用于二级及二级以下公路时，宜不大于 7。

水泥稳定级配碎石或砾石的推荐级配范围 表 5-4-2

筛孔尺寸（mm）	高速公路和一级公路			二级及二级以下公路		
	C-B-1	C-B-2	C-B-3	C-C-1	C-C-2	C-C-3
37.5	—	—	—	100	—	—
31.5	—	—	100	100 ~ 90	100	—

续上表

筛孔尺寸（mm）	高速公路和一级公路			二级及二级以下公路		
	C-B-1	C-B-2	C-B-3	C-C-1	C-C-2	C-C-3
26.5	100	—	—	94 ~ 81	100 ~ 90	100
19	86 ~ 82	100	68 ~ 86	83 ~ 67	87 ~ 73	100 ~ 90
16	79 ~ 73	93 ~ 88	—	78 ~ 61	82 ~ 65	92 ~ 79
13.2	72 ~ 65	86 ~ 76	—	73 ~ 54	75 ~ 58	83 ~ 67
9.5	62 ~ 53	72 ~ 59	38 ~ 58	64 ~ 45	66 ~ 47	71 ~ 52
4.75	45 ~ 35	45 ~ 35	22 ~ 32	50 ~ 30	50 ~ 30	50 ~ 30
2.36	31 ~ 22	31 ~ 22	16 ~ 28	36 ~ 19	36 ~ 19	36 ~ 19
1.18	22 ~ 13	22 ~ 13	—	26 ~ 12	26 ~ 12	26 ~ 12
0.6	15 ~ 8	15 ~ 8	8 ~ 15	19 ~ 8	19 ~ 8	19 ~ 8
0.3	10 ~ 5	10 ~ 5	—	14 ~ 5	14 ~ 5	14 ~ 5
0.15	7 ~ 3	7 ~ 3	—	10 ~ 3	10 ~ 3	10 ~ 3
0.075	5 ~ 2	5 ~ 2	0 ~ 3	7 ~ 2	7 ~ 2	7 ~ 2

（4）水泥稳定材料的7d龄期无侧限抗压强度标准 R_d 应符合表5-4-3的规定。

水泥稳定材料的7d龄期无侧限抗压强度标准 R_d（MPa）　　表5-4-3

结构层	公路等级	极重、特重交通	重交通	中、轻交通
基层	高速公路和一级公路	5.0 ~ 7.0	4.0 ~ 6.0	3.0 ~ 5.0
	二级及二级以下公路	4.0 ~ 6.0	3.0 ~ 5.0	2.0 ~ 4.0
底基层	高速公路和一级公路	3.0 ~ 5.0	2.5 ~ 4.5	2.0 ~ 4.0
	二级及二级以下公路	2.5 ~ 4.5	2.0 ~ 4.0	1.0 ~ 3.0

注：1. 公路等级高或交通荷载等级高或结构安全性要求高时，推荐取上限强度标准。

2. 表中强度标准指的是7d龄期无侧限抗压强度的代表值。

（5）水泥稳定材料的剂量应以水泥质量占全部干燥被稳定材料质量的百分率表示。

水泥的最小剂量应符合表5-4-4的规定。材料组成设计所得水泥剂量少于表中的最小剂量时，应按表5-4-4采用最小剂量。

水泥的最小剂量　　表5-4-4

被稳定材料类型	拌和方法	
	路拌法	集中厂拌法
中、粗粒材料	4	3
细粒材料	5	4

（6）确定各种材料的最佳用量比例。

（7）确定综合稳定材料的最大干密度和最佳含水率。

（8）强度满足要求时，尚应检验其抗冲刷和抗裂性能。

2）水泥粉煤灰稳定材料

（1）水泥粉煤灰稳定材料和水泥煤渣稳定材料比例可采用表5-4-5的推荐值。

水泥粉煤灰稳定材料和水泥煤渣稳定材料推荐比例 表 5-4-5

材料类型	材料名称	使用层位	结合料间比例	结合料与被稳定材料间比例
石灰粉煤灰	硅铝粉煤灰的水泥粉煤灰类[a]	基层或底基层	水泥:粉煤灰 = 1:3 ~ 1:9	—
	水泥粉煤灰土	基层或底基层	水泥:粉煤灰 = 1:3 ~ 1:5	水泥粉煤灰:细粒材料 = 30:70[b] ~ 10:90
	水泥粉煤灰稳定级配碎石或砾石	基层	水泥:粉煤灰 = 1:3 ~ 1:5	水泥粉煤灰:被稳定材料 = 20:80 ~ 15:85[c]
水泥煤渣	水泥煤渣稳定材料	基层或底基层	水泥:煤渣 = 5:95 ~ 15:85	—
	水泥煤渣土	基层或底基层	水泥:煤渣 = 1:2 ~ 1:5	水泥煤渣:细粒材料 = 1:2 ~ 1:5[d]
	水泥煤渣稳定材料	基层或底基层	水泥:煤渣:被稳定材料 = (3 ~ 5):(26 ~ 33):(71 ~ 62)	

注:1. [a]CaO 含量为 2% ~ 6% 的硅铝粉煤灰。

2. [b]采用此比例时,水泥与粉煤灰之比宜为 1:2 ~ 1:3。

3. [c]水泥粉煤灰与粒料之比为 15:85 ~ 20:80 时,在混合料中,粒料形成骨架,水泥粉煤灰起填充孔隙和胶结作用。

4. [d]混合料中石灰应不少于 4%,可通过试验选取强度较高的配合比。

(2)水泥粉煤灰稳定材料的 7d 龄期无侧限抗压强度标准 R_d应符合表 5-4-6 的规定。

水泥粉煤灰稳定材料的 7d 龄期无侧限抗压强度标准 R_d(MPa) 表 5-4-6

结构层	公路等级	极重、特重交通	重交通	中、轻交通
基层	高速公路和一级公路	4.0 ~ 5.0	3.5 ~ 4.5	3.0 ~ 4.0
	二级及二级以下公路	3.5 ~ 4.5	2.5 ~ 3.5	2.5 ~ 3.5
底基层	高速公路和一级公路	2.5 ~ 3.5	2.0 ~ 3.0	1.5 ~ 2.5
	二级及二级以下公路	2.0 ~ 3.0	1.5 ~ 2.5	1.0 ~ 2.0

(3)水泥粉煤灰稳定材料可采用表 5-4-7 中推荐的级配范围,应符合下列规定:

①用于高速公路和一级公路基层时,水泥粉煤灰总质量宜为 12%,应不大于 18%,各挡被稳定材料总质量宜不小于 85%,其公称最大粒径应不大于 26.5mm,级配宜符合表中 CF-A-2L 和 CF-A-2S 的规定。

②用于高速公路和一级公路底基层时,各挡被稳定材料总质量宜不小于 80%,级配宜符合表中 CF-A-1L 和 CF-A-1S 的规定;对于极重、特重交通荷载等级,级配宜符合表中 CF-A-2L 和 CF-A-2S 的规定。

③用于二级及二级以下公路基层时,被稳定材料的公称最大粒径应不大于 31.5mm,其总质量宜不小于 80%,并符合表中 CF-B-2L 和 CF-B-2S 的规定。

④用于二级及二级以下公路底基层时,各挡被稳定材料总质量宜不小于 75%,级配宜符合表中 CF-B-1L 和 CF-B-1S 的规定;对于极重、特重交通荷载等级,可选择符合表中 CF-B-2L 和 CF-B-2S 的规定。

水泥粉煤灰稳定级配碎石或砾石的推荐级配范围(%) 表 5-4-7

筛孔尺寸(mm)	高速公路和一级公路				二级及二级以下公路			
	稳定碎石		稳定砾石		稳定碎石		稳定砾石	
	CF-A-1S	CF-A-2S	CF-A-1L	CF-A-2L	CF-B-1S	CF-B-2S	CF-B-1L	CF-B-2L
37.5	—	—	—	—	100	—	100	—
31.5	100	—	100	—	100 ~ 90	100	100 ~ 90	100
26.5	95 ~ 90	100	95 ~ 91	100	93 ~ 80	100 ~ 90	94 ~ 81	100 ~ 90
19	84 ~ 72	88 ~ 79	85 ~ 76	89 ~ 82	81 ~ 64	86 ~ 70	83 ~ 67	87 ~ 73
16	79 ~ 65	82 ~ 70	80 ~ 69	84 ~ 73	75 ~ 57	79 ~ 62	78 ~ 61	82 ~ 65
13.2	72 ~ 57	76 ~ 61	75 ~ 62	78 ~ 65	69 ~ 50	72 ~ 54	73 ~ 54	75 ~ 58
9.5	62 ~ 47	64 ~ 49	65 ~ 51	67 ~ 53	60 ~ 40	62 ~ 42	64 ~ 45	66 ~ 47
4.75	40 ~ 30	40 ~ 30	45 ~ 35	45 ~ 35	45 ~ 25	45 ~ 25	50 ~ 30	50 ~ 30
2.36	28 ~ 19	28 ~ 19	33 ~ 22	33 ~ 22	31 ~ 16	31 ~ 16	36 ~ 19	36 ~ 19
1.18	20 ~ 12	20 ~ 12	24 ~ 13	24 ~ 13	22 ~ 11	22 ~ 11	26 ~ 12	26 ~ 12
0.6	14 ~ 8	154 ~ 8	18 ~ 8	18 ~ 8	15 ~ 7	15 ~ 7	19 ~ 8	19 ~ 8
0.3	10 ~ 5	10 ~ 5	13 ~ 5	13 ~ 5	—	—	—	—
0.15	7 ~ 3	7 ~ 3	10 ~ 3	10 ~ 3	—	—	—	—
0.075	5 ~ 2	5 ~ 2	7 ~ 2	7 ~ 2	5 ~ 2	5 ~ 2	7 ~ 2	7 ~ 2

3)水泥、石灰综合稳定

水泥、石灰综合稳定时,水泥用量占结合料总量不小于30%时,应按水泥稳定材料的技术要求进行组成设计,水泥和石灰的比例宜取60:40、50:50或40:60;水泥用量占结合料总量小于30%时,应按石灰稳定材料设计。

三、水泥稳定粒料施工

1.施工准备

水泥稳定粒料施工准备包括技术准备、材料准备、机械准备、施工现场准备、试验路段等。其具体要求参见任务5-3二灰稳定粒料施工相关内容。

2.施工

水泥稳定粒料施工时,必须采用流水作业法,使各工序紧密衔接。特别是要尽量缩短从加水拌和到碾压完成之间的容许延迟时间。在满足强度标准的前提下,水泥稳定材料拌和后至碾压成型之前所允许的最大时间间隔即容许延迟时间。对水泥稳定、水泥粉煤灰稳定材料,应分别进行不同成型时间条件下的混合料强度试验,绘制相应的延迟时间曲线,并根据设计要求确定容许延迟时间。

对水泥稳定材料或水泥粉煤灰稳定材料,宜在2h之内完成碾压成型,应取混合料的初凝时间与容许延迟时间较短的时间作为施工控制时间。

水泥稳定粒料基层的施工方法主要有人工路拌法和中心站集中拌和(厂拌)法两种。目前主要采用中心站集中拌和(厂拌)法、机械摊铺施工,其施工工艺流程如图5-4-1所示。

(1)下承层准备、培肩、测量放样、拌和站及拌和、运输、摊铺、碾压、养护、检测等要求参见任务 5-3 二灰稳定粒料基层相关内容。

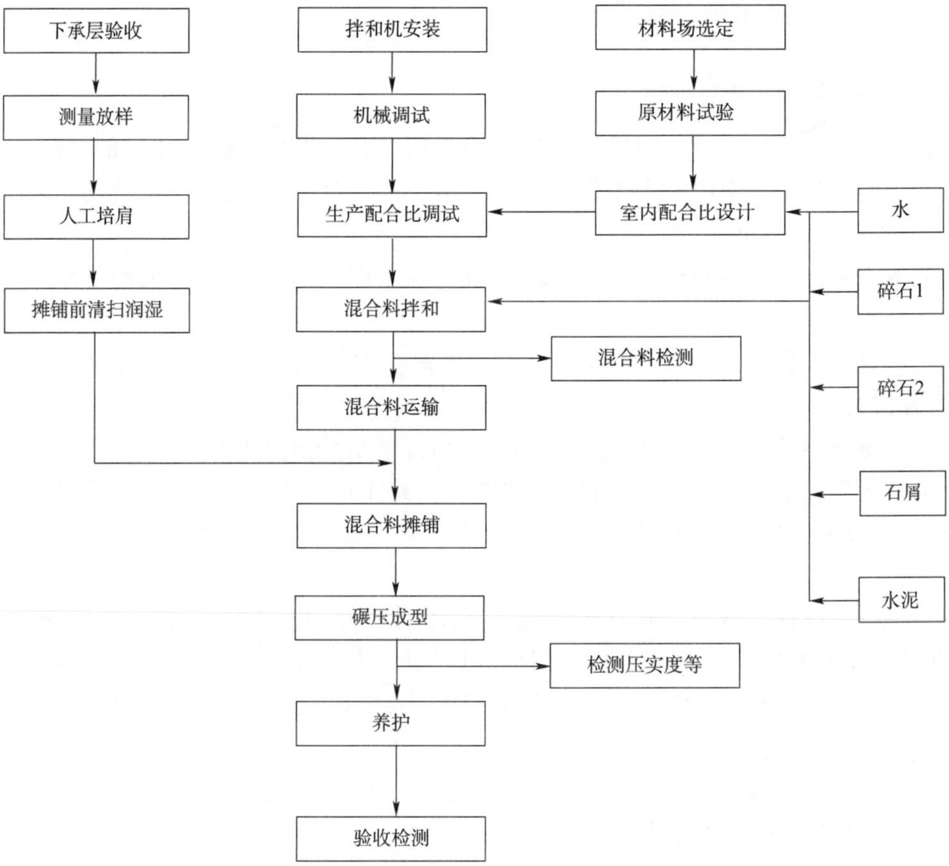

图 5-4-1 水泥稳定粒料集中拌和法施工工艺流程

(2)施工注意的问题:

①水泥的料仓应密闭、干燥,同时内部应装有破拱装置。水泥料仓应配备计重装置。当气温高于 30℃时,水泥进入拌缸温度不宜高于 50℃;当气温高于 50℃时应采取降温措施;当气温低于 15℃时,水泥进入拌缸温度不低于 10℃。

②考虑施工的离散性,在拌和时水泥用量应比试验室所确定的水泥剂量提高 0.5%。

③拌和时,应严防水泥下料口堵塞不流动或者流量不足,造成缺少水泥现象;施工过程中,应勤检查,观看拌和料是否均匀、色泽一致,否则应废弃。

④水泥稳定材料从装车到运输至现场,时间宜不超过 1h,超过 2h 应作为废料处置。

⑤摊铺过程中因故中断 2h 或每天的工作结束时,必须设置横缝,两层结构的横缝应避免设在同一断面上,且应符合下列规定:

a. 人工将末端含水率合适的混合料整齐,紧靠混合料末端放两根方木,方木的高度应与混合料的压实厚度相同,整平紧靠方木的混合料。

b. 方木的另一侧用砾石或碎石回填约 3m 长,其高度应高出方木 2~3cm,并碾压密实。

c. 在重新开始摊铺混合料之前,应将砾石或碎石和方木除去,并将下承层顶面清扫干净。

d. 摊铺机应返回到已压实层的末端,重新开始摊铺混合料。

e. 摊铺中断时间大于 2h 且未按上述方法处理横向接缝时,应将摊铺机附近及其下面未经压实的混合料铲除,并将已碾压密实且高程和平整度符合要求的末端挖成与路中心线垂直并向下的断面,再摊铺新的混合料。

四、施工过程质量控制与要求

(1)粒料应符合施工设计和规范要求,并应根据当地料源选择质坚、干净的粒料。

(2)水泥用量和矿料级配应按设计要求控制准确。集中厂拌法施工水泥剂量应比试验室确定的数量增加0.5%。

(3)混合料运输车装好料后,应用篷布将厢体覆盖严密,直到摊铺机前准备卸料时方可打开。

(4)摊铺时混合料的含水率宜高于最佳含水率0.5%~1.0%,以补偿摊铺及碾压过程中的水分损失。

(5)在混合料装、运、卸、摊铺过程中,应避免混合料出现离析现象。

(6)水泥稳定材料结构层施工时,应在混合料处于或略大于最佳含水率状态下碾压。气候炎热干燥时,碾压时的含水率可比最佳含水率增加0.5%~1%,用重型压路机碾压至设计要求的压实度。

(7)混合料摊铺应保证足够的厚度,碾压成型后的每层的摊铺厚度宜不小于160mm,最大厚度宜不大于200mm,当层厚度过大时应分层摊铺,下层碾压检查合格后立即养护,养护期要符合规范要求,养护不少于7d后铺筑上层水泥稳定粒料。在铺筑上层前应始终保持下层表面湿润,并在下层表面撒少量水泥或水泥浆。

(8)水泥稳定基层的龄期7d时,应能取出完整的钻件。若取不出完整的钻件,则找出不合格基层的界限,进行返工处理。

五、质量检验

1. 施工过程质量检验

在施工过程中后场质量控制时,每2000m² 取样一次,进行混合料含水率、灰剂量试验;每个工日进行一次混合料最大干密度试验。在施工过程中前场质量控制时,每一作业段检查6处以上压实度和含水率,还要完成强度检测和钻芯检测。

2. 水泥稳定粒料基层和底基层质量验收

实测项目见表5-3-7。

3. 外观质量标准

(1)表面应无松散、无坑洼、无碾压轮迹。

(2)表面连续离析不得超过10m,累计离析不得超过50m。

任务思考

1. 简述水泥稳定粒料施工时配合比的相关要求。
2. 简述水泥稳定粒料施工前的准备工作。
3. 简述水泥稳定粒料拌和时的质量控制。
4. 简述水泥稳定粒料摊铺控制要点。
5. 简述水泥稳定粒料养护的要求及相关养护方法要点。

任务评价

任务考核评价表见附表。

知识拓展应用

阅读资料5-4：水泥稳定碎石基层施工方案，见数字资源33。

知识拓展5-4：水泥稳定材料施工问题探讨，见数字资源34。

33-水泥稳定碎石基层施工方案　34-水泥稳定材料施工问题探讨

任务5-5　级配碎石施工

任务描述

根据设计文件，某高速公路第×合同段的基层为石级配碎石材料，请根据本任务所学的知识，尝试写出该基层的主要施工流程。

任务目标

1. 能进行级配碎石的原材料的选择。
2. 能够进行级配碎石路拌法施工环节质量控制。
3. 能够进行级配碎石集中拌和法施工环节质量控制。
4. 能够进行集中拌和法质量验收。

建议课时

4课时。

任务引领和分析

在前几项任务中，我们所使用的基层混合料中无一例外地掺加了结合料，如石灰、粉煤灰、水泥等，我们将这些结合料统称为无机结合料。级配碎石基层是一种不掺加结合料的基层类型，在本任务中，我们将学习级配碎石基层的施工工艺和质量控制要求。

任务实施

各挡粒径的碎石和石屑按一定比例混合，级配满足一定要求且塑性指数和承载比均符合规定要求的混合料，称为级配碎石。

级配碎石既可用于各级公路的基层和底基层，也可用作较薄沥青面层与半刚性基层之间的中间层。

级配碎石用作半刚性路面的中间层以及用作二级以上公路的基层时，应采用集中厂拌法拌制混合料，并用摊铺机摊铺；用于二级以下公路的基层、底基层时，也可采用路拌法。

一、材料要求

在原材料试验评定中，应随机选取具有足够数量的样本进行材料试验。

1. 粗集料

粗集料的要求请参见任务 5-3 的相关内容，用作级配碎石的粗集料应符合表 5-3-1 中Ⅱ类的规定。

用作级配碎石或砾石的粗集料应采用具有一定级配的硬质石料，不应含有黏土块、有机物等。

级配碎石或砾石用作基层时，高速公路和一级公路公称最大粒径应不大于 26.5mm，二级及二级以下公路公称最大粒径应不大于 31.5mm；用作底基层时，公称最大粒径应不大于 37.5mm。

2. 细集料

细集料的要求请参见任务 5-3 的相关内容。

3. 材料分挡与掺配

用于二级及二级以上公路基层、底基层的级配碎石或砾石，应由不少于 4 种规格的材料掺配而成。

级配碎石或砾石类材料宜掺加石屑、粗砂等材料。

级配碎石或砾石细集料的塑性指数应不大于 12。不满足要求时，可加入石灰、无塑性的砂或石屑掺配处理。

二、配合比设计

按设计图纸和《公路路面基层施工技术细则》(JTG/T F20—2015)的要求做配合比设计，并确定级配碎石最大干密度。

三、级配碎石施工

级配碎石施工主要有路拌法和厂拌法两种施工方式，有条件的情况下建议采用厂拌法施工。

1. 路拌法施工

路拌法施工的工艺流程如图 5-5-1 所示。

施工要求：

(1)下承层不宜做成槽式断面，宜做成满铺式。

(2)未筛分碎石的含水率宜比最佳含水率大 1% 左右；未筛分碎石和石屑可按预定比例在料场混合，同时洒水加湿，使混合料的含水率超过最佳含水率约 1%。

(3)用平地机或其他合适的机具将材料均匀地摊铺在预定的宽度上，表面应平整，并具有规定的路拱。采用不同粒级的碎石和石屑时，宜将大粒径碎石铺在下层，中粒径碎石铺在中层，小粒径碎石铺在上层，洒水使碎石湿润后，再摊铺石屑。路肩用料同时摊铺。

(4)应事先通过试验确定集料的松铺系数。采用人工摊铺混合料时，其松铺系数为 1.40 ~ 1.50；采用平地机摊铺混合料时，其松铺系数为 1.25 ~ 1.35。

(5)拌和可采用专用稳定土拌和机、平地机、缺口圆盘耙与多铧犁相配合拌和。拌和结束时，混合料的含水率应均匀，并较最佳含水率大 1% 左右，同时应没有粗细颗粒离析现象。

(6)整形时，用平地机将拌和均匀的混合料按规定的路拱进行整平和整形，消除粗细集料离析现象。

(7)两作业段的衔接处，应搭接拌和。第一施工段拌和后，留 5 ~ 8m 不进行碾压，第二段施工时,前段留下未压部分与第二施工段一起拌和整平后进行碾压。

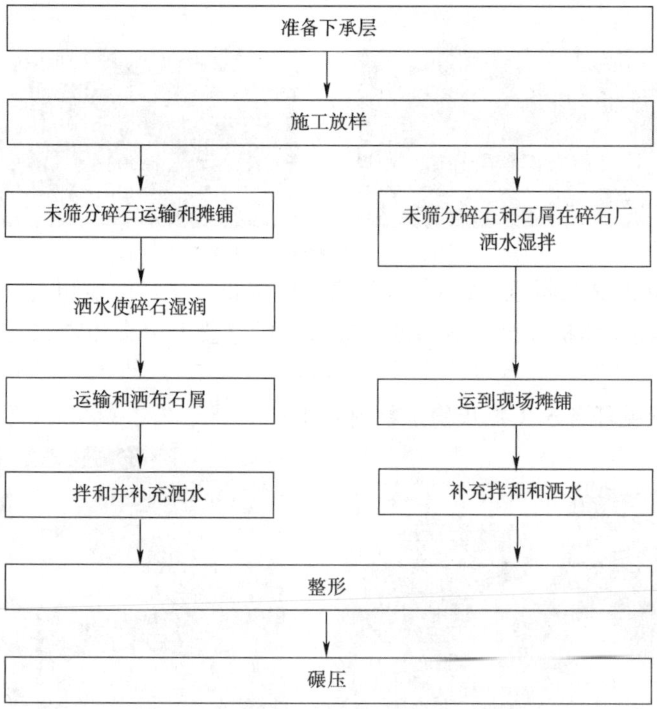

图 5-5-1 路拌法施工级配碎石的工艺流程图

(8)分两幅铺筑时,纵缝应搭接拌和、整平和碾压。搭接宽度宜不小于 300mm。前一幅全宽碾压密实,在后一幅拌和时,应将相邻的前幅边部约 300mm 搭接拌和,整平后一起碾压密实。

(9)级配碎石基层未洒透层沥青或未铺封层时,禁止开放交通,以保护表层不受破坏。

(10)其他要求可参照任务 5-1 石灰土施工。

2. 集中拌和法施工

集中拌和法施工工艺流程,如图 5-5-2 所示

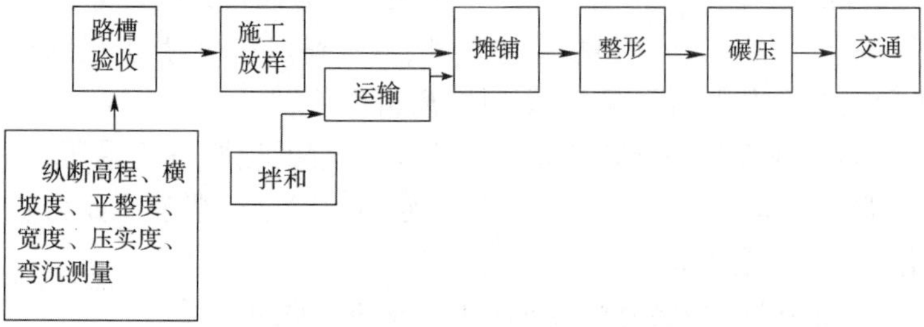

图 5-5-2 级配碎石施工工艺流程

(1)混合料的拌和采用稳定土拌和站进行拌和,如图 5-5-3 所示。在正式拌制混合料之前,用经试验段确定的施工配合比调试设备,使混合料的颗粒组成达到规定的要求,原集料的颗粒组成发生变化时,应重新调整施工配合比,并调试拌和时间,以保证混合料拌和均匀。

(2)级配碎石摊铺可采用摊铺机摊铺或人工配合平地机,推荐使用摊铺机摊铺碎石混合料。将混合料按松铺厚度均匀摊铺,及时消除粗细集料离析现象。对于粗集料“窝”和粗集料“带”,应添加细集料,并拌和均匀;对于细集料“窝”,应添加粗集料,并拌和均匀,离析严重的清除换新料。

图 5-5-3　级配碎石拌和站

(3)摊铺后,立即进行碾压,直到要求的密实度为止。压实度检测实例如图 5-5-4 所示。在碾压过程中,严禁压路机在已完成的或正在碾压的路段上掉头和紧急制动,应保证稳定料表面不受破坏。

其他要求可参见任务 5-3 二灰稳定粒料施工。

图 5-5-4　灌砂法测压实度

四、施工过程质量控制与要求

(1)石料质地坚韧、无杂质,颗粒级配、塑性指数符合要求。

(2)不同粒级的石料应隔离,分别堆放。

(3)细集料应有覆盖,防止雨淋。

(4)配料必须准确,颗粒组成应是一根顺滑的曲线,塑性指数应符合规定。

(5)级配碎(砾)石混合料应在料场集中拌和,混合料拌和均匀,无粗细颗粒离析。

(6)摊铺机后面应设专人消除粗、细集料的离析现象。

(7)级配碎(砾)石应在最佳含水率时遵循先轻后重的原则进行碾压,按重型击实试验法确定的压实度,底基层达到 96% 以上,基层达到 98% 以上。严禁压路机在已完成的或正在碾压的路段上掉头和紧急制动。

(8)在已完成的底基层、基层上按表 5-5-1 要求进行取样试验。

级配碎(砾)石试验项目与频度　　表 5-5-1

项　目	频　度	质量标准
级配	每 $2000m^2$ 检查 1 次	在规定范围内
均匀性	随时观察	无粗细集料离析现象
压实度	每一作业段或不超过 $200m^2$ 检查 6 次以上	级配集料基层和中间层 98%,填隙碎石固体积率 85%
塑性指数	每 1000 m^2 检查 1 次,异常时随时试验	小于规定值
集料压碎值	据观察,异常时随时试验	不超过规定值

续上表

项　　目	频　　度	质 量 标 准
承载比	每 3000 m^2 检查 1 次,据观察,异常时随时增加试验	不小于规定值
弯沉值检验	每一评定段(不超过 1km)每一线车道布设 40 ~ 50 个测点	95% 或 97.7% 概率的上波动界限不大于计算的容许值
含水率	据观察,异常时随时试验	最佳含水率 -1% ~ +2%

五、质量检验

1. 质量验收实测项目

级配碎(砾)石底基层和基层检查项目及检验标准见表 5-5-2。

级配碎(砾)石基层和底基层实测项目 表 5-5-2

项次	检查项目		规定值或允许偏差				检查方法
			基层		底基层		
			高速、一级公路	其他公路	高速、一级公路	其他公路	
1	压实度(%)	代表值	≥98		≥96		每 200m 测 2 点
		极值	≥94		≥92		
2	弯沉(0.01mm)		满足设计要求		满足设计要求		按规定要求检查
3	平整度(mm)		≤8	≤12	≤12	≤15	3m 直尺:每 200m 测 2 处×5 尺
4	纵断高程(mm)		+5, -10	+5, -15	+5, -15	+5, -20	水准仪:每 200m 测 2 个断面
5	宽度(mm)		满足设计要求		满足设计要求		尺量:每 200m 测 4 点
6	厚度(mm)	代表值	-8	-10	-10	-12	每 200m 测 2 点
		合格值	-10	-20	-25	-30	
7	横坡(%)		±0.3	±0.5	±0.3	±0.5	水准仪:每 200m 测 2 个断面

2. 外观质量标准

(1)表面应无松散、无坑洼、无碾压轮迹。

(2)表面连续离析不得超过 10m,累计离析不得超过 50m。

任务思考

1. 简述级配碎石对材料的要求。
2. 说出级配碎石路拌法的施工工艺流程。
3. 简述级配碎石集中拌和法的施工工艺流程。
4. 简述级配碎石施工质量控制。

任务评价

任务考核评价表见附表。

知识拓展应用

阅读资料 5-5:级配碎石基层施工方案,见数字资源 35。

35-级配碎石基层施工方案

任务 5-6　大粒径柔性沥青混合料基层简介

任务描述

某高速公路路面部分于×年×月×日在桩号为×××～×××段做了柔性基层试验段,共210m。试验段在监理工程师的监督指导下,严格按照《公路沥青路面施工技术规范》(JTG F40—2004)和拟定的施工方案进行。前期准备工作、工料机的安排以及混合料的配合比等,均得到监理工程师的认可和批准。

通过这次施工,验证施工方案、施工工艺的合理性,对原材料用量控制、松铺系数、压实度与松铺厚度、碾压遍数等数据加以汇总,为大面积进行柔性基层摊铺打下基础。

任务目标

1. 了解大粒径沥青碎石混合料的定义、特点。
2. 会进行大粒径沥青碎石混合料原材料的选择。
3. 了解大粒径碎石混合料配合比设计。

建议课时

4 课时。

任务引领和分析

柔性基层沥青路面具有较强的抗疲劳和抗剪切强度,能有效地克服半刚性基层沥青路面容易出现裂缝的情况。本任务将以大粒径透水性沥青混合料(LSPM)基层为例,简要介绍沥青类柔性基层施工的基本要求和质量控制方法。

任务实施

大粒径透水性沥青混合料(Large Stone Porous Asphalt Mixes,简称 LSPM)是指混合料最大公称粒径大于26.5mm,具有一定空隙率,能够将水分自由排出路面结构的沥青混合料。大粒径透水性沥青混合料通常用作路面结构中的基层。这种大粒径透水性沥青混合料的提出来自美国一些州的经验,美国中西部的一些州对应用了三十多年以上而运营状况相对良好的一些典型路面进行了相关的调查,发现许多成功的路面其基层采用较大粒径的单粒径嵌挤型沥青混合料,如贯入式沥青基层,因此提出了以单粒径形成嵌挤为条件进行混合料的设计,从而形成开级配大粒径透水性沥青混合料(LSPM)。

研究和应用表明,大粒径透水性沥青混合料具有以下优点:

(1)级配良好的大粒径透水性沥青混合料可以抵抗较大的塑性和剪切变形,承受重载交通的作用,具有较好的抗车辙能力,提高了沥青路面的高温稳定性;特别是对于低速、重车路段,需要的持荷时间较长时,设计良好的 LSPM 与传统的沥青混凝土相比,显示出十分明显的抗永久变形能力。

(2)大粒径透水性沥青混合料有着良好的排水功能,可以兼有路面排水层的功能。

(3)由于大粒径透水性沥青混合料有着较大的粒径和较大的空隙,它可以有效地减少反射裂缝。

(4)大粒径集料的增多和矿粉用量的减少,减少了比表面积,减少了沥青总用量,从而降低工程造价。

(5)它与通常的半刚性基层相比,提高了工程施工速度,减少了设备投入。

(6)在大修改建工程中,可大大缩短封闭交通时间,社会经济效益显著。

一、材料要求

1. 集料要求

1)粗集料

粗集料应采用锤击式破碎石机加工的碎石,不允许采用颚式破碎机加工的碎石。要求碎石具有良好的棱角性,扁平及细长颗粒含量、黏土含量、密度、坚固性、安定性及有害物质含量应符合规范要求,且石料压碎值不大于28%,洛杉矶磨耗损失不大于30%。

2)细集料

细集料可采用石屑、人工砂两种,不准采用天然砂,细集料的棱角性必须>42,砂当量值不小于65%。

3)填料

由于大粒径沥青混合料为透水性混合料,为了提高沥青混合料的抗水损害能力,填充料宜采用干燥消石灰粉或生石灰粉,填充料技术要求可根据当地情况而定,至少应满足Ⅲ级要求。

4)结合料

结合料使用的沥青材料应为道路石油沥青,运输到现场的每批沥青都应附有制造厂的证明和出厂试验报告,并说明装运数量、装运日期、订货数量等。

现场要储备足够的能具有加温和搅拌功能的沥青存储罐,以储备充足的沥青,确保施工的连续供应。

2. 沥青

详细的沥青材料技术要求见项目6沥青路面面层施工部分相关内容。

二、配合比设计

1. 混合料级配

大粒径透水性沥青混合料作为基层要承受车辆荷载,另外还兼有排水功能,因此设计的混合料要形成骨架结构、空隙率要在15%左右。大粒径透水性沥青混合料没有固定级配曲线,其级配与原材料的性能有关,不同的原材料其级配曲线是不一样的。结合山东省的研究成果,推荐的级配范围见表5-6-1。

大粒径沥青混合料推荐级配(%) 表5-6-1

筛孔(mm)	52	37.5	31.5	26.5	19	13.2	9.5	4.75	2.36	1.18	0.6	0.3	0.15	0.075
LSPM-25	100	100	100	70~98	50~85	32~62	20~45	6~29	6~18	3~15	2~10	1~7	1~6	1~4
LSPM-30	100	100	90~100	70~95	40~76	28~58	19~39	6~29	6~18	3~15	2~10	1~7	1~6	1~4
LSPM-35	100	75~98	67~96	50~80	25~60	15~40	10~35	6~25	6~18	3~15	2~10	1~7	1~6	1~4

2. 成型方法

我国多年以来一直采用标准马歇尔试验进行沥青混合料的设计和研究,由于大粒径透水性沥青混合料最大公称粒径较大(通常大于26.5mm),现行沥青混合料试验规程对于大于26.5mm的粗粒式沥青混合料,可以采用替代法。由于采用小粒径石料代替大粒径石料的方法会改变原有的级配规律,造成试验的系统误差。现场仍以大马歇尔法为准,击实次数112次可作为大型马歇尔击实成型的标准击实次数(表5-6-2)。

大马歇尔与标准马歇尔击实参数表 表5-6-2

参　　数	标准马歇尔	大马歇尔
试件直径(mm)	101.6	152.4
试件标准高度(mm)	63.5	95.25
锤重(kg)	4.53	10.2
落锤高度(mm)	457	457
击实次数	75	112

3. 体积指标测定

体积指标主要是指密度的测定与空隙率的计算,密度的测定采用实测法和计算法。其中,实测法为二次封蜡法,首先采用橡皮泥将试件表面大空隙填平,然后称重,将橡皮泥填充的体积作为试件的体积,然后进行封蜡,测定水中重,通过计算就可以测定试件的密度;计算法为直接采用游标卡尺测量试件的直径和高度,计算试件的体积,然后根据试件的重量可以直接计算试件的密度。这两种方法都存在一定的缺陷:计算法比较简单直接,但是由于试件表面侧面都并不十分规则,而且由于粗集料含量大、边角容易破损,直接造成计算体积的不准确,误差较大;实测法相对来讲误差较小,但也存在一定的人为误差,特别是在封橡皮泥时,不同的人对表面空隙掌握的尺度不一样,另外测定起来也比较麻烦,所以在测定时最好为同一人。

密度的测定还包括最大理论密度的测试,最大相对密度可以采用真空实测法和计算法,按照《公路沥青路面施工技术规范》(JTG F40—2004)规定,对于普通沥青混合料可以采用实测法,对于改性沥青混合料由于比较难以分散应采用计算法。对大碎石混合料一般采用的MAC-70号改性沥青或SBS改性沥青黏度较大,因此采用计算法。计算法采用集料有效相对密度,有效相对密度宜直接由矿料的合成毛体积相对密度与合成表观相对密度按式(5-6-1)计算确定,其中沥青吸收系数C值根据材料的吸水率由式(5-6-2)求得,材料的合成吸水率按式(5-6-3)计算。

$$\gamma_{se} = C \times \gamma_{sa} + (1 - C) \times \gamma_{sb} \tag{5-6-1}$$

$$C = 0.033w_x^2 - 0.2936w_x + 0.9339 \tag{5-6-2}$$

$$w_x = \left(\frac{1}{\gamma_{sb}} - \frac{1}{\gamma_{sa}}\right) \times 100 \tag{5-6-3}$$

4. 最佳沥青含量的确定

纵观国内外对排水性大孔隙沥青混合料最佳沥青用量确定的方法,主要都是经验方法。根据课题研究,最佳沥青含量的确定应综合考虑沥青膜厚度、设计空隙率并通过析漏与飞散试验方法确定。

由于大粒径沥青混合料具有排水功能,其空隙中有自由水的存在,为了满足水稳定性的要求,使得混合料具有好的耐久性,那么混合料应当具有足够的沥青膜厚度。沥青膜厚度可以通过沥青含量与集料表面积来计算。沥青含量应当采用有效沥青含量,考虑到有效沥青含量的计算比较麻烦,当集料吸水率较小时可以采用沥青含量。集料表面积的计算可根据美国 AI 给出的经验公式估算，公式如下：

$$AREA = 0.41 + 0.0041P_{4.75} + 0.0082P_{2.36} + 0.0164P_{1.18} + 0.0287P_{0.6} + 0.0614P_{0.3} + 0.1229P_{0.15} + 0.3277P_{0.075} \quad (m^2/kg)$$

式中：P_i——i 级筛孔的通过率（%）。

综合密级配沥青混凝土以及 SMA 混合料的水稳定性研究，以及课题研究，对大粒径沥青混合料要求沥青膜厚度为 12μm。

析漏试验和飞散试验是确定透水性沥青混合料最佳沥青用量的必不可少的两项试验。通过析漏试验可以确定沥青不产生流淌的最大沥青用量；通过飞散试验可以确定透水性沥青混合料不发生严重飞散的最小沥青用量。根据这两个沥青用量就可以确定透水性沥青混合料的沥青用量范围，在此范围内再参考设计试件体积指标与沥青膜要求的结果，选择合适的沥青用量作为最佳沥青用量。

为了保证沥青不产生流淌，对于大粒径沥青混合料由于其最大粒径较大，考虑施工中的离析等因素，对大粒径沥青混合料要求析漏质量损失不大于 0.2%；为了保证混合料不发生松散，飞散试验的质量损失不能大于 20%。

综合分析，开级配大粒径沥青混合料技术指标要求汇总见表 5-6-3。

大粒径沥青混合料大马歇尔试验配合比设计技术标准 表 5-6-3

试验指标	大粒径透水性沥青混合料（LSPM）
公称最大粒径（mm）	≥26.5
马歇尔试件尺寸（mm）	φ152.4 × 95.3
击实次数（双面）（次）	112
空隙率 VV（%）	13 ~ 18
沥青膜厚度（μm）	>12
谢伦堡沥青析漏试验的结合料损失（%）	不大于 0.2
肯塔堡飞散试验或浸水飞散试验的混合料损失（%）	不大于 20
参考沥青用量（%）	3 ~ 3.5

大粒径沥青碎石混合料施工同热拌沥青混合料施工（项目 6 中讲解），此处略。

任务思考

1. 大粒径沥青混合料的特点有哪些？
2. 大粒径沥青混合料在选材料时有哪些要求？

任务评价

任务考核评价表见附表。

项目6　沥青路面面层施工

项目内容

本项目为沥青路面施工，主要包括以下六项内容：

任务6-1　透层施工

任务6-2　黏层施工

任务6-3　封层施工

任务6-4　热拌沥青混合料路面施工

任务6-5　沥青贯入式路面施工

任务6-6　沥青表面处治

项目要求

1. 掌握透层施工工艺和施工要求。
2. 掌握黏层施工工艺和施工要求。
3. 掌握封层施工工艺和施工要求。
4. 掌握热拌沥青混合料路面施工方法和施工要点。
5. 掌握沥青贯入式路面施工方法和施工要点。
6. 掌握沥青表面处治方法和施工要点。

项目知识点、技能点

1. 透层施工

(1)掌握透层的技术作用和适用条件。

(2)掌握透层施工工艺。

(3)了解透层施工要求。

2. 黏层施工

(1)掌握黏层的作用与条件。

(2)掌握黏层施工工艺。

(3)了解黏层施工要求。

3. 封层施工

(1)掌握封层作用及适用条件。

(2)掌握层铺法施工工艺。

(3)掌握稀浆封层施工工艺。

(4)掌握同步碎石封层施工工艺。

4. 热拌沥青混合料路面施工

(1)掌握沥青混凝土路面施工工艺。

(2)掌握沥青混凝土路面施工质量控制要点。

5. 沥青贯入式路面施工

(1)了解沥青贯入式路面适用范围。

(2)掌握沥青贯入式路面对材料的基本要求。

(3)掌握沥青贯入式路面的施工工艺流程。

6. 沥青表面处治

(1)了解沥青表面处治。

(2)掌握沥青表面处治作用。

(3)掌握沥青表面处治施工方法。

任务6-1 透层施工

任务描述

某新建公路现已将水泥稳定砂砾路面基层施工完成,要进行透层施工,请根据本节所学的内容制定透层施工方案。

任务目标

1. 掌握透层的技术作用和适用条件。

2. 掌握透层施工工艺。

3. 了解透层施工要求。

建议课时

1 课时。

任务引领和分析

透层是为使沥青面层与非沥青材料基层结合良好,在基层上喷洒液体石油沥青、乳化沥青、煤沥青而形成的透入基层表面一定深度的薄层。因此,如何选择合适的透层材料,并进行严格的施工质量控制,保证其质量并使之达到相关技术要求,使其在公路建成后发挥良好的功能,是公路建设中所必须面对的问题。

任务实施

一、透层的作用与适用条件

透层其主要起到层间联结、保护基层、封闭养护、临时防护等作用。

1. 在下列情况下,应浇洒透层沥青

(1)沥青路面的级配砂砾、级配碎石基层。

(2)水泥、石灰、粉煤灰等无机结合料稳定土。

(3)粒料的半刚性基层上必须浇洒透层沥青。

2. 透层沥青的选择

(1)透层沥青宜采用慢裂的洒布型乳化沥青,也可采用中、慢凝液体石油沥青或煤沥青。

(2)透层沥青或基质沥青应采用与沥青混合料中的沥青相同。

(3)透层沥青的稠度宜通过试洒确定，半刚性基层宜采用渗透性好的稠度较小的透层沥青，级配砂砾、级配碎石等粒料基层宜采用稠度较大的透层沥青。

图 6-1-1　鼓风机人工清扫

二、透层施工

1. 透层施工工艺

(1)彻底清除基层表面浮灰，确保透层油透入基层一定深度，使下封层与基层黏结牢固，如图 6-1-1 所示。

(2)用塑料薄膜覆盖路缘石、人工构造物、数目等作适当防护，以防污染。

(3)喷洒透层油时，用沥青洒布车喷洒乳化沥青，洒布量通过试验路段来确定，应符合设计和规范要求，如图 6-1-2 所示。

图 6-1-2　喷洒透层油

(4)洒完透层油后应立即采用塑料薄膜对基层进行覆盖、养护。

2. 透层施工要求

(1)为提高透层的渗入效果，基层施工完毕 12h 内施工完透层，有较好的透入深度，并且基层面比较洁净，无须较大工作量的清扫。

(2)当基层完工后时间较长，如表面过分干燥，应对基层进行清扫，并在基层表面少量洒水，并在表面稍干后浇洒透层沥青。

(3)根据设计和规范规定，控制好透层沥青洒布量，洒布量与沥青稠度、油嘴的数量、油嘴孔径大小、油嘴高度、油泵压力、行车速度等有关，按沥青用量一次性浇洒均匀，当有遗漏时，应用人工补洒。

(4)透层沥青洒布均匀，喷油嘴管道保持畅通，确保成雾状，喷油嘴的角度应一致，并与洒油管呈 15°～25°的夹角，洒油管高度应使同一地点接受 2～3 个喷油嘴喷洒的沥青，沥青洒布车在整个洒布宽度内必须喷洒均匀。

(5)无机结合料稳定材料基层透入深度宜不小于 3mm，粒料类基层透入深度宜不小于 5mm。

(6)透层沥青洒布后应不致流淌、不得在表面形成油膜，不得出现花白条，若局部地方尚有多余的透层沥青未渗入基层时，应予以清除。

(7)如遇大风或即将降雨天气时，不得浇洒透层沥青；气温低于 10℃时，不宜浇洒透层沥青。

(8)浇洒透层沥青后，严禁车辆、行人通过，对于乳化沥青要有足够的破乳时间，如确需开放施工车辆通行且透层乳化沥青未干时，应撒布少量石屑或粗砂。

任务思考

1. 沥青路面施工中,对级配砂砾基层应浇洒的沥青层是(　　)。

A. 黏层　　B. 封层　　C. 透层　　D. 防水层

2. 什么是透层？它的作用是什么？

3. 在哪些情况下,应浇洒透层沥青？

任务评价

任务考核评价表见附表。

知识拓展应用

阅读资料6-1:透层油用量,见数字资源36。

36-透层油用量

任务6-2　黏层施工

任务描述

某合同段新建高速公路,沥青路面下面层现已施工完成了,根据进度要进行黏层施工阶段,目前该合同段施工单位施工设备齐全,人员、材料供应齐备,请根据所学的内容制订施工方案。

任务目标

1. 掌握黏层的作用与条件。
2. 掌握黏层施工工艺。
3. 了解黏层施工要求。

建议课时

1课时。

任务引领和分析

黏层是指为加强路面沥青层与沥青层之间、沥青层与水泥混凝土路面之间的黏结而洒布的沥青材料薄层。

任务实施

一、黏层的作用与适用条件

1. 黏层的作用

黏层能使上下层沥青结构层或沥青结构层与结构物(或水泥混凝土路面)完全黏结成一个整体。

2. 在下列情况,必须喷洒黏层沥青

(1)双层式或三层式热拌热铺沥青混合料路面的沥青层之间。

(2)水泥混凝土路面、沥青稳定碎石基层或旧沥青路面层上加铺沥青层。

(3)路缘石、雨水进水口、检查井等构造物与新铺沥青混合料接触的侧面。

二、黏层施工

1. 黏层施工工艺

(1)彻底清除下承层表面浮灰,有泥饼时,应人工凿除,用清水冲刷。

(2)用塑料薄膜覆盖路缘石、人工构造物、数目等作适当防护,以防污染。

(3)喷洒黏层油时,用沥青洒布车喷洒热沥青,洒布量通过试验路段来确定,应符合设计和规范要求,如图6-2-1所示。

(4)洒完黏层油后,待乳化沥青破乳、水分蒸发完成,或稀释沥青中的稀释剂基本挥发完成后,应立即进行上层施工。

图6-2-1　黏层油喷洒作业

2. 黏层施工要求

(1)新建沥青层和沥青层之间可不做黏层。

(2)黏层油宜采用快裂或中裂乳化沥青、改性乳化沥青,也可采用快、中凝液体石油沥青,其规格和质量应符合规范的要求,所使用的基质沥青标号宜与主层沥青混合料相同。

(3)黏层油沥青的用量应根据下卧层的类型通过试洒确定,并符合设计和规范要求。

(4)喷洒表面一定清扫干净,并保持干燥,用水洗刷后需待表面干燥后再喷洒,路面潮湿时不得喷洒黏层油。

(5)当气温低于10℃时不得喷洒黏层油,在寒冷季节施工不得不喷洒时可以分成两次喷洒。

(6)喷洒的黏层油必须成均匀雾状,在路面全宽度内均匀分布成一薄层,不得有洒花漏空或成条状,也不得有堆积,喷洒不足的要补洒,喷洒过量处应予以刮除。

(7)黏层油宜采用沥青洒布车喷洒,并选择适宜的喷嘴,洒布速度和喷洒量保持稳定。当采用机动或手摇的手工沥青洒布机喷洒时,必须由熟练的技术工人操作,均匀洒布。

(8)喷洒黏层油后,严禁运料车外的其他车辆和行人通过。

任务思考

1. 黏层的作用是什么?

2. 哪些情况下,必须喷洒黏层沥青?

3. 简述黏层的施工工艺。

任务评价

任务考核评价表见附表。

任务实训(表 6-2-1)

任务实训表 表 6-2-1

实训项目	沥青喷洒法施工沥青用量检测实训
实训内容	沥青用量检测适用于检测沥青表面处治,透层,黏层等采用喷洒法施工的沥青材料喷洒数量,供施工质量检验和控制使用,请根据《公路路基路面现场测试规程》(JTG E60—2008)的技术要求,结合实训设备,对沥青用量进行测试
实训目的	通过实训能用试验设备对沥青用量进行检测
实训要求	1. 严格遵守实训纪律,服从实训教师的安排,统一行动,有令必行、有禁必止。 2. 遵守实习单位的劳动纪律和各项规章制度,树立良好的职业道德和组织纪律观念。 3. 安全实训,严防意外伤害。注意与机械、设备和危险源保持安全距离;操作机械、设备时严格遵守安全作业规程
实训准备	1. 知识准备: 认真学习教材内容,查阅相关规范。 2. 场地选择: 选择一段即将进行沥青喷洒的路面。 3. 仪器、设备: (1)相机:拍摄工程照片、视频;记录本:记录施工作业注意事项、流程、心得体会等。 (2)现场检测仪器:天平或磅秤、受样盘(浅搪瓷盘或自制铁皮盘面积不小于 $1000cm^2$,也可以用硬牛皮纸代替)、钢卷尺或皮尺、地称等
实训过程	1. 用钢卷尺测量受样盘开口面积或牛皮纸的面积,计算准确至 $0.1cm^2$。并称取受样盘或牛皮纸的质量 m_1,准确至 1g。 2. 根据沥青洒布车的沥青用量预计洒布的路段长度,在距两端 1/3 长度附近的洒布宽度的任意位置上,放置 2 个搪瓷盘或硬质牛皮纸,但应躲开车轮轨迹。 3. 沥青洒布车按正常施工速度和洒布方法喷洒沥青。 4. 将已接受有沥青的搪瓷盘或牛皮纸仔细取走,称取总质量 m_2,准确至 1g。当采用牛皮纸时,应待沥青稍凝固并将四角稍稍抬起,以防沥青流失。 5. 搪瓷盘或牛皮纸取走后的空白处,应采用适当方式补洒沥青。 6. 沥青洒布车喷洒的沥青用量亦可用洒布车喷洒沥青的总质量及洒布总面积相除求得。此时洒布车喷洒前后的质量应由地秤称重正确测定,洒布总面积由皮尺测量求得。 7. 洒布的沥青按公式计算: $$Q = \frac{m_2 - m_1}{F}$$ 式中:Q——沥青洒布车洒布的沥青用量,kg/m^2; m_1——搪瓷盘或牛皮纸质量,kg; m_2——搪瓷盘或牛皮纸与沥青的合计质量,kg; F——搪瓷盘或牛皮纸的面积,m^2。 8. 计算所放置的各搪瓷盘或牛皮纸测定值的平均值。当两个测定值的误差不超过平均值的 10% 时,取两个数据的平均值作为洒布沥青用量的报告值。

续上表

<table>
<tr><td rowspan="1">实训表格</td><td>
桩号及部位：　　　　编号：
<table>
<tr><td>试验单位</td><td></td><td>试验规程</td><td>T 0982</td></tr>
<tr><td>样品名称、来源</td><td></td><td>试验日期</td><td></td></tr>
</table>
<table>
<tr><td>项目</td><td>1</td><td>2</td><td>3</td><td>4</td><td>5</td><td>6</td></tr>
<tr><td>牛皮纸质量(kg)</td><td></td><td></td><td></td><td></td><td></td><td></td></tr>
<tr><td>牛皮纸面积(m^2)</td><td></td><td></td><td></td><td></td><td></td><td></td></tr>
<tr><td>牛皮纸＋沥青质量(kg)</td><td></td><td></td><td></td><td></td><td></td><td></td></tr>
<tr><td>沥青用量(kg/m^2)</td><td></td><td></td><td></td><td></td><td></td><td></td></tr>
<tr><td>沥青用量平均值(kg/m^2)</td><td colspan="2"></td><td colspan="2"></td><td colspan="2"></td></tr>
<tr><td>沥青洒布车装车沥青总质量(kg)</td><td colspan="2"></td><td colspan="2"></td><td colspan="2"></td></tr>
<tr><td>整车洒布面积(m^2)</td><td colspan="2"></td><td colspan="2"></td><td colspan="2"></td></tr>
<tr><td>沥青用量(kg/m^2)</td><td colspan="2"></td><td colspan="2"></td><td colspan="2"></td></tr>
</table>
</td></tr>
<tr><td>实训总结</td><td>(实训中遇到的问题和解决方法,对本次实训的意义和建议、受训收获)</td></tr>
</table>

知识拓展应用

阅读资料6-2：黏层油用量见数字资源37。

37-黏层油用量

任务6-3　封层施工

任务描述

现要进行下封层施工阶段，目前施工机械有沥青拌制设备、同步碎石封层车、15t自卸汽车、25t胶轮压路机、空压机等施工机械；沥青、集料、材料试验经自检合格，请根据所学的内容制定施工方案的技术要求。

任务目标

1. 掌握封层作用及适用条件。
2. 掌握层铺法施工工艺。
3. 掌握沥青稀浆封层施工工艺。
4. 掌握同步碎石封层施工工艺。

建议课时

6 课时。

任务引领和分析

封层是指为封闭表面空隙、防止水分侵入而在沥青面层或基层上铺筑的有一定厚度的沥青混合料薄层。铺筑在沥青面层表面的封层称为上封层;铺筑在沥青面层下面、基层上面的封层称为下封层,如图 6-3-1 所示。

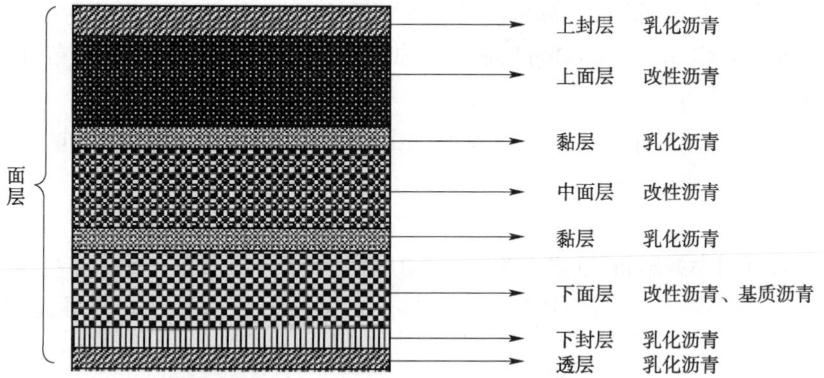

图 6-3-1　路面结构

任务实施

一、封层的作用与适用条件

1. 封层的作用

(1)封闭某一层起着保水、防水作用。

(2)基层与沥青表面层之间的过渡和有效联结作用。

(3)沥青面层功能修复、加固、补强作用。

(4)基层临时防护作用。

2. 封层的适用条件

(1)封层适用于加铺薄层罩面、磨耗层、水泥混凝土路面上的应力缓冲层、各种防水和泌水层、预防性养护罩面层。

(2)多雨潮湿地区的沥青面层空隙率较大,有严重渗水可能,或铺筑基层不能及时铺筑沥青面层而需通行车辆时,宜铺筑下封层。

(3)基层完整,沥青面层整体性较好,但有较多裂缝较细、较密或有轻微损坏沥青面层,宜铺筑上封层。

二、封层的施工

封层的施工有三种方法,即层铺法封层、沥青稀浆封层和同步碎石封层。

1. 层铺法封层施工

1)层铺法施工工艺

(1)下承层准备

①清除下承层表面的泥沙及有害物质,用高压风动机械,并辅以人工扫净表面,保持整洁、干燥。

②下承层必须坚实、稳定、平整、清洁、无松散处,并应符合图纸所示或监理确定的典型断面。

③对道路人工构造物及各种管井盖座、侧平石、路缘石等外露部分以及人行道面等,洒油时应加以遮盖,防止污染。

(2)洒布沥青

①沥青一般采用石油沥青,标号同沥青面层采用的沥青,洒布温度宜为130~170℃。乳化沥青可在常温下洒布,当气温偏低,破乳及成形慢时,可将乳液加温后洒布,但乳液温度不得超过60℃。

②沥青洒布采用沥青洒布车进行作业(图6-3-2),洒布时车速和喷洒量保持稳定,并保持在整个宽度内喷洒应均匀。

(3)撒布集料

撒布集料可用集料撒布机(图6-3-3、图6-3-4)或人工进行撒布。用撒布机撒布时,车辆倒行,避免车轮黏起沥青,并按规定用量一次撒足,厚度均匀一致,集料不应重叠,也不应露沥青。

图6-3-2　沥青喷洒作业

图6-3-3　集料撒布机

(4)碾压

撒布一段集料后,不必等全段撒布完,应立即用6~8t轻型压路机碾压(图6-3-5),或开放交通,自然碾压,但要专人指挥交通或设置障碍物控制行车分布和速度,使路面全部宽度均匀压实。

图6-3-4　撒布集料

图6-3-5　碾压

(5)初期养护

当发现有泛油时,应在泛油处补撒细集料并扫匀;当有过多的浮动集料时,应扫出路面,并不得搓动已经黏着在位的集料;如有其他破坏现象,应及时进行修补。

2)层铺法施工注意事项

(1)沥青洒布面积来控制单位沥青用量,当发现浇洒沥青后有空白、缺边时,应及时进行人工补洒,当有沥青聚集时应予以刮除。

(2)沥青浇洒的长度应与集料撒布机的能力相配合,应避免沥青浇洒后等待较长时间才撒布集料。

(3)除阳离子乳化沥青外,不得在潮湿的集料、基层或旧路面上浇洒沥青。

(4)前后两段喷洒的接茬应搭接良好。在每段接茬处,可用铁板或建筑纸等横铺在本段起点前及终点后,其长度宜为1~1.5m。

(5)当需要分幅浇洒时,前幅路面浇洒沥青后,应在两幅搭接处暂留100~150mm宽度不撒石料,待后幅浇洒沥青时一起撒布集料。

(6)撒布集料宜在沥青洒布后立即进行,不必等沥青完全洒完后再撒集料;用乳化沥青时,集料撒布应在乳液破乳之前完成。

(7)撒布集料当局部有缺料时,应及时进行了人工找补;局部过多时,应将多余集料扫出。

(8)碾压时每次轮迹应重叠约300mm,压完全幅为一遍,宜碾压3~4遍。

(9)下封层的厚度不宜小于6mm,且做到完全密水。沥青面层空隙率较大,有严重渗水可能,或铺筑基层不能及时铺筑沥青面层而需通行车辆时,宜在喷洒透层油后铺筑下封层。

2. 沥青稀浆封层

沥青稀浆封层是指由连续级配的集料、填料(如水泥、石灰、粉煤灰、石粉等)、乳化沥青、外掺剂和水,按一定比例拌和而成的流动状态的沥青混合料,采用机械设备将其均匀地摊铺在路面上形成的沥青封层。如果采用聚合物改性乳化沥青,称为微表处。

原材料及混合料指标应满足现行《公路沥青路面施工技术规范》(JTG F40—2004)要求。

1)沥青稀浆封层施工工艺

(1)施工准备

①下承层准备。对施工路段进行详细调查,制订施工方案,彻底清除基层(旧路面)上的泥土、杂物,修补坑槽、凹陷、裂缝等病害。

②材料准备。对乳化沥青或改性乳化沥青、矿料、集料、水、添加剂等质量及数量等方面检验,室内试验确定矿料配合比、混合料稠度和加水量、破乳时间、初凝时间、最佳沥青用量等。

③机械设备准备。标定稀浆封层机(图6-3-6),准备并检查清扫设备、水罐车与乳化沥青罐车、装载机、压路机、铁锹、橡胶拖把等。

图6-3-6　稀浆封层机

④技术准备。施工前组建施工队伍,对施工人员进行技术培训,提出施工质量要求和质量标准并进行技术交底,大面积施工前应施工试验路段。

(2)施工放样

划分摊铺带,引导稀浆封层机定向控制前进,引导线应顺直、准确,并调整好摊铺箱摊铺宽度和厚度。

(3)装料拌和

稀浆封层机能够充分利用乳化沥青常温施工的特点,集原材料的储存、运输、计量、拌和、摊铺、整平等通过控制系统一体机完成,全部工艺机械化、自动化,短时间内即可完成作业。

①将符合要求的矿料、乳化沥青、填料、水、添加剂等分别装入摊铺机的相应料箱,一般应全部装满,并应保证矿料的湿度均匀一致。

②将装好料的摊铺机开至施工起点,对准走向控制线,并调整摊铺箱厚度与拱度,使摊铺箱周边与原路面贴紧。

③启动发动机,开启拌和机、摊铺箱螺旋分料器,打开各料门控制开关,使矿料、填料、水几乎同时进入拌和缸,当预湿的混合料推移至乳液喷出口时,乳液喷出。

④调节稀浆在螺旋分料器上的流向,使稀浆能均匀地流向摊铺箱左右。

(4)摊铺

当稀浆混合料均匀分布在摊铺箱的全宽范围内时,材料充满摊铺箱1/2左右深度时,操作手就可以通知驾驶员起动封层机,缓慢前进。

①前进速度为1.5~3.0km/h,保持稀浆摊铺量与生产量的基本一致(图6-3-7)。

图6-3-7 稀浆封层的施工

②封层机下部喷水管随时喷水,保持路面潮湿。

③混合料摊铺后,应立即进行人工找平,找平的重点是:起点、终点,纵向接缝,过厚、过薄或不平处,尤其对超大粒径集料产生的纵向刮痕,应尽快清除并填平。

④摊铺机上任何一种材料用完时,应立即关闭所有送料的控制开关,让搅拌缸中的混合料搅拌均匀,并送入摊铺箱摊铺完后,摊铺车停止前进,提起摊铺箱,将摊铺车移出摊铺点,清洗摊铺箱。

(5)接缝处理

对纵向接缝一般采用搭接,接缝宽度控制在30~70mm,接缝高出量不应大于6mm。横向接缝采用对接形式,接缝平整、平齐、密实,无明显接茬。

(6)交通管制与养护

在稀浆封层施工过程中和铺筑后,应封闭交通,禁止一切车辆和行人通行,保证施工安全和封层质量,当混合料固化成型后方可开放交通。

①稀浆封层一般不需要压路机碾压。在硬路肩、停车场等缺少或者没有行车碾压的位置,或者为了满足某些特殊需要时,可使用6~10t轮胎压路机对已破乳并初步成型的稀浆混合料进行碾压。

②稀浆封层用于下封层时，宜使用6～10t轮胎压路机对已破乳并初步成型的稀浆混合料进行碾压，使混合料具有更好的封水作用。

③稀浆封层能够满足开放交通的要求后应尽快开放交通。

2）稀浆封层施工注意事项

（1）稀浆封层施工前，应掌握当地气象资料，了解施工阶段的气温、湿度、风力、阴雨等气候条件。

（2）稀浆封层施工必须由素质高、技术力量雄厚的专业队伍实施。

（3）原路面整体结构强度不足时，必须进行补强后，再做稀浆封层罩面；裂缝宽度大于5mm的应进行灌缝处理；局部破损（如坑槽、松散等）应彻底挖补；车辙（如车辙深超过10mm）应事先进行填补；拥包等隆起型病害应事先进行处理；大块油污，应用工业清洁剂将油污清除掉；采用人工清扫、机械清扫、空气吹扫或水冲等方法，清除所有杂草、松动的材料、泥块以及任何其他障碍性的物质。

（4）稀浆封层施工时应在干燥情况下进行，严禁雨天施工，摊铺后尚未成型遇雨时应予以铲除。施工温度不得低于10℃。

（5）试验段得出的施工配合比和确定的施工工艺经监理或业主认可后，作为正式施工依据，施工过程中不允许随意更改，必须更改时，应得到监理或业主的认可。

（6）当黏结力达到1.2N·m时，稀浆混合料已初凝，当黏结力达到2.0N·m时，稀浆混合料已凝固到可以开放交通的状态，一般为3～12h。

（7）摊铺后表面不得有超粒径料拖拉的严重划痕，稳定后完全泌水。

（8）稀浆封层铺筑后，必须待乳液破乳、水分蒸发、干燥成型后方可开放交通。

3. 同步碎石封层

同步碎石封层是指用专用设备即同步碎石封层机（图6-3-8）将碎石及黏结材料（改性沥青或改性乳化沥青）几乎同时铺洒在路面上，通过自然行车碾压形成沥青碎石磨耗层。同步碎石封层技术的最大优点是同步铺洒黏结材料和石料，保证了喷洒到路面上的沥青在高温条件下与碎石结合，从而确保黏结料和石料之间的牢固结合。

图6-3-8　同步碎石封层机

1）同步碎石封层施工工艺（图6-3-9）

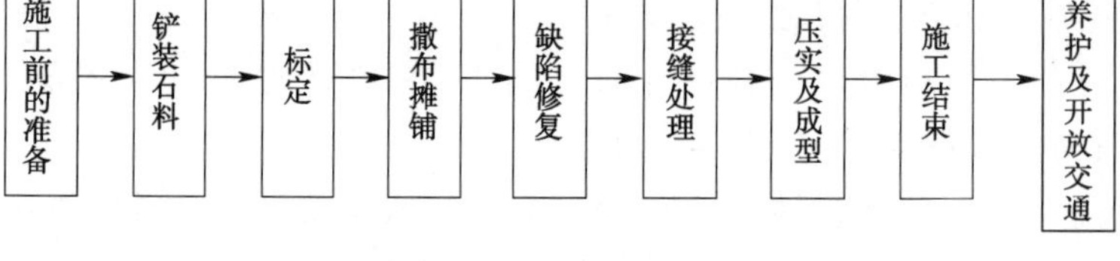

图6-3-9　施工工艺流程图

(1)施工前的准备

①路况调查。同步碎石封层施工前,应对路面进行路况调查,制订原路面的清理与病害治理方案。

②原路面处理。对原路面坑槽、车辙、沉陷、大裂缝等病害,按照有关技术要求进行彻底处理,平整度较差的路段及陡坡、急弯路段,应对原路面铣刨拉毛,铣刨深度按照同步碎石层厚控制。

③清洁路面。对已处理完毕的下承层进行彻底清扫,清除一切松散材料、杂物及尘土,防止喷洒的沥青被粉尘包裹而形成隔离层。

④确定施工幅宽。根据原路面的宽度及施工设备性能,合理确定碎石封层的施工幅数及每幅施工宽度。

⑤备料。根据工程量大小及工程进展情况分批备料,且每批石料不得混杂堆放。施工前对石料进行筛分,以防止超粒径的石料堵塞卸料孔。

⑥检查、预热设备。检查车体有无损伤、轮胎及外部螺钉有无松动;检查发动机的各工作系统是否正常。

⑦交通管制。提前封闭交通、设置安全锥、指标牌及限速牌等交通标志。

(2)铲装石料

装入料斗的石料应与料斗左右挡板的高度持平,防止因料过多而洒落地上。

(3)抽取沥青

当沥青泵温度达到要求时,开始抽取沥青,并注意沥青罐标尺的变化,防止抽油过多而溢出;在抽取沥青时,应检查抽油管及其接头是否密封良好,严禁沥青飞溅。

(4)标定

打开启动阀门,使其处于管路循环状态,喷油杆、嘴沥青温度与沥青罐内温度应保持一致。在沥青结合料控制器上标定用油量和行驶速度。

(5)撒布摊铺

使发动机处于高速旋转状态,设定沥青、石料的喷洒高度及用量,打开石料洒布器与沥青喷洒杆。在摊铺过程中,随时调整左右喷洒杆,保证接缝的完整性(图6-3-10)。

图6-3-10　同步碎石封层施工

①封层过程中,封层车要行驶平稳、匀速。

②普通热沥青的洒布温度控制在150~165℃,SBS改性热沥青的洒布温度控制在165~180℃,最高温度不得超过190~200℃。

③根据交通量、旧路状况、气候条件、集料情况、封层厚度与封层用途等确定单位面积的沥青洒布量与石料撒布量,以确保石料嵌入深度与石料覆盖率。

④分幅施工时,防止石料飞溅,保持石料按用量撒布均匀。

(6)缺陷修复

①当发现浇洒沥青后有空白时,应及时进行人工补洒;当有沥青积聚时应刮除,防止因沥青结合料的不均匀喷洒导致石料的剥离、斑纹、泛油。

②当发现有油条时,应及时关闭喷油嘴和料门,检查喷油嘴是否有阻塞现象,检查油嘴高度、喷油压力是否符合要求,料门是否被大粒径石料堵塞。

③当发现有泛油时,应在泛油处补撒嵌缝料,并应扫匀;当有过多的浮动石料时,应扫出路面,并不得搓动已经黏着在位的石料。

④当车内任何一种材料用完时,应立即关闭所有输送材料的阀门,一般是先关石料开关,后关沥青开关,要留有50cm的沥青油膜,以便接缝。然后将封层机按前进方向开出施工作业段。

(7)接缝处理

在施工缝及构造物两端的新旧路面及前后两侧喷洒时产生的接缝应搭接良好。

①横缝的处理。横缝可采用对接法处理,在每段接茬处,用铁板或油毡纸横铺在本段起洒点前及终点后,其长度为1~1.5m,以杜绝重复洒油、重复洒料的情况出现,避免影响平整度,出现油包。

②纵缝的处理。沥青洒布要保证行车直顺,在施工下一幅时,封层左侧石料的撒布应与上一幅右侧的石料对齐,保证纵缝对接良好接缝沥青重叠部分不得超过10cm,避免泛油。

(8)压实及成型

当封层机前进约10m左右时,用胶轮压路机跟机碾压。相邻两幅初压完成后,即可错轮碾压,全幅遍数不少于5遍。碾压时,碾压时每次轮迹重叠30cm,碾压速度控制在70m/min,且压路机每次折回位置避免在同一断面上,如图6-3-11所示。

图6-3-11 胶轮压路机压实成型

(9)封层机车辆

施工结束后,收标杆、喷洒杆、洒布器,放下料斗,驶回指定清洗场;调整沥青结合稳控器,让沥青泵与管路里的沥青流回沥青罐,剩余沥青喷出管路并逐个喷嘴清洗,不能把沥青留在沥青罐、喷油嘴内;将封层车驶入指定地点停放。

(10)初期养护及开放交通

沥青及改性沥青封层结束后即可限速开放交通,通车2h之内应设专人控制行车,保证车速不超30km/h。

2)同步碎石封层施工注意事项

(1)沥青路面损伤的类型与程度的准确判断及正确选择同步碎石封层施工工艺。

(2)根据交通量、气候和供应条件,合理选择沥青和碎石,并使沥青品质(润湿性、黏结性和内聚性等)与碎石品质(粒度、耐磨性、抗压性和持久性等)之间有良好的相容性。

(3)保持同步碎石封层机和配套机具良好的技术状态,以保证封层施工质量和生产率。

(4)在施工工艺及技术规范所允许的范围内正确调整和操作同步碎石封层机及其他机具。

(5)进行试铺封层,并依此对选择的技术参数做必要的修正。

(6)聘用训练有素的人员,能够熟练掌握施工过程和相互配合有序施工。

任务思考

1. 什么是封层？它有什么作用？
2. 封层施工比较常见施工方法有哪几种？

任务评价

任务考核评价表见附表。

知识拓展应用

阅读资料6-3:雾封层,见数字资源38。

38-雾封层

任务6-4　热拌沥青混合料路面施工

任务描述

某高速公路沥青混凝土路面(AC-25下面层)试验段施工。

工程概况:某高速公路沥青路面部分,在桩号为K201+500~K201+700段内做了下面层(AC-25)试验段,共200m。试验段在监理工程师的监督指导下,严格按照《公路沥青路面施工技术规范》(JTG F40—2004)和拟订的施工方案进行。

任务目标

1. 掌握沥青混凝土路面施工工艺。
2. 掌握沥青混凝土路面施工质量控制要点。

建议课时

6课时。

任务引领和分析

热拌沥青混合料(HMA)是矿料与沥青在热态下拌和、铺筑施工成型的混合料的总称,包括热拌沥青稳定碎石(ATB)、沥青混凝土(AC)、沥青玛蹄脂碎石(SMA)、沥青碎石(AM)等多种类型。其特点是矿料、沥青及混合料从拌和到铺筑成型,均须在较高的温度范围内完成。

任务实施

热拌沥青混合料适用于各种等级公路的沥青路面。其种类按集料公称最大粒径、矿料级配、空隙率划分,分类见表6-4-1。

热拌沥青混合料种类 表6-4-1

混合料类型	密级配			开级配		半开级配	公称最大粒径(mm)	最大粒径(mm)
	连续级配		间断级配	间断级配				
	沥青混凝土	沥青稳定碎石	沥青玛蹄脂碎石	排水式沥青磨耗层	排水式沥青碎石基层	沥青碎石		
特粗式	—	ATB-40	—	—	ATPB-40	—	37.5	53.0
粗粒式	—	ATB-30	—	—	ATPB-30	—	31.5	37.5
	AC-25	ATB-25	—	—	ATPB-25	—	26.5	31.5
中粒式	AC-20	—	SMA-20	—	—	AM-20	19.0	26.5
	AC-16	—	SMA-16	OGFC-16	—	AM-16	16.0	19.0
细粒式	AC-13	—	SMA-13	OGFC-13	—	AM-13	13.2	16.0
	AC-10	—	SMA-10	OGFC-10	—	AM-10	9.5	13.2
砂粒式	AC-5	—	—	—	—		4.75	9.5
设计空隙率(%)	3~5	3~6	3~4	>18	>18	6~12	—	—

注:设计空隙率可按配合比设计要求适当调整。

各层沥青混合料应满足所在层位的功能性要求,便于施工,不易离析。各层应连续施工并联结成为一个整体。沥青面层集料的最大粒径宜从上至下逐渐增大,并应与压实层厚度相匹配。对于热拌热铺密级配沥青混合料,沥青层一层的压实厚度不宜小于集料公称最大粒径的2.5~3倍;对于SMA和OGFC等嵌挤型混合料不宜小于公称最大粒径的2~2.5倍,以减少离析,便于压实。

热拌沥青混合料均应采用集中厂拌、机械摊铺、热拌热铺法施工。

一、材料要求

热拌沥青混合料中各组成材料的质量和存放技术要求分述如下。

1. 沥青

沥青是沥青混合料组成的主要黏结材料,对沥青混合料和形成的沥青路面的质量起到重要作用,沥青路面的绝大多数病害与沥青的技术性质有关。

1)质量要求

(1)热拌沥青混合料应使用道路石油沥青,各个沥青等级的适用范围应符合表6-4-2的规定。道路石油沥青的质量应符合《公路沥青路面施工技术规范》(JTG F40—2004)规定的技术要求。

道路石油沥青的适用范围 表6-4-2

沥青等级	适用范围
A级沥青	各个等级的公路,适用于任何场合和层次
B级沥青	1.高速公路、一级公路沥青下面层及以下的层次,二级及二级以下公路的各个层次; 2.用作改性沥青、乳化沥青、改性乳化沥青、稀释沥青的基质沥青
C级沥青	三级及三级以下公路的各个层次

(2)沥青路面采用的沥青标号,宜按照公路等级、气候条件、交通条件、路面类型及在结构层中的层位及受力特点、施工方法等,结合当地的使用经验,经技术论证后确定。一般情况下,高速公路、一级公路,夏季温度高、高温持续时间长、重载交通宜采用稠度大、黏度较大的沥青;冬季寒冷的地区或交通量小的公路宜选用稠度小、低温延度大的沥青。

(3)进场沥青每批(桶装)都应重新进行取样和试验,沥青罐车运输,应每车取样检验。取样和试验应符合《公路工程沥青及沥青混合料试验规程》(JTG E20—2011)的规定。

(4)改性沥青,各类聚合物改性沥青的质量应符合《公路沥青路面施工技术规范》(JTG F40—2004)规定的技术要求。改性沥青使用前必须搅拌均匀,在不发生离析的状态下使用。在施工过程中应定期取样检验产品质量,发现离析等质量不符合要求的改性沥青不得使用。

2)沥青的存放

(1)不同来源的沥青要分别存放,不能混杂(图6-4-1),其储存温度符合要求;桶装沥青应直立堆放,加盖苫布。

(2)道路石油沥青在储运、使用及存放过程中应有良好的防水措施,避免雨水或加热管道蒸汽进入沥青中。

(3)临时性的储油池必须搭盖顶棚,并应疏通周围排水渠道,防止雨水或地表水进入池内。

(4)成品改性沥青的储存应符合规定的要求,储存时间不得超过保质期。

2.粗集料

粗集料在沥青混合料中主要起到骨架支撑作用,是沥青路面强度形成的重要组成部分,是沥青混合料的主体。

1)质量要求

(1)粗集料必须由具有生产许可证的采石场生产或施工单位自行加工,可以采用碎石、破碎砾石、筛选砾石、钢渣、矿渣等,但高速公路和一级公路不得使用筛选砾石和矿渣。

(2)粗集料应该洁净、干燥、表面粗糙、无风化、不含杂质,石料压碎值、洛杉矶磨耗损失、表观相对密度、吸水率、坚固性、软石含量等技术指标以及粗集料的粒径规格满足规范要求。

(3)高速公路、一级公路沥青路面的表面层(或磨耗层)的粗集料的磨光值应符合《公路沥青路面施工技术规范》(JTG F40—2004)的要求。

(4)粗集料与沥青的黏附性也应符合《公路沥青路面施工技术规范》(JTG F40—2004)的要求,沥青与集料的黏附性不低于4级。如达不到要求,应掺加消石灰、水泥、抗剥落剂或用饱和石灰水处理、改性沥青等方法改善沥青与集料的黏附性,掺加外加剂的剂量由沥青混合料的水稳定性检验确定。

(5)破碎砾石应采用粒径大于50mm、含泥量不大于1%的砾石轧制,破碎砾石的破碎面应符合《公路沥青路面施工技术规范》(JTG F40—2004)的要求。筛选砾石仅适用于三级及三级以下公路的沥青表面处治路面。

2)粗集料的存放

(1)不同规格的矿料应分别堆放,严禁集料混杂(图6-4-2),料场及场内道路应做硬化处理,严禁泥土污染集料。

图6-4-1　沥青存放

图6-4-2　矿料存放

(2)矿料到达工地后，对其强度、形状、尺寸、级配、清洁度、潮湿度进行检查，符合规定要求时，方可使用。

(3)经选择确定的材料在施工过程中应保持稳定，不得随意变更。减少堆料、装料、运料、移动次数，防止集料离析。

3. 细集料

在沥青混合料中，细集料主要起到填充粗集料之间空隙，使混合料达到密实状态。

1)质量要求

(1)细集料可采用天然砂、机制砂、石屑。细集料应洁净、干燥、无风化、无杂质，表观相对密度、亚甲蓝值、含泥量、砂当量、坚固性等技术指标和颗粒级配应符合规范规定。

(2)天然砂可采用河砂或海砂，通常宜采用粗、中砂，其规格应符合规范规定，砂的含泥量超过规定时应水洗后使用，海砂中的贝壳类材料必须筛除。热拌密级配沥青混合料中天然砂的用量通常不宜超过矿料总量的20%，SMA和OGFC混合料不宜使用天然砂。

(3)石屑是采石场破碎石料时通过4.75mm或2.36mm的筛下部分，其规格应符合规范要求。高速公路和一级公路的沥青混合料，宜将S14与S16组合使用，S15可在沥青稳定碎石基层或其他等级公路中使用。机制砂宜采用专用的制砂机制造，并选用优质石料生产，其级配应符合S16的要求。

2)细集料存放

路面细集料应存放在遮雨棚内(图6-4-3)，遮雨棚宜采用钢结构，棚顶应具有防风、防雨、防老化功能，其他要求同粗集料。

图6-4-3 细集料存放

4. 填料

填料的主要作用是占据多余的自由沥青，形成结构沥青，避免出现推移、车辙等变形破坏和泛油现象的产生。

1)质量要求

(1)沥青混合料的填料必须采用强基性、憎水性的石灰岩或岩浆岩经磨细得到的矿粉，石料中的泥土杂质应除净。矿粉应干燥、洁净，能自由地从矿粉仓流出，其质量应符合规范的技术要求。

(2)拌和机的粉尘可作为矿粉的一部分回收使用，但每盘用量不得超过填料总量的25%，掺有粉尘填料的塑性指数不得大于4%。

(3)粉煤灰作为填料使用时，用量不得超过填料总量的50%，粉煤灰的烧失量应小于12%，与矿粉混合后的塑性指数应小于4%，其余质量要求与矿粉相同。高速公路、一级公路的沥青面层不宜采用粉煤灰作填料。

2)填料的存放

(1)矿粉在使用过程中，应首先按《公路沥青路面施工技术规范》(JTG F40—2004)的要求检验，储存量应为平均日用量的2倍以上。

(2)要特别注意袋装矿粉的堆放，堆放时一定要避免雨淋和潮湿，否则矿粉会结块变硬不能使用，有条件时尽量采用罐装矿粉。拌和机的矿粉仓应配备振动防拱装置。

5. 纤维稳定剂

纤维稳定剂或沥青改性剂是指为了提高沥青某一方面的性能，如高温稳定性、低温抗裂性、软化点等而掺加改性材料。掺加的方法一般是加入沥青中，拌和均匀，形成改性沥青，在使用前一直保持稳定状态；另外一种掺加方法是在沥青混合料拌和时，作为一种材料直接加入到拌和仓拌和。

1)质量要求

(1)在沥青混合料中掺加的纤维稳定剂宜选用木质素纤维、矿物纤维等，木质素纤维的质量应符合规范的技术要求。

(2)纤维应在250℃的干拌温度不变质、不发脆，使用纤维必须符合环保要求，不危害身体健康。纤维必须在混合料拌和过程中能充分分散均匀。矿物纤维宜采用玄武岩等矿石制造，易影响环境及造成人体伤害的石棉纤维不宜直接使用。

(3)纤维稳定剂的掺加比例以沥青混合料总量的质量百分率计算，通常情况下用于SMA路面的木质素纤维不宜低于0.3%，矿物纤维不宜低于0.4%，必要时可适当增加纤维用量。

2)纤维的存放

纤维应存放在室内或有棚盖的地方，松散纤维在运输及使用过程中应避免受潮，以防止结团。

二、配合比设计

沥青混合料配合比组成设计的主要任务是选择合格的材料，确定矿料级配和沥青最佳用量，确保沥青混合料的各项技术指标满足规范要求，提供试验室标准密度和最大理论密度。

1. 沥青混合料配合比设计

沥青混合料配合比设计，应严格按目标配合比(也称为试验室配合比)设计、生产配合比设计和施工配合比设计三阶段进行。

1)目标配合比设计阶段

目标配合比设计阶段，主要是检验各种原材料品质、确定各级矿料的掺配比例，配制成符合规范规定要求的矿料级配；通过马歇尔试验，在保证沥青混合料各项技术性能情况下，确定最佳沥青用量。

2)生产配合比设计阶段

目前我国沥青混合料的拌和大多采用间歇式拌和机，按照目标配合比设计的最佳沥青用量OAC、OAC ±0.3等3个沥青用量进行马歇尔试验和试拌，通过室内试验及从拌和机取样试验综合确定生产配合比的最佳沥青用量。

3)施工配合比设计阶段

拌和机按生产配合比结果进行试拌、铺筑试验段，并用拌和的沥青混合料及路上钻取的芯样进行马歇尔试验检验，同时对铺筑的试验段行车辙试验和水稳定性检验，确定施工用的标准配合比。

2. 具体要求

(1)沥青混合料各层应满足所在层位的功能性要求，便于施工，不易离析。

(2)各层沥青混合料的技术指标、路用性能，应符合规范规定要求。

(3)沥青混合料配合比的设计与检验应按《公路沥青路面施工技术规范》(JTG F40—2004)附录B、C或D规定的方法进行。

(4)承包人应在28d前向监理提交沥青混合料矿料级配、沥青结合料用量及沥青混合料稳定度、流值、空隙率、动稳定度、残留稳定度等各项技术指标。在承包人提交的目标配合比未经批准前,不得进入施工配合比设计。

(5)如果原材料发生变化时,应重新进行配合比设计。

(6)在沥青混合料未被批准之前,不得进行下一步工序。批准的沥青混合料配合比和原材料品种不得随意改变。

三、热拌沥青混合料路面施工

热拌沥青混合料施工工艺流程如图6-4-4所示。

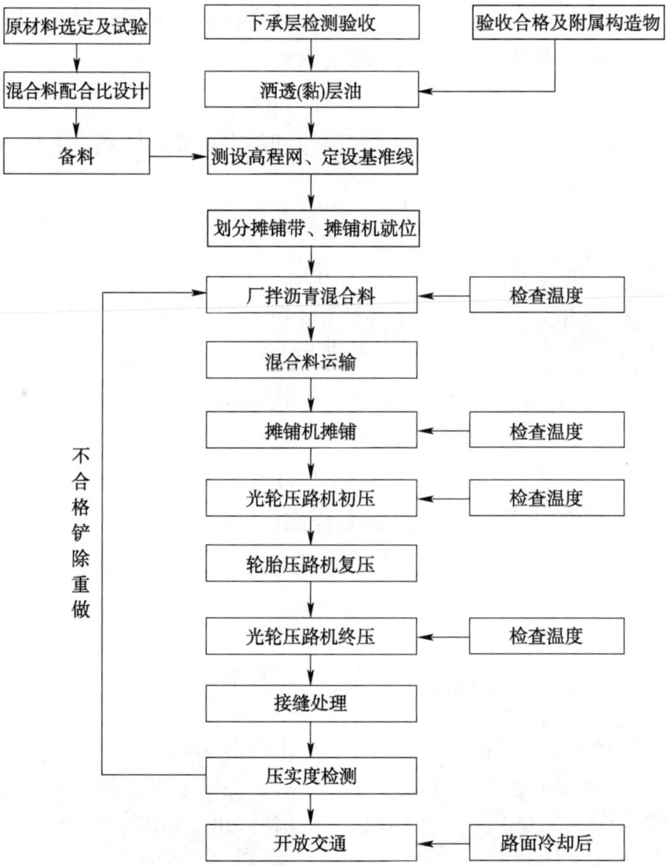

图6-4-4　热拌沥青混合料路面施工工艺流程图

1. 沥青路面施工前的准备工作

沥青路面施工前应做好原材料检查和配合比设计、施工机具准备、技术准备、施工场地准备、施工放样、修筑试验路段等准备工作,建立符合要求的工地试验室。

1)材料准备

各种材料必须委托中心试验室或监理确认的试验室,按规定方法和频率对原材料进行检验,对混合料配合比进行验证。试验结果提交监理审批,未经批准的材料不得使用,未经批准的混合料配合比设计不能用于施工。

(1)原材料。沥青、粗集料、细集料、矿粉、抗剥落剂等由持证材料员和试验员按规定进行检验,确保其质量符合相应标准。不得以生产厂家所附的试验报告或检验报告、合格证作为检测结果;对每批沥青进行抽检,若抽检中发现有不符合要求的,应取样加倍检验,若仍不符合要求的应退货；矿料到达工地后，对其强度、形状、尺寸、级配、清洁度、潮湿度进行检查，如尺寸不符合规定要求时，应重新过筛，若有污染时，应用水冲洗干净，待干燥后方可使用；矿粉在使用过程中，应首先按《公路沥青路面施工技术规范》（JTG F40—2004）的要求检验。

（2）配合比设计。严格按目标配合比设计、生产配合比设计和生产配合比验证三阶段进行设计。

（3）开工前应备足10d施工使用的材料，并在施工中陆续进料。

2）施工机械准备

沥青路面施工前对各种施工机具应做全面检查、调整，特别要对拌和楼的计量装置进行计量标定；摊铺机的自动找平装置、各项作业控制参数的选择与调整；运输车的防黏措施及保温措施落实；压路机喷雾装置，防止黏轮现象。

（1）拌和厂设备

拌和厂必须配备足够试验设备的试验室，能及时提供试验资料，并应将试验人员的资质及试验设备报请监理批准。

图6-4-5　沥青混合料拌和站

拌和设备应采用间歇式拌和机（图6-4-5），其产量应不小于120t/h，并与生产进度相匹配，并装有温度检测系统及保温成品储料仓和二级除尘设施。拌和设备的产量应在安装完成后应进行标定，并按批准的配合比进行试拌调试。拌和设备各部件联结紧固，搅拌器内有无积存余料，冷料运输机运转正常，有无跑偏现象，沥青管道各个接头连接紧密、无漏气现象，注意检查电气系统和传动链的张紧度。

（2）运料设备

应采用干净有金属底板的大吨位自卸槽斗车辆运送混合料（图6-4-6），车槽内不得沾有杂物。运输车辆应备有覆盖设备，车槽四角应密封坚固。

图6-4-6　沥青混合料转运车施工

（3）摊铺设备

检查摊铺机规格和主要机械性能，如振捣板、振动器、熨平板、螺旋布料器、离合器、送料器、料斗闸门、厚度调节器、自动找平装置等是否正常。

沥青混合料摊铺设备应配备自动找平装置，有可调的熨平板或整平组件，熨平板在需要时可以加热，振动夯锤或可调整振幅的振动装置，夯锤与振动熨平板的频率和振幅，可以各自单独的调整。在摊铺沥青混合料时，摊铺机的摊铺速度应与拌和机产量、施工机械相配套，确保摊铺层厚度、宽度、纵/横坡度和平整度满足规范规定的要求。

（4）碾压设备

应配备足够数量的钢筒式压路机、轮胎式压路机、振动压路机，能进行合理的压实组合，还应备有监理认可的小型振动压路机具,用于大型压路机不便压实的地方。

压路机应检查其规格和主要机械性能(如转向、起动、振动、倒退、停驶等方面的能力)及滚筒表面的磨损情况,滚筒表面如有凹陷或坑槽时不得使用。

(5)其他设备

装载机、空压机、水车、发电机、切割机、平板载重车等。

3)技术准备

(1)复核水准点,必须全线联测。施工放样,采用全站仪准确测出中桩位置,并依据中桩确定各结构层边线位置。

(2)熟悉设计文件及相关规范、标准的规定,以及设备情况,编制施工组织设计,报请监理审查批准,否则不得开工。

(3)由项目总工程师向班组长进行书面的一级技术交底,施工前由班组长向操作工人进行二级技术交底和安全交底(图6-4-7)。

图6-4-7　技术交底

4)施工现场准备

下承层可能是基层或下卧沥青层。新建的柔性基层、半刚性基层、刚性基层、混合基层以及利用旧沥青路面、旧混凝土路面做基层。

对下承层的要求:

(1)新建基层表面平整密实,路拱与面层设计一致,具有足够的强度和刚度、水稳定性、冰冻稳定性、抗冲刷能力,具有较小的干缩和温缩裂缝。

(2)利用旧沥青路面作为基层时,对原路面病害进行处理,整平按高程控制分层次铺筑找平,每层铺筑最大厚度不宜超过100mm,经检验符合基层要求时方可铺筑沥青面层。

(3)在旧混凝土路面加铺沥青层,根据其病害确定处治工艺,确认满足基层要求后可铺筑沥青面层。

(4)对下承层的高程进行复测,不符合设计要求的进行处理,作为沥青混合料摊铺施工放样的依据。

(5)仔细清扫下承层,对松散处清理,浮尘用吹风设备清除干净(图6-4-8),必要时用水冲洗,待干燥后洒布透层油或黏层油(图6-4-9)。旧沥青路面或被污染下承层,必须清洗或经铣刨处理后方可铺筑沥青混合料。

图6-4-8　清扫设备

图6-4-9　洒布黏层油

5)铺筑试验路段

试验路段长度通常宜为100~200m。宜选在直线段上铺筑。热拌沥青混合料路面试验段铺筑分试拌及试铺两个阶段，主要检验以下施工工艺环节：

（1）检验各种施工机械的类型、数量及组合方式是否匹配。

（2）通过试拌确定拌和机的上料速度、拌和数量与时间、拌和温度等操作工艺；考察计算机打印装置的可信度。

（3）验证沥青混合料配合比设计结果，提出生产用的标准配合比。

（4）通过试铺确定以下各项：

①透层油或黏层油的喷洒方式和效果、摊铺、压实工艺，确定松铺系数。

②摊铺机的摊铺温度、摊铺速度、摊铺宽度、自动找平方式等操作工艺。

③压路机的碾压顺序、碾压温度、碾压速度及碾压遍数等压实工艺。

④确定松铺系数、接缝方法等。

（5）建立用钻孔法与核子密度仪无破损检测路面密度的对比关系，确定压实度的标准检测方法。

（6）检测试验路段的渗水系数，试验路段的开工报告应报监理批准，并由有关各方共同参加。铺筑过程中，施工单位应认真做好记录分析，监理工程师或工程质量监督部门应监督、检查试验路段的施工质量。铺筑结束后，施工单位应就各项试验内容提出完整的试验总结报告，并取得业主或监理的批复，作为施工依据。

2. 备料

（1）料场应按图纸所示或由承包人自己选择并经监理批准。

（2）料场应依照试验室提供的集料组成设计指定的各种集料规格进行开采作业。应经常检验材质的变化情况，若由于材质变化，不符合要求的集料不得使用。

（3）料场在开采之前应办好所有相关的用地手续及生产许可证。料场爆破作业应取得当地公安机关的批准，特殊工种人员应持证上岗。炸药库的位置与设计、炸药运输方法、炸药的管理使用以及防止事故所采取的预防措施等，都应符合国家的法定规章。

（4）料场应剥去覆盖层，清除杂草和其他杂质后再进行开采。弃土应在指定的地点处理。

（5）合格的集料应分等级、规格堆放在硬化、无污染的场地上。

（6）材料开采完毕后，应进行清理，防止水土流失，并符合环境保护部门的有关要求。

3. 测量放样

施工前按照图纸和规范要求对中线、边线、高程进行放样。

（1）复测中线，标画摊铺边线、划分摊铺带。

（2）高程放样，每 10m 一个断面进行详细测量。对沥青面层的下面层、中面层施工可采用挂线施工，挂线方法见任务 5-3 二灰稳定粒料施工，如下承层平整度较好，可采用平衡梁、滑雪等方式控制施工厚度和高程。

图 6-4-10　沥青混合料拌和设备

4. 沥青混合料的拌和

沥青混合料必须在沥青拌和厂（场、站）采用拌和机拌制（图 6-4-10）。

1）拌和场地的选择

拌和场地的选择应充分考虑电、水供应，交通条件、运距大小，粉尘、噪声对周边居民的影响等因素。确保混合料的运输温度下降不超过要求，且不致因颠簸造成混合料离析。

2)沥青拌和站场地的硬化处理和排水

沥青拌和站场地应进行硬化,进出场道路宜采用水泥混凝土路面(厚150mm),并设置纵、横向排水沟和盲沟,以利场区排水。

3)拌和设备的配备

沥青混合料可采用间歇式拌和机或连续式拌和机拌制。我国一般采用间歇式拌和机拌和。

(1)沥青混合料拌和设备的各种传感器必须定期检定,周期不少于每年一次。冷料供料装置需经标定得出集料供料曲线。间歇式拌和机冷料仓的数量通常不宜少于5~6个,每个冷料仓必须分别保持各自的流速流量(图6-4-11)。

(2)间隙式拌和机宜备有保温性能好的成品储料仓(图6-4-12),储存过程中混合料温降不得大于10℃、且不能有沥青滴漏,普通沥青混合料的储存时间不得超过72h,改性沥青混合料的储存时间不宜超过24h,SMA混合料只限当天使用,OGFC混合料宜随拌随用。

图6-4-11　冷料供料装置

图6-4-12　成品料仓

4)沥青混合料的拌和要点

(1)在拌和前,试验室要书面提供拌和站配合比及出料温度要求。

(2)在拌和时,每种规格的集料、矿粉和沥青都必须按批准的生产配合比准确计量,其计量误差应控制在规定的范围内。

(3)经反复调整冷料仓供料比达到用料平衡后,即可掺加沥青进行拌和。根据拌和后混合料的温度及其外观,决定集料和沥青的加热温度以及混合料的拌和时间。

①初步拟定加热温度。根据沥青品种与标号,取规范中规定的加热范围中值,暂定为沥青加热温度。沥青、集料加热推荐的温度见表6-4-3和表6-4-4。

热拌沥青混合料的施工温度(℃)　　表6-4-3

施工工序		石油沥青的标号			
		50号	70号	90号	110号
沥青加热温度		160~170	155~165	150~160	145~155
矿料加热温度	间隙式拌和机	集料加热温度比沥青温度高10~30			
	连续式拌和机	矿料加热温度比沥青温度高5~10			
沥青混合料出料温度		150~170	145~165	140~160	135~155
混合料储料仓储存温度		储料过程中温度降低不超过10			
混合料废弃温度	>	200	195	190	185

续上表

施工工序		石油沥青的标号			
		50号	70号	90号	110号
运输到现场温度 ≥		150	145	140	135
混合料摊铺温度 ≥	正常施工	140	135	130	125
	低温施工	160	150	140	135
开始碾压的混合料内部温度 ≥	正常施工	135	130	125	120
	低温施工	150	145	135	130
碾压终了的表面温度 ≥	钢轮压路机	80	70	65	60
	轮胎压路机	85	80	75	70
	振动压路机	75	70	60	55
开放交通的路表温度 ≤		50	50	50	45

注:1. 沥青混合料的施工温度采用具有金属探测针的插入式数显温度计测量。

2. 表面温度可采用表面接触式温度计测定。当采用红外线温度计测量表面温度时,应进行标定。

3. 表中未列入的130号、160号及30号沥青的施工温度由试验确定。

聚合物改性沥青混合料的正常施工温度范围(℃) 表6-4-4

工序	聚合物改性沥青品种		
	SBS类	SBR胶乳类	EVA、PE类
沥青加热温度	160~165		
改性沥青现场制作温度	165~170	—	165~170
成品改性沥青加热温度 ≤	175	—	175
集料加热温度	190~220	200~210	185~195
改性沥青SMA混合料出厂温度	170~185	160~180	165~180
混合料最高温度(废弃温度)	195		
混合料储存温度	拌和出料后降低不超过10		
摊铺温度 ≥	160		
初压开始温度 ≥	150		
碾压终了的表面温度 ≥	90		
开放交通时的路表温度 ≤	50		

注:1. 当采用表列以外的聚合物或天然沥青改性沥青时,施工温度由试验确定。

2. SMA混合料的施工温度应视纤维品种和数量、矿粉用量的不同,在改性沥青混合料的基础上作适当提高。

②初步拟定拌和时间。根据以往经验初步拟定拌和时间,一般每拌一锅需30~50s,试拌时先选50s为宜。

③拌制沥青混合料。按初步拟定的加热温度及拌和时间,按目标配合比的油石比控制沥青用量,拌制沥青混合料。

④确定集料及沥青的加热温度。在拌和机的出料口接料测量温度,该温度如在规范规定的出厂温度范围内,且混合料色泽均一,流而不散,则认为原拟定的加热温度可行。如温度超出规定范围,或目测不合格,则须适当调整原材料的加热温度直至满足要求为止。

⑤确定拌和时间。最佳拌和时间是使拌出的混合料色泽均一,每个集料颗粒都被沥青膜均匀裹覆、大小颗粒分布均匀所需的最短时间(s)。当每一锅出料后,目测认为不合格(有花

料、离析现象等)，则需重新进料，适当延长拌和时间。反复几次直至合格为止；第一锅出料后，虽目测合格，仍须适当缩短拌和时间重新试拌。反复几次直至不合格料出现为止。取不合格料出现前一次合格料的拌和时间加设备误差而增加的额外时间 3 ~ 5s 即为正式生产时的拌和时间。

5)沥青混合料在拌和过程中出现问题的处置

(1)每天拌和的第一盘沥青混合料易出现废料

原因是集料和沥青加热没有达到规定的温度。处置措施是适当减少进入烘干筒的集料数量和提高火焰温度，保证在开机时粗细集料和沥青的加热温度略高于规定温度。

(2)热料仓出现超尺寸颗粒

这是由于最大筛孔的振动筛破损或振动筛上超尺寸颗粒从边框空隙处落到下层筛网。处置措施是检查振动筛，调整冷料仓的上料速度。

(3)出现花白料

原因是集料温度低，拌和时间偏短、吸尘不理想或集料仓卸料门关闭不严。处置措施是升高集料的加热温度，增加拌和时间或减少矿粉数量。

(4)枯料

原因是原材料中细集料含水率过大，造成在烘干筒中细集料加热温度达到规定值，而粗集料温度大大超过规定值。处置措施是含水率大于 7% 的细集料不允许使用。

(5)没有色泽

原因是沥青加热温度偏高，170℃以上沥青易老化。处置措施是严格控制沥青加热温度不得大于 170℃。

(6)矿料颗粒组成明显变化

原因是热料仓中集料颗粒组成发生了大的变化，可能是冷料颗粒组成发生了大变化，或热仓振动筛筛网上热料过多来不及振荡筛分就进入热料仓。处置措施是检查原因和采取相应的措施或调整配合比。

5. 沥青混合料的运输、卸料

1)运输

(1)热拌沥青混合料宜采用较大吨位的运料车运输，但不得超载运输。运输至施工现场后，严禁在透层、封层上紧急制动、急弯掉头使造成损伤。

(2)施工过程中摊铺机前方应有运料车等候。对高速公路、一级公路，宜待等候的运料车多于 5 辆后开始摊铺。运输至铺筑现场的混合料，应在当天或当班完成铺筑压实。

(3)运料车每次使用前后必须清扫干净，在板和底部涂一薄层防止沥青黏结的隔离剂或防黏剂，可用肥皂水、1:3 的柴油水混合液等，但不得有余液积聚在车厢底部。隔离剂可以使用植物油等，严禁使用对沥青有腐蚀作用的汽油、柴油等。

(4)从拌和机向运料车上装料时，应多次挪动汽车位置，平衡装料，以减少混合料离析，如图 6-4-13 所示。

(5)运料车运输混合料宜用苫布覆盖保温、防雨、防污染，如图 6-4-14 所示。

(6)沥青混合料在摊铺地点凭运料单接收，并检查混合料的颜色是否均匀一致，有无花白料，有无结团或严重离析现象，温度是否在容许的范围内。若混合料不符合施工温度要求，或已经结成团块、已遭雨淋则不得铺筑。

SMA 及 OGFC 混合料在运输、等候过程中，如发现有沥青结合料沿车厢板滴漏时，应采取措施避免。

图 6-4-13　装料

图 6-4-14　混合料运输

2)卸料

(1)摊铺过程中运料车应在摊铺机前 100 ~ 300mm 处停住,空挡等候,由摊铺机推动前进开始缓缓卸料,避免撞击摊铺机,如图 6-4-15 所示。

(2)运料车卸料,一开始卸掉 1/3,然后在摊铺机的推动下缓缓卸料,剩余的 1/3 应使运料车一次性抬到最高来卸料。保证摊铺机受料斗输料槽始终有较多的混合料。

(3)运料车每次卸料必须倒净,尤其是对改性沥青或 SMA 混合料,如有剩余,应及时清除,防止硬结。

6. 沥青混合料的摊铺

热拌沥青混合料应采用沥青摊铺机摊铺(图 6-4-16),在喷洒有黏层油的路面上铺筑改性沥青混合料或 SMA 时,宜使用履带式摊铺机。

图 6-4-15　卸料

图 6-4-16　摊铺热拌沥青混合料图

(1)铺筑高速公路、一级公路沥青混合料时,一台摊铺机的铺筑宽度不宜超过 6m(双车道) ~ 7.5m(三车道以上),通常宜采用两台或更多台数的摊铺机前后错开 10 ~ 20m 呈梯队方式同步摊铺(图 6-4-17、图 6-4-18),两幅之间应有 30 ~ 60mm 宽度的搭接,并躲开车道轮迹带,上下层的搭接位置宜错开 200mm 以上。

图 6-4-17　两台摊铺机摊铺

图 6-4-18　三台摊铺机摊铺

（2）摊铺机的受料斗应涂刷薄层隔离剂或防黏结剂。

（3）熨平板加宽连接应仔细调节至摊铺的混合料没有明显的痕迹，摊铺机开工前应提前0.5～1h 预热熨平板不低于100℃（图6-4-19）。在铺筑过程中，可以调整熨平板的振动频率和振幅，提高路面的初始密实度。

图6-4-19　预热熨平板

（4）摊铺机必须缓慢、均匀、连续不间断地摊铺，摊铺速度宜控制在2～6m/min 的范围内，不得随意变换速度或中途停顿，以提高平整度，减少混合料的离析；对于改性沥青混合料及SMA 混合料，宜放慢至1～3m/min。当发现混合料出现明显的离析、波浪、裂缝、拖痕时，应分析原因，予以消除。

（5）摊铺机应采用自动找平方式，下面层或基层宜采用挂线的高程控制方式，如图6-4-20所示；中、上面层宜采用平衡梁或雪橇式摊铺厚度控制方式，如图6-4-21 所示。

图6-4-20　挂线施工

图6-4-21　平衡梁施工

（6）沥青路面不得在气温低于10℃（高速公路和一级公路）或5℃（其他等级公路），以及雨天路面潮湿的情况下施工。热拌沥青混合料最低摊铺温度根据铺筑层厚度、气温、风速及下承层表面温度按表要求执行，且不得低于表6-4-5 要求。每天施工开始阶段宜采用较高温度混合料，在施工过程中须随时检查沥青混合料温度（图6-4-22）。

沥青混合料的最低摊铺温度　　表6-4-5

下卧层的表面温度（℃）	相应于下列不同摊铺层厚度的最低摊铺温度（℃）					
	普通沥青混合料			改性沥青混合料或 SMA 沥青混合料		
	<50mm	50～80mm	>80mm	<50mm	50～80mm	>80mm
<5	不允许	不允许	140	不允许	不允许	不允许
5～10	不允许	140	135	不允许	不允许	不允许
10～15	145	138	132	165	155	150
15～20	140	135	130	158	150	145
20～25	138	132	128	153	147	143
25～30	132	130	126	147	145	141
>30	130	125	124	145	140	139

（7）摊铺机的螺旋布料器应相应于摊铺速度调整到保持一个稳定的速度均衡地转动，两侧应保持有不少于送料器2/3 高度的混合料，以减少摊铺过程中混合料的离析，如图6-4-23所示。

图 6-4-22　检查温度图

图 6-4-23　螺旋布料器

(8)用机械摊铺的混合料,不宜用人工反复修整。对于局部明显的离析部位,可由人工局部筛细料或更换混合料。

(9)在路面狭窄部分、平曲线半径过小的匝道或加宽部分,不能采用摊铺机铺筑时,可采用摊铺箱或人工摊铺。人工摊铺沥青混合料,应扣锹布料,不得扬锹远甩,铁锹等工具宜沾防黏结剂或加热使用。刮板刮平时应轻重一致,控制次数,严防集料离析。

(10)在雨季铺筑沥青路面时,应加强气象联系,已摊铺的沥青层因遇雨未行压实的应予以铲除。

7. 沥青路面的压实及成型

沥青混凝土的压实层最大厚度不宜大于 100mm,沥青稳定碎石混合料的压实层厚度不宜大于 120mm,但当采用大功率压路机且经试验证明能达到压实度时允许增大到 150mm。

热拌沥青混合料的压实应按初压、复压、终压(包括成型)三个阶段进行。沥青混合料压实宜采用钢筒压路机与轮胎压路机或振动压路机组合的方式。

1)初压

初压的目的是使表面密实,减少热量散失,找到潜在的不平点,以便修整。

沥青混合料经摊铺整形后应立即组织初压,并保持较短的初压区长度。初压通常采用 10 ~ 12t 的钢轮压路机静压 1 ~ 2 遍(图 6-4-24),碾压时应将压路机的驱动轮面向摊铺机。初压阶段应及时检查并消除不平、蜂窝、裂纹和拥包等常见的缺陷。

图 6-4-24　双轮钢筒压路机初压

2)复压

复压是碾压过程中最重要的阶段,混合料能否达到规定的密实度,关键全在于这阶段的碾压。

复压应紧跟在初压后开始,且不得随意停顿。现场质量人员可以采用插旗的方式划分路面不同的温度段。压路机碾压段的总长度应尽量缩短,通常不超过 60 ~ 80m。每台压路机均作全幅碾压,以防止压实度不均匀,复压应碾压至稳定无显著轮迹为止。

(1)密级配沥青混凝土的复压宜优先采用重型的轮胎压路机进行搓揉碾压,以增加密水性,其总质量不宜小于 25t,如图 6-4-25 所示。

(2)对粗集料为主的较大粒径混合料,尤其是大粒径沥青稳定碎石基层,宜优先采用振动压路机复压。厚度小于 30mm 的薄沥青层不宜采用振动压路机碾压。振动压路机折返时应先停止振动，以免形成鼓包。

（3）对路面边缘、加宽及港湾式停车带等大型压路机难于碾压的部位，宜采用小型振动压路机或振动夯板作补充碾压。

3）终压

终压的目的是消除复压留下的轮迹及其他表面缺陷，如经复压后已无明显轮迹时可免去终压。

终压可选用双轮钢筒式压路机或关闭振动的振动压路机碾压不宜少于2遍，至路面平整、无轮迹为止，如图6-4-26所示。

图6-4-25　轮胎压路机复压

图6-4-26　热拌沥青混凝土路面终压

4）沥青混合料压实注意事项

（1）压路机应以慢而均匀的速度碾压，碾压速度应符合表6-4-6的规定。

压路机碾压速度（km/h）　　表6-4-6

压路机类型	初压		复压		终压	
	适宜	最大	适宜	最大	适宜	最大
钢筒式压路机	2～3	4	3～5	6	3～6	6
轮胎压路机	2～3	4	3～5	6	4～6	8
振动压路机	2～3 （静压或振动）	3 （静压或振动）	3～4.5 （振动）	5 （振动）	3～6 （静压）	6 （静压）

（2）压路机的碾压温度应符合要求，在不产生严重推移和裂缝的前提下，初压、复压、终压都应在尽可能高的温度下进行。同时，不得在低温状况下作反复碾压，以免使石料棱角磨损、压碎，破坏集料嵌挤。

（3）压路机的碾压路线及碾压方向不应突然改变而导致混合料推移。碾压区的长度应大体稳定，两端的折返位置应随摊铺机前进而推进，横向不得在相同的断面上。

（4）碾压轮在碾压过程中应保持清洁，若有混合料沾轮应立即清除。对于钢轮可以涂刷隔离剂或防黏结剂，但严禁涂刷柴油。当采用向碾压轮喷水（可添加少量表面活性剂）的方式时，必须严格控制喷水量且成雾状，不得漫流，以防混合料降温过快。轮胎压路机开始碾压阶段，可适当烘烤、涂刷少量隔离剂或防黏结剂，也可少量喷水，并先到高温区碾压使轮胎尽快升温，之后停止洒水。轮胎压路机轮胎外围宜加设围裙保温。

（5）压路机不得在未碾压成型路段上转向、掉头、加水或停留。在当天成型的路面上，不得停放各种机械设备或车辆，不得散落矿料、油料等杂物。

5）SMA路面的压实要求

（1）除沥青用量较低，不宜采用轮胎压路机碾压，以防将沥青结合料搓揉挤压上浮。

(2)SMA 路面宜采用振动压路机或钢筒式压路机碾压。振动压路机应遵循“紧跟、慢压、高频、低幅”的原则。如发现推拥现象，应复查其碾压温度、级配是否合适。

(3)OGFC 宜采用小于 12t 的钢筒式压路机碾压。

8. 接缝处理

沥青路面的施工必须接缝紧密、连接平顺，不得产生明显的接缝离析。上下层的纵缝应错开 150mm(热接缝)或 300～400mm(冷接缝)以上。相邻两幅及上下层的横向接缝均应错位 1m 以上。接缝施工应用 3m 直尺检查，确保平整度符合要求。

1)纵向接缝

(1)摊铺时采用梯队作业的纵缝应采用热接缝，将已铺部分留下 100～200mm 宽暂不碾压，作为后续部分的基准面，然后作跨缝碾压，如图 6-4-27 所示。

图 6-4-27　热接纵缝施工

(2)当半幅施工或因特殊原因而产生纵向冷接缝时，宜加设挡板或加设切刀切齐，也可在混合料尚未完全冷却前用镐具刨除边缘留下毛茬的方式，但不宜在冷却后采用切割机作纵向切缝。

加铺另半幅前应涂洒少量沥青，重叠在已铺层上 50～100mm，再铲走铺在前半幅上面的混合料。

碾压时可以斜向碾压，也可以由边向中碾压留下 100～150mm，再跨缝挤紧压实。或者先在已压实路面上行走碾压新铺层 150mm 左右，然后压实新铺部分。

2)横向接缝

沥青面层横向接缝可采用垂直的平接缝、自然碾压的斜接缝，当沥青层较厚时也可作阶梯形接缝(图 6-4-28)。

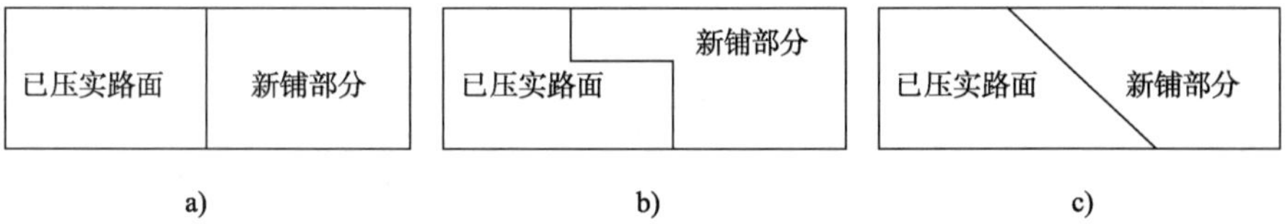

图 6-4-28　横向接缝的几种形式

a)平接缝；b)阶梯形接缝；c)斜接缝

(1)平接缝宜趁尚未冷透时用凿岩机或人工垂直刨除端部层厚不足的部分，使工作缝成直角连接；采用切割机制作平接缝时，宜在铺设当天混合料冷却但尚未结硬时进行。刨除或切割不得损伤下层路面，切割时留下的泥水必须冲洗干净，待干燥后涂刷黏层油。铺筑新混合料接头应使接茬软化，压路机先进行横向碾压，再纵向碾压成为一体，充分压实，连接平顺。

(2)阶梯形接缝的台阶经铣刨而成，并浇洒黏层沥青，搭接长度不宜小于 3m。

(3)斜接缝的搭接长度与层厚有关，宜为 0.4～0.8m。搭接处应洒少量沥青，混合料中的粗集料颗粒应予剔除，并补上细料，搭接平整，充分压实。

9. 检查验收

路面施工完成后可根据《公路工程质量检验评定标准》(JTG F80/1—2017)的技术要求对路面实测项目(表 6-4-7)和外观鉴定进行质量评定验收。

1)实测项目

路面实测项目 表6-4-7

项次	检查项目		规定值或允许偏差		检查方法和频率
			高速公路、一级公路	其他公路	
1	压实度(%)		试验室标准密度的96%(*98%); 最大理论密度的92%(*94%); 试验段密度的98%(*99%)		按附录B检查,每200m测1处
2	平整度	σ(mm)	1.2	2.5	平整度仪:全线每车道连续按每100m计算IRI或σ
		IRI(m/km)	2.0	4.2	
		最大间隙h(mm)	—	5	3m直尺:每200m测2处×10尺
3	弯沉值(0.01mm)		符合设计要求		按附录I检查
4	渗水系数		SMA路面200mL/min,其他沥青混凝土路面300mL/min		渗水试验仪:每200m测1处
5	抗滑	摩擦系数	符合设计要求	—	摆式仪:每200m测1处;摩擦系数测定车:全线连续
		构造深度			铺砂法:每200m测1处
6	厚度(mm)	代表值	总厚度:设计值的-8% 上面层:设计值的-10%	$-8\%H$	按附录H检查,双车道每200m测1处
		合格值	总厚度:设计值的-10% 上面层:设计值的-20%	$-15\%H$	
7	中线平面偏位(mm)		20	30	经纬仪:每200m测4点
8	纵断高程(mm)		±10	±15	水准仪:每200m测4断面
9	宽度(mm)	有侧石	±20	±30	尺量:每200m测4断面
		无侧石	不小于设计		
10	横坡(%)		±0.3	±0.5	水准仪:每200m测4处

注:1. 表内压实度可选用其中的1个或2个标准,并以合格率低的作为评定结果。青混凝土路面。带*号者是指SMA路面,其他为普通沥青。

2. 表列厚度仅规定负允许偏差。其他公路的厚度代表值和极值允许偏差按总厚度计,当总厚度≤60mm时,允许偏差分别为-5mm和-10mm;总厚度>60mm时,允许偏差分别为-8%和-15%的总厚度。H为总厚度(mm)。

2)外观鉴定

(1)表面应平整密实,不应有泛油、松散、裂缝和明显离析等现象,对于高速公路和一级公路,有上述缺陷的面积(凡属单条的裂缝,则按其实际长度乘以0.2m宽度,折算成面积)之和不得超过受检面积的0.03%,其他公路不得超过0.05%。半刚性基层的反射裂缝可不计作施工缺陷,但应及时进行灌缝处理。

(2)搭接处应紧密、平顺,烫缝不应枯焦。

(3)面层与路缘石及其他构筑物应密贴接顺,不得有积水或漏水现象。

3)评定要求

(1)关键项目的合格率应不低于95%,否则该检查项目为不合格。

(2)一般项目的合格率应不低于80%,否则该检查项目为不合格。

(3)有规定极限的检查项目,任意单个检测值,不得突破规定极值,否则该检查项目为不合格。

(4)采用检评标准所列方法进行检验评定的检查项目不满足要求时,该检查项目为不合格。

10. 开放交通

铺筑好的沥青层应严格控制交通,做好保护,保持整洁,不得造成污染,严禁在沥青层上堆放施工产生的土或杂物,严禁在已铺沥青层上制作水泥砂浆。

沥青混合料路面应待摊铺层完全自然冷却,混合料表面温度低于50℃后,方可开放交通。需要提早开放交通时,可洒水冷却降低混合料温度。

任务思考

1. (单选)下列任务哪项不属于沥青混合料配合比组成设计的主要任务?(　　)

　A. 选择合格的材料、确定矿料级配和沥青最佳用量

　B. 通过设计确定施工顺序

　C. 确保沥青混合料的各项技术指标满足规范要求

　D. 提供试验室标准密度和最大理论密度

2. (单选)沥青面层横向接缝常见的形式不包括以下(　　)类型?

　A. 平接缝　　B. 竖接缝　　C. 阶梯形接缝　　D. 斜接缝

3. (多选)热拌沥青混合料的压实应按(　　)三个阶段进行。

　A. 静压　　B. 初压　　C. 终压　　D. 复压

4. 简述下封层层铺法施工工艺流程。

5. 沥青混凝土面层实测项目有哪些?

6. 新拌和的沥青混合料外观有何要求?

任务评价

任务考核评价表见附表。

任务实训(表6-4-8)

任务实训表　　表6-4-8

实训项目	沥青路面交工检查与验收实训
实训内容	路面施工完成后,请根据《公路工程质量检验评定标准》(JTG F80/1—2017)的技术要求,结合实训设备及实训条件选择其中两项实测项目和外观鉴定,对路面进行质量评定验收
实训目的	1. 通过实训能用检测设备对沥青路面进行实测质量检验。 2. 通过实训掌握外观检查的有关要求,可以对沥青路面进行外观质量鉴定
实训要求	1. 严格遵守实训纪律,服从实训教师的安排,统一行动,有令必行、有禁必止。 2. 遵守实习单位的劳动纪律和各项规章制度,树立良好的职业道德和组织纪律观念。 3. 安全实训,严防意外伤害。注意与机械、设备和危险源保持安全距离;操作机械、设备时严格遵守安全作业规程
实训准备	1. 知识准备: 认真学习教材内容,查阅相关规范。 2. 场地选择: 选择一段摊铺完工的沥青路面。 3. 仪器、设备: (1)相机:拍摄工程照片、视频;记录本:记录施工作业注意事项、流程、施工示意图、心得体会等。 (2)现场检测仪器:水准仪、全站仪、3m直尺、取芯机、渗水试验仪、摆式仪、弯沉仪、卷尺等

续上表

实训过程

请根据规范对沥青路面实测项目和外观鉴定要求，对路面进行质量评定验收。

1. 实测项目：

项次	检查项目		规定值或允许偏差：高速公路、一级公路	规定值或允许偏差：其他公路	检查方法
1	压实度(%)		试验标准密度的96%(＊98%)； 最大理论密度的92%(＊94%)； 试验段密度的98%(＊99%)		按附录B检查，每200m测1处
2	平整度	σ(mm) IRI(m/km)	1.2 2.0	2.5 4.2	平整度仪
		最大间隙 h(mm)	—	5	3m直尺
3	弯沉值(0.01mm)		符合设计要求		贝克曼梁自动弯沉仪
4	渗水系数		SMA路面200mL/min， 其他沥青路面 300mL/min	—	渗水试验仪
5	抗滑	摩擦系数	符合设计要求	—	摆式仪横向力系数测定车
		构造深度			铺砂法
6	厚度	代表值	总厚度：设计值的－5% 上面层：设计值的－10%	－8%H	钻孔
		合格值	总厚度：设计值的－10% 上面层：设计值的－20%	－15%H	
7	中线平面偏位(mm)		20	30	经纬仪、全站仪
8	纵断面高程(mm)		±15	±20	水准仪
9	宽度(mm)	有侧石	±20	±30	尺量
		无侧石	不小于设计		
10	横坡(%)		±0.3	±0.5	水准仪

注：1. 表内压实度可选用其中的1个或2个标准，并以合格率低的作为评定结果。沥青混凝土路面带＊号者是指SMA路面，其他为普通沥青路面。

2. 表列厚度仅规定负允许偏差。其他公路的厚度代表值和极值允许偏差按总厚度计，当总厚度≤60mm时，允许偏差分别为－5mm和－10mm；总厚度＞60mm时，允许偏差分别为－8%和－15%的总厚度。H为总厚度(mm)。

2. 外观鉴定：

(1)表面应平整密实，不应有泛油、松散、裂缝和明显离析等现象，对于高速公路和一级公路，有上述缺陷的面积(凡属单条的裂缝，则按其实际长度乘以0.2m宽度，折算成面积)之和不得超过受检面积的0.03%，其他公路不得超过0.05%。半刚性基层的反射裂缝可不计作施工缺陷，但应及时进行灌缝处理。

(2)搭接处应紧密、平顺，烫缝不应枯焦。

(3)面层与路缘石及其他构筑物应密贴接顺，不得有积水或漏水现象

续上表

<table>
<tr><td>实训表格</td><td>
表 K-1　分项工程质量检验评定表
分项工程名称：　工程部位：(桩号、墩台号、孔号)　所属建设项目(合同段)：
所属分部工程名称：　所属单位工程：　施工单位：　分项工程编号：
<table>
<tr><td colspan="2">基本要求</td><td colspan="15">1.
2.
…</td></tr>
<tr><td rowspan="6">实测项目</td><td rowspan="2">项目</td><td rowspan="2">检查项目</td><td rowspan="2">规定值或允许偏差</td><td colspan="10">实测值或实测偏差值</td><td colspan="3">质量评定</td></tr>
<tr><td>1</td><td>2</td><td>3</td><td>4</td><td>5</td><td>6</td><td>7</td><td>8</td><td>9</td><td>10</td><td>平均值、代表值</td><td>合格率(%)</td><td>合格判定</td></tr>
<tr><td></td><td></td><td></td><td></td><td></td><td></td><td></td><td></td><td></td><td></td><td></td><td></td><td></td><td></td><td></td><td></td></tr>
<tr><td></td><td></td><td></td><td></td><td></td><td></td><td></td><td></td><td></td><td></td><td></td><td></td><td></td><td></td><td></td><td></td></tr>
<tr><td></td><td></td><td></td><td></td><td></td><td></td><td></td><td></td><td></td><td></td><td></td><td></td><td></td><td></td><td></td><td></td></tr>
<tr><td></td><td></td><td></td><td></td><td></td><td></td><td></td><td></td><td></td><td></td><td></td><td></td><td></td><td></td><td></td><td></td></tr>
<tr><td colspan="3">外观质量</td><td colspan="10"></td><td>质量保证资料</td><td colspan="3"></td></tr>
<tr><td colspan="3">工程质量等级评定</td><td colspan="14"></td></tr>
</table>
检验负责人：　检测：　记录：　复核：　年　月　日
</td></tr>
<tr><td>实训总结</td><td>(实训中遇到的问题和解决方法,对本次实训的意义和建议、受训收获)</td></tr>
</table>

知识拓展应用

知识拓展6-4：某高速公路沥青混凝土路面(AC-25 下面层)试验段施工，见数字资源39。

39-工程实训

任务6-5　沥青贯入式路面施工

任务描述

某市政工程沥青贯入式路面施工的过程和工艺流程。

任务目标

1. 了解沥青贯入式路面适用范围。
2. 掌握沥青贯入式路面对材料的基本要求。
3. 掌握沥青贯入式路面的施工工艺流程。

建议课时

4 课时。

任务引领和分析

沥青贯入式路面是浇洒成型的一类沥青路面。它是把沥青浇洒在铺好的主层集料上，再分层撒布嵌缝石屑和浇洒沥青，分层压实，形成一个较致密的沥青结构层。沥青贯入式路面施工的优点是设备简单，运料方便；其缺点是施工受气候的影响较大，而且最终成型需要一定时间，成型后的路面不如厂拌沥青混合料路面平整和美观，成型期又多浮动灰砂，并可能泛油。

任务实施

沥青贯入式路面适用于三级及三级以下公路，也可作为沥青路面的联结层、上拌下贯式面层或高等级公路路面基层。

沥青贯入式路面的厚度宜为 40 ~ 80mm，乳化沥青贯入式路面的厚度不宜超过 50mm。当采用上拌下贯式路面时，拌和层的厚度宜不小于 15mm。

沥青贯入式路面宜选择在干燥和较热的季节施工，并宜在日最高温度降低至 15℃以前半个月结束，使贯入式结构层通过开放交通碾压成型。

一、材料要求

1. 集料

(1) 质量要求

沥青贯入式路面的集料应选择有棱角、嵌挤性好的坚硬石料，其规格和用量应根据贯入层厚度选用。沥青贯入层主层集料中大于粒径范围中值的数量不宜少于 50%。表面不加铺拌和层的贯入式路面，在施工结束后每 1000m^2 宜另备 2 ~ 3m^3 与最后一层嵌缝料规格相同的细集料供初期养护使用。

沥青贯入层的主层集料最大粒径宜与贯入层厚度相当。当采用乳化沥青时，主层集料最大粒径可采用厚度的 0.8 ~ 0.85 倍，数量宜按压实系数 1.25 ~ 1.30 计算。

(2) 集料的存放

同热拌沥青混合料路面。

2. 沥青

(1) 质量要求

沥青贯入式路面的结合料可采用道路石油沥青、煤沥青或乳化沥青。沥青标号按表 6-5-1 和《公路沥青路面施工技术规范》(JTG F40—2004) 相应规定选用。

乳化沥青品种及适用范围 表 6-5-1

分　　类	品种及代号	适 用 范 围
阳离子乳化沥青	PC-1	表处、贯入式路面及下封层用
	PC-2	透层油及基层养护用
	PC-3	黏层油用
	BC-1	稀浆封层或冷拌沥青混合料用

续上表

分　　类	品种及代号	适 用 范 围
阴离子乳化沥青	PA-1	表处、贯入式路面及下封层用
	PA-2	透层油及基层养护用
	PA-3	黏层油用
	BA-1	稀浆封层或冷拌沥青混合料用
非离子乳化沥青	PN-2	透层油用
	BN-1	与水泥稳定集料同时使用(基层路拌或再生)

沥青贯入式路面各层结合料的用量应根据气温及沥青标号等在规定范围内选用。在施工季节气温较低的寒冷地区,或沥青针入度较小时,沥青用量宜采用高限。在低温潮湿气候下用乳化沥青贯入时,应按乳液总用量不变的原则进行调整,上层应比正常情况适当增加,下层应比正常情况适当减少。

(2)沥青的存放

①道路石油沥青存放同热拌沥青混合料路面。

②道路用煤沥青储存温度宜为 70 ~ 90℃,且不得长时间储存。

③乳化沥青宜存放在立式罐中,并保持适当搅拌。储存期以不离析、不冻结、不破乳为度。

二、沥青贯入式路面的施工

沥青贯入式路面层施工工艺流程如图 6-5-1 所示。

整修和清扫基层 → 浇洒透层或黏层沥青 → 铺撒主层集料 → 第一次碾压 → 洒布第一层沥青 → 铺撒第一层嵌缝料 → 第二次碾压 → 洒布第二层沥青 → 铺撒第二层嵌缝料 → 第三次碾压 → 洒布第三层沥青 → 铺撒封面集料 → 最后碾压 → 初期养护

图 6-5-1　沥青贯入式路面施工工艺流程图

1. 施工前准备工作

1)材料准备

(1)原材料。沥青(包括石油沥青、煤沥青或乳化沥青)、碎石等由持证材料员和试验员按规定进行检验,确保其质量符合相应标准。

图 6-5-2　平地机

(2)碎石用量和沥青撒布量。按设计要求和《公路沥青路面施工技术规范》(JTG F40—2004)确定。

2)机具准备

(1)运料设备:装载机和自卸车若干辆。

(2)摊铺设备:碎石摊铺机或平地机,推土机(图 6-5-2、图 6-5-3),集料撒布机(图 6-5-4、图 6-5-5)。

(3)沥青撒布设备:沥青撒布机(图 6-5-6)。

(4)碾压设备:6 ~ 8t 双钢轮压路机,8 ~ 12t 双钢轮压路机,12 ~ 16t 胶轮压路机(图 6-5-7)。

图 6-5-3　推土机

图 6-5-4　集料撒布机

图 6-5-5　撒布集料

图 6-5-6　沥青喷洒作业

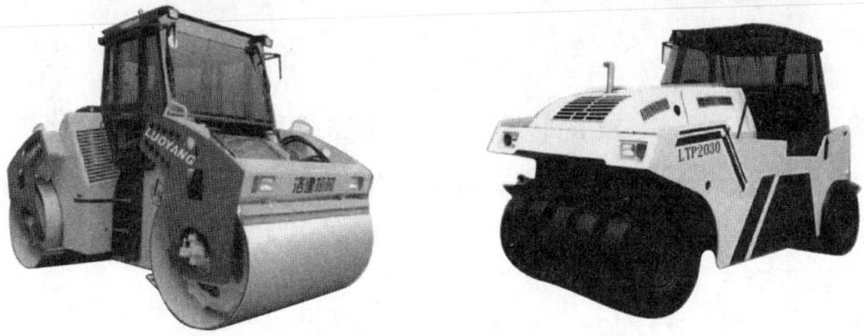

图 6-5-7　碾压设备

3)技术准备

(1)熟悉施工图纸和施工现场情况,对下承层按照《公路工程质量检验评定标准》(土建工程)(JTG F80/1—2017)标准及设计要求进行验收。

(2)由项目总工程师向班组长进行书面的一级技术交底和安全交底,施工前由班组长向操作工人进行二级技术交底和安全交底,确保施工过程的工程质量、人身安全。

(3)施工放样。根据坐标控制点和水准点进行中桩和高程放样。

4)下承层准备

(1)检查下承层的压实度、平整度、横坡度、高程、宽度、弯沉等,如符合标准规范要求,必须进行处理。

(2)沥青贯入式路面施工前,基层必须清扫干净。当需要安装路缘石时,应先安装路缘石,并应予遮盖。

(3)乳化沥青贯入式路面必须浇洒透层或黏层沥青。

5)试验路段

正式施工前要拟定试验路段方案报监理工程师签批,做好试验路段以确定施工工艺、松铺系数、机械配备、人员组织、压实遍数等。

2. 施工放样

恢复中线,每10m设一中桩,并放出边线外0.3~0.5m处指示桩,进行水平测量,按松铺系数准确标出布级配碎石的高程(图6-5-8)。

图6-5-8　道路中线放样

3. 备料

(1)选择符合要求的碎石生产厂家和符合要求的沥青供应商。碎石、沥青进场时按规定频率进行检验;

(2)计算每平方米碎石、沥青用量。

4. 摊铺主层集料

按试验路段确定的松铺系数采用碎石摊铺机、平地机或人工摊铺主层集料,铺筑后严禁车辆通行。

5. 碾压主层集料

撒布主层集料后应采用6～8t的轻型钢筒式压路机碾压一遍,检验路拱和纵向坡度,当不符合要求时,应调整找平后再压。然后用重型的钢轮压路机碾压,直至主层集料嵌挤稳定,无显著轮迹为止。

6. 洒布第一层沥青

用沥青洒布车浇洒第一层沥青。其要求见任务6-1。

7. 铺撒第一层嵌缝料

浇洒主层沥青后立即用集料撒布机或装载机配合人工撒布第一层嵌缝料。撒布集料后应及时扫匀,达到全面覆盖、厚度一致,不足处应及时找补。当使用乳化沥青时,石料撒布必须在乳液破乳前完成。

8. 碾压

撒布第一层嵌缝料后,不必等全段撒完,立即用8～12t钢筒式压路机碾压嵌缝料,然后用12～16t胶轮压路机碾压,直至稳定为止。碾压时随压随扫,使嵌缝料均匀嵌入。因气温较高使碾压过程中发生较大推移现象时,应立即停止碾压,待气温稍低时再继续碾压。

9. 第二、三层施工

按上述方法浇洒第二层沥青、撒布第二层嵌缝料,然后碾压;再浇洒第三层沥青,按上述方法重复到封层。

10. 铺撒封面集料

按撒布嵌缝料方法撒布封层料。

11. 最后碾压

(1)采用6～8t双钢轮压路机进行最后碾压,宜碾压2～4遍,然后开放交通,自然碾压。初期开放交通时,应控制行车轨迹和行车速度。

(2)铺筑上拌下贯式路面时,贯入层不撒布封层料,拌和层应紧跟贯入层施工,使上下成为一整体。

(3)贯入部分采用乳化沥青时应待其乳液破乳、水分蒸发且成型稳定后方可铺筑拌和层。

(4)当拌和层与贯入部分不能连续施工，且要在短期内通行施工车辆时，贯入层部分的第二遍嵌缝料应增加用量 $2 \sim 3m^3/1000m^2$，在摊铺拌和层沥青混合料前，应作补充碾压，彻底清扫，并浇洒黏层沥青。

三、施工过程质量控制要点

贯入式沥青路面在施工中的关键是按要求的数量撒布集料、浇洒贯入沥青，并保证均匀性，因此施工中应控制以下质量要点：

(1)沥青洒布机作业前，应通过试验确定用油量和均匀层厚，调整洒油管高度，使同一地点接受两个或三个喷油嘴喷洒的沥青。

(2)沥青洒布机在喷洒时，前后两车喷洒接茬确保搭接良好。

(3)严格验收下承层高程、强度，保证主层集料厚度均匀性。

任务思考

1. 简述沥青贯入式路面施工对材料的要求。
2. 简述沥青贯入式路面施工工艺基本流程。
3. 简述沥青贯入式路面施工过程质量控制要点。

任务评价

任务考核评价表见附表。

知识拓展应用

阅读资料6-5：沥青贯入式路面质量检验评定，见数字资源40。

40-沥青贯入式路面质量检验评定

任务6-6　沥青表面处治

任务描述

请根据所学的内容，对沥青表面处治层铺法的施工工序用简要的流程图表示出来。

任务目标

1. 了解沥青表面处治。
2. 掌握沥青表面处治作用。
3. 掌握沥青表面处治施工方法。

建议课时

2课时。

任务引领和分析

沥青表面处治是指用沥青和集料按拌和法或层铺法施工的一种厚度不大于30mm，适用于三级及三级以下公路的薄层沥青面层。沥青表面处治宜选择在干燥和较热的季节施工，并在最高温度低于15℃时期到来之前半个月及雨季前结束。沥青表面处治可采用层铺法和拌和法(热拌热铺或冷拌冷铺)施工。

任务实施

一、沥青表面处治层的作用

(1)沥青表面处治可用作碎石路面或基层的磨耗层或面层，以改善行车条件并提高路面等级。

(2)改善或恢复原有面层的使用品质。对原路面磨损较严重的、老化严重的或路面过于光滑的通过表面处治，使其平整度、泌水性、抗滑能力等均得以恢复、改善或提高。

(3)用作封层，即作为空隙较多的沥青面层的防水层。其中，位于沥青面层之上即为上封层，位于非沥青类基层之上即为下封层。

二、材料要求

1. 沥青

沥青表面处治可采用道路石油沥青、乳化沥青、煤沥青铺筑。沥青表面处治所选用的沥青标号和品种，宜根据气候条件、施工季节、路面类型、施工方法和矿料类型，按《公路沥青路面施工技术规范》(JTG F40—2004)的相关规定进行选择。

沥青表面处治对沥青材料的要求有以下几个方面：渗透性好、凝结时间短、黏结力大、不易老化、便于浇洒、耐久性好。

2. 矿料

沥青表面处治所用集料必须清洁、干燥、无风化、无杂质，具有足够的强度和耐磨耗性，采用集料的最大粒径应与处治层厚度相等。

沥青表面处治施工后，应在路侧另用S12(5～10mm)碎石或S14(3～5mm)石屑、粗砂或小砾石2～3m^3/1000m^2作为初期养护用料。

沥青表面处治应严格掌握沥青与矿料用量的适当比例(油石比)。沥青的用量是保证沥青表面处治路面质量的最重要的因素，若沥青用量过多，易造成泛油、拥包等病害；若沥青用量偏少，又易造成路面松散。

三、沥青表面处治层铺法施工工序

层铺法沥青表面处治路面宜采用沥青洒布车及集料撒布机联合作业。

1. 施工前的准备工作

1)材料准备

沥青表面处治的材料准备同沥青贯入式路面施工。

2)施工机具准备与试洒、试铺

(1)层铺法沥青表面处治施工应采用沥青洒布车喷洒沥青，洒油车应检查油泵系统、洒油管道、油量表、保温设备等有无故障，小规模工程可采用机动或手摇的手工沥青洒布机洒布沥青。其要求见任务6-1透层施工。

(2)矿料撒铺车应检查其传动和液压调整系统，并应事先进行试撒，以确定撒铺每一种规格矿料时应控制的间隙和行驶速度。

(3)沥青表面处治宜采用轮胎或光面钢筒压路机,压路机的吨位以能使集料嵌挤紧密又不致使石料有较多的压碎为度,通常采用6~8t及8~10t压路机进行碾压。

3)下承层准备

在新建或旧路的表层进行表面处治时,应用机动路帚或高压风动机械,并辅以人工扫净表面,清除表面的泥沙及有害物质,并保持干燥。底层必须坚实、稳定、平整、清洁、无松散处,待干燥后方可施工。对道路人工构造物及各种管井盖座、侧平石、路缘石等外露部分以及人行道面等,洒油时应加以遮盖、防止污染。

2. 沥青表面处治施工

1)层铺法

施工程序和施工要求,参见任务6-5沥青贯入式施工相关内容。

2)拌和法

施工程序和施工要求,参见任务6-5热拌沥青混合料路面施工相关内容。

3. 注意事项

(1)除乳化沥青表面处治应待破乳、水分蒸发并基本成形后方可通车外,沥青表面处治在碾压结束后即可开放交通,并通过开放交通补充压实,成形稳定。在通车初期应设专人指挥交通或设置障碍物控制行车,并使路面全部宽度均匀压实。在路面完全成形前应限制行驶速度不超过20km/h,严禁畜力车及铁轮车行驶。

(2)沥青表面处治应进行初期养护。当发现有泛油时,应在泛油处补撒嵌缝料,嵌缝料应与最后一层石料规格相同,并应扫匀。当有过多的浮动集料时,应扫出路面,并不得搓动已经黏着在位的集料。如有其他破坏现象,也应及时进行修补。

任务思考

1.(单选)沥青表面处治适合于(　　)。

A. 三级及三级以下的公路沥青面层　　B. 二级及二级以下的公路沥青面层

C. 一级及一级以下的公路沥青面层　　D. 各种等级的公路沥青面层

2.(多选)沥青表面处治施工方法有(　　)。

A. 层铺法　　B. 拌和法　　C. 滑膜摊铺法　　D. 轨道摊铺法

3. 沥青表面处治有什么作用?

4. 简述沥青贯入式路面施工工艺流程。

任务评价

任务考核评价表见附表。

知识拓展应用

阅读资料6-6:沥青表面处治质量检验评定,见数字资源41。

41-沥青表面处治质量检验评定

项目 7　水泥混凝土路面施工

项目内容

本项目主要介绍水泥混凝土路面面层施工的相关知识，主要包括以下内容：

任务 7-1　小型机具法施工

任务 7-2　三辊轴机组摊铺施工

任务 7-3　滑模摊铺法施工

项目要求

1. 合理选用水泥混凝土路面的施工方法。
2. 掌握小型机具法施工的程序、质量控制要点。
3. 掌握三辊轴机组施工的程序、质量控制要点。
4. 了解滑模摊铺法施工工艺流程、质量控制要点。
5. 能组织水泥混凝土路面的质量验收。

项目知识点、技能点

1. 水泥混凝土路面对材料的要求。
2. 能运用小型机具法组织水泥混凝土面层施工。
3. 能够控制三辊轴机组施工水泥混凝土面层质量控制。
4. 了解滑模摊铺法施工工艺流程、质量控制要点。
5. 能组织水泥混凝土路面的质量验收。

任务 7-1　小型机具法施工

水泥混凝土路面是由水泥混凝土面层及各类基层组成的路面结构，主要由面层、基层、垫层、路肩和排水设施等组成。其类型主要有普通混凝土路面、钢筋混凝土路面、装配式混凝土路面、钢纤维混凝土路面等。按面层混凝土摊铺和成型所采用的方法和机械的不同，混凝土面层的施工可采用小型机具施工、滑模式摊铺机施工、三辊轴机组施工 3 种方法。小型机具法是常用的施工方法之一。它具有施工简单、操作简易、机械设备维修方便的优点。它适用于三、四级公路水泥混凝土路面、县乡公路建设、旅游公路、村镇内道路与广场建设中。

任务描述

某高速公路收费广场，设计为普通水泥混凝土路面，设计强度为 5MPa，面板厚度为 260mm，尺寸为 $4.5m \times 3.0m$，尝试写出本工程采用小型机具法的施工技术方案。

任务目标

1. 能对现场原始材料进行调查分析。
2. 能够进行原材料的选择、会进行配合比设计。
3. 能选择合理的机械设备。
4. 能进行小型机具法施工环节质量控制和质量验收。

建议课时

8课时。

任务引领和分析

水泥混凝土路面小型机具铺筑工艺是一种采用固定模板,人工布料,手持振捣棒、振动板或振捣梁振实,滚杠、修整尺、抹面机、抹刀整平的混凝土路面施工工艺。

任务实施

一、材料要求

1. 水泥

(1)水泥混凝土路面所用水泥应优先选购旋窑生产的道路硅酸盐水泥或普通硅酸盐水泥;在缺乏此种水泥时,在中、轻交通时三、四级公路上,也可以采用矿渣硅酸盐水泥。

(2)水泥等级宜选用42.5及以上强度等级的水泥,中、轻交通的三、四级公路也可以选用32.5强度等级的水泥,水泥抗压、抗折强度满足表7-1-1要求;水泥的各项技术指标应符合规范的规定。

水泥各龄期的实测强度值要求 表7-1-1

混凝土设计弯拉强度标准值(MPa)	5.5		5.0		4.5		4.0	
龄期(d)	3	28	3	28	3	28	3	28
抗压强度(MPa) ≥	23.0	52.5	17.0	42.5	17.0	42.5	10.0	32.5
抗折强度(MPa) ≥	5.0	8.0	4.5	7.5	4.0	7.0	3.0	6.5

(3)采用三辊轴机组和小型机具施工速度慢,不宜采用R型水泥。

(4)新生产的散装水泥必须经过必要的停放时间才能使用,以降低水泥温度,水泥温度高于50℃时不宜使用。

(5)水泥储存必须采取可靠的防潮、防御措施。散装水泥应以储存罐储存,其底部应与地面保持≤10cm的通风空间。

(6)水泥进场超过90d或长期阴雨致使空气湿度较大时,应重新进行强度等级试验,以确定按原等级使用或降等级使用或废弃。

(7)同一作业班的同一路段不得使用不同厂家,或不同品牌,或不同型号的水泥。

2. 粗集料

(1)粗集料可采用碎石、卵石或碎砾石,其强度不宜小于水泥混凝土路面设计抗折强度所对应的抗压强度的2倍。

(2)钢纤维水泥混凝土路面用的粗集料最大粒径(方孔筛,下同)不宜大于19mm,其他类型水泥混凝土路面粗集料的最大粒径不宜大于31.5mm。

(3)粗集料的各项技术指标应符合规范的规定要求。

(4)粗集料的合成级配应满足密实要求,并尽可能形成骨架结构。现场宜采用2~4种粒级材料掺配,尽可能使掺配曲线接近合成级配的中值,见表7-1-2。

(5)不同规格的砂石料之间应有隔离设施,并设置标志牌,严禁混杂。

粗集料合成级配范围 表7-1-2

类型	方筛孔尺寸(mm) / 级配	2.36	4.75	9.50	16.0	19.0	26.5	31.5	37.5
		累计筛余(以质量计)(%)							
合成级配	4.75~16	95~100	85~100	40~60	0~10				
	4.75~19	95~100	85~95	60~75	30~45	0~5	0		
	4.75~26.5	95~100	90~100	70~90	50~70	25~40	0~5	0	
	4.75~31.5	95~100	95~100	75~90	60~75	40~60	20~35	0~5	0

3. 细集料

(1)细集料可采用天然砂或机制砂,也可以采用混合砂。

(2)细集料的各项技术指标应符合规范要求。

(3)细集料宜采用中、粗砂,其级配应满足规范的要求,见表7-1-3。

(4)细集料进场后应进行覆盖,以预防降水浸入。

细集料级配范围 表7-1-3

砂级配	方筛孔尺寸(mm)					
	0.15	0.30	0.60	1.18	2.36	4.75
	累计筛余(以质量计)(%)					
粗砂	90~100	80~95	71~85	35~65	5~35	0~10
中砂	90~100	70~92	41~70	10~50	0~25	0~10
细砂	90~100	55~85	16~40	0~25	0~15	0~10

4. 水

(1)一般情况下应采用饮用水。

(2)采用非饮用水而对水质有疑问时,应对以下指标进行检验,合格者方可使用:磷酸盐含量(按SO_4^{2-}计)小于0.0027/mm^3,含盐量不得超过0.005mg/mm^3,pH值不得小于4,不得含有油污、泥和其他有害杂质。

5. 外加剂(又称为外掺剂)

(1)外加剂必须严格进行进场检验。

(2)最常用的外加剂为减水剂,主要用以减小水胶比、降低水泥用量、提高水泥混凝土的工作性。

(3)根据施工环境,选用缓凝剂、早强剂、防冻剂等,以改善工作条件。

(4)外加剂的检验项目、频度和技术指标应符合国家相关标准的规定。

6. 粉煤灰

(1)粉煤灰应符合Ⅰ、Ⅱ粉煤灰的质量标准。

(2)粉煤灰进场后应进行覆盖,以预防降水浸入。

(3)粉煤灰的质量指标应符合规范要求。

7. 钢筋

(1)应选购建设单位指定厂家生产或质量稳定的供应商的钢筋材料,并应分别进行供应地和进场检验。

(2)钢筋应按照设计要求符合Ⅰ级或Ⅱ级钢筋的质量要求。

(3)钢筋必须离地堆放,并必须进行防降水覆盖,以防潮、防锈。

8. 钢纤维

(1)钢纤维的技术标准应符合《混凝土用钢纤维》(YB/T 151—2017)的规定,并应满足《公路水泥混凝土路面施工技术细则》(JTG/T F30)的要求。

(2)钢纤维的储存应防降水覆盖,并离地堆放。

9. 填缝材料和接缝材料

填缝材料是指缩缝和施工缝的填充材料,包括常温填缝料和加热填缝料两种。

(1)常温填缝料的特点是施工方便,无环境污染,然造价较高;加热填缝料的特点是造价便宜而施工较为困难。施工单位应根据建设单位要求、工期、施工环境和经济比较等条件,选择适宜的填缝材料。

(2)每批进场的填缝料都必须经过检验,合格后方能使用。其技术要求分别见表7-1-4、表7-1-5。

常温施工式填缝料技术要求 表7-1-4

试验项目	低弹性型	高弹性型
失黏(固化)时间(h)	6~24	3~16
弹性恢复率(%)	≥75	≥90
流动度(mm)	0	0
(-10℃)拉伸量(mm)	≥15	≥25
与混凝土黏结强度(MPa)	≥0.2	≥0.2
黏结延伸率(%)	≥200	≥400

加热施工式填缝料技术要求 表7-1-5

试验项目	低弹性型	高弹性型
针入度(0.01mm)	<50	<90
弹性恢复率(%)	≥30	≥60
流动度(mm)	<5	<2
(-10℃)拉伸量(mm)	≥10	≥15

注:低弹性型填缝料适宜于严寒和寒冷地区;高弹性型填缝料适宜于炎热和温暖地区。

(3)垫条以选购弹性和柔韧性良好、不吸水、耐腐蚀和耐高温材料,其形状应为圆柱形,截面直径应比缝宽大3~5mm。

(4)胀缝材料可选择软木、塑胶板、沥青纤维板和橡胶泡沫板。这些材料必须具有适宜胀缩、弹性恢复率高的基本特点,并应耐久,其技术要求见表7-1-6。

胀缝板技术要求 表 7-1-6

试验项目	胀缝板种类		
	木材类	塑胶、橡胶泡沫类	纤维类
压缩应力(MPa)	5.0~20.0	0.2~0.6	2.0~10.0
弹性恢复率(%)	≥55	≥90	≥90
挤出量(mm)	<5.5	<5.0	<3.0
弯曲荷载(N)	100~400	0~50	5~40

10. 其他材料

所有材料都必须满足相关规范的技术要求,经过检验合格方可使用。采用聚丙烯纤维网等材料铺筑纤维混凝土时,应进行试配试验,根据经济性、实用性和工程安全性取舍使用。

二、配合比设计

水泥混凝土路面板厚的计算以抗弯拉强度为依据,因此,混凝土的配合比设计应根据设计弯拉强度、耐久性、耐磨性、工作性等要求和经济合理的原则选用原材料,通过试验和必要的调整,确定混凝土单位体积中各种组成材料的用量。配合比设计的主要任务是确定水胶比、各种粗集料用量、用水量和砂率几个参数。

1. 混凝土配合比表示方法

(1)单位用量表示法:以每 $1m^3$ 混凝土中各种材料的用量表示。例如,水泥 : 水 : 细集料 : 粗集料 =330kg : 180kg : 720kg : 1250kg。

(2)相对用量表示法:以水泥质量为 1,并按水泥 : 细集料 : 粗集料 : 水胶比的顺序排列表示。例如:1 : 2.18 : 3.79,W/C =0.55。

2. 混凝土配合比设计步骤

(1)根据已有的配合比试验参数或以往的经验,初拟设计配合比,并按其进行试拌,考察混合料的工作性,按要求作必要的调整。

(2)进行强度和耐久性试验,再做必要调整,得到试验室设计配合比。

(3)根据混凝土现场实际浇筑条件,如集料供应情况(级配、含水率等)、摊铺机具和气候条件等,再进行适当调整,提出施工配合比。

3. 具体要求

(1)普通混凝土配合比设计适用于滑模摊铺机、轨道摊铺机、三辊轴机组和小型机具四种施工方式。

(2)普通混凝土路面的配合比设计在兼顾经济性的同时,应满足弯拉强度、工作性、耐久性等三项技术要求。三项技术要求应符合图纸要求及《公路水泥混凝土路面施工技术细则》(JTG/T F30—2014)有关规定。

(3)路面混凝土满足耐久性要求的最大水胶比和最小水泥用量应符合表 7-1-7 的规定。

混凝土满足耐久性要求的最大水灰(胶)比和最小单位水泥用量 表 7-1-7

公路等级	高速公路、一级公路	二级公路	三、四级公路
最大水灰(胶)比	0.44	0.46	0.48
抗冰冻要求最大水灰(胶)比	0.42	0.44	0.46
抗盐冻要求最大水灰(胶)比	0.40	0.42	0.44

续上表

最小单位水泥用量（kg/m³）	42.5 级	300	300	290
	32.5 级	310	310	305
抗冰（盐）冻时最小单位水泥用量(kg/m³)	42.5 级	320	320	315
	32.5 级	330	330	325
掺粉煤灰时最小单位水泥用量(kg/m³)	42.5 级	260	260	255
	32.5 级	280	270	265
抗冰（盐）冻掺粉煤灰最小单位水泥用量(42.5 级水泥)（kg/m³）		280	270	265

注：1. 掺粉煤灰，并有抗冰（盐）冻性要求时，不得使用 32.5 级水泥。

2. 水灰（胶）比计算以砂石料的自然风干状态计（砂含水率≤1.0%；石子含水率≤0.5%）。

3. 处在除冰盐、海风、酸雨或硫酸盐等腐蚀性环境中或在大纵坡等加减速车道上的混凝土，最大水胶比可比表中数值降低 0.01～0.02。

(4)外加剂的掺量应由混凝土试配试验确定。在夏季高温下施工时，混凝土拌和物的初凝时间不得小于 3h，小于 3h 时应采取缓凝或保塑措施；低温和负温施工时的终凝时间不得大于 10h，大于 10h 时，应采取必要的促凝或早强措施。

(5)水泥混凝土路面普通混凝土配合比参数的计算和配合比计算及配合比调整等均按《公路水泥混凝土路面施工技术细则》(JTG/T F30—2014)中有关规定进行。

(6)用于铺筑水泥混凝土面层的各层材料，至少在用于工程之前 28d，通过试验进行混合料组成配合比设计，这些设计应包括材料标准试验、混凝土弯拉强度、集料级配、水胶比、坍落度、水泥用量、质量控制等，及时提供所有设计、试验报告单和详细说明。

(7)已批准的混凝土混合料的生产方法、原材料、配合比，未经批准不得改变；混凝土的质量和混合料配合比，承包人应按照质量管理要求进行自检。

三、小型机具法铺筑混凝土面层施工

小型机具铺筑水泥混凝土路面施工的工艺流程如图 7-1-1 所示。

1. 施工准备工作

1)机具设备准备

(1)小型机具铺筑施工的机具配套应与工程规模、施工进度相适应。选配的机械设备应符合表 7-1-8 的要求。施工前必须对机械设备进行全面的检查、调试、校核、标定、维修和保养，主要施工机械的易损零部件应有适量储备。

(2) 拌和站设置(图 7-1-2)。

①拌和站宜设置在摊铺路段的中间位置。

②场内合理布置应满足原材料储运、混凝土运输、供水、供电、钢筋加工等场地，减少占地。

③拌和站道路宜采用厚度不薄于 200mm、强度等级不低于 C15 混凝土的硬化。

④搅拌楼应设置废水处理设备，拌和场内做好排水设施。

⑤拌和站及配套设备应提前安装、检测、标定、调试、保养完毕，处于待用状态。

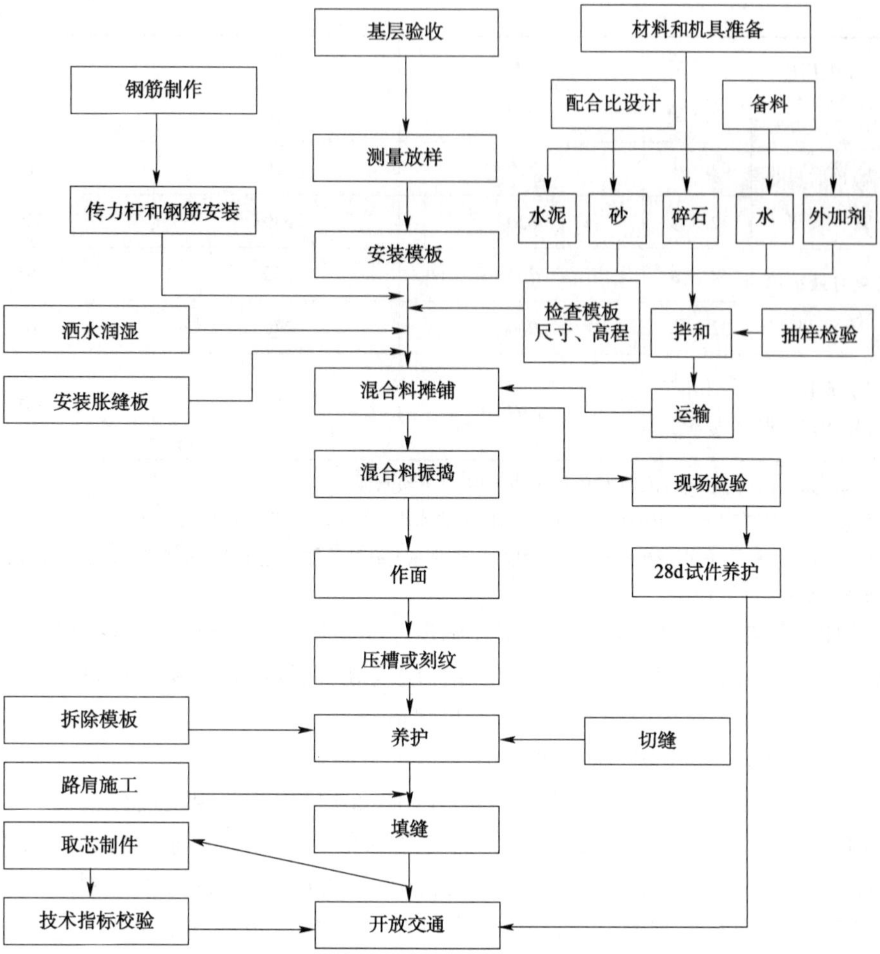

图 7-1-1　小型机具配套施工程序

小型机具施工配套机械、机具配置　　表 7-1-8

工作内容	主要施工机械机具
钢筋加工	钢筋锯断机、折弯机、电焊机等
测量	水准仪、全站仪
架设模板	与路面厚度等高 3m 长槽钢模板、固定钢钎,数量不少于 3d 摊铺用量
搅拌	强制式混凝土搅拌楼,单车道≥25(m^3/h),双车道≥50(m^3/h)
	装载机
	发电机,功率≥120kW
	供水泵和蓄水池,单车道≥100m^3,双车道≥200m^3
运输	5~10t 自卸车
振实	手持振捣棒,功率≥1.1kW,每 2m 宽路面不少于 1 根
	平板振动器,功率≥2.2kW,每车道路面不少于 1 个
	振捣整平梁,刚度足够,每车道路面不少于 1 根;2 个振动器功率≥1.1kW,每车道路面不少于 1 个振动器
	现场发电机 功率≥30kW,不少于 2 台

续上表

工 作 内 容	主要施工机械机具
提浆整平	提浆滚杠直径 15～20mm,表面光滑无缝钢管,壁厚≥3mm,一次摊铺单车道路面 1 根,双车道路面 2 根
	叶片式或圆盘式抹面机,每车道路面不少于 1 台
	3m 刮刀,每车道路面不少于 2 根
	手工抹刀,每米宽路面不少于 1 把
真空脱水	真空脱水机有效抽速≥15L/s,每车道路面不少于 1 台
	真空吸垫尺寸不小于 1 块板,每台吸水机应配 3 块吸垫
抗滑构造	工作桥不少于 3 个,人工拉毛齿耙、压槽器
切缝	软锯缝机、手推锯缝机、发电机
磨平	水磨石磨机
灌缝	灌缝机具
养护	压力式喷洒机或喷雾器,洒水车 4.5～8.0t,工地运输车 4～6t

2)技术准备

(1)参加设计单位路面设计负责人进行设计图纸及文件技术交底。

(2)审查图纸、设计文件和熟悉施工技术规范,编制施工组织设计。

(3)校核平面及高程控制桩,恢复路线中桩及边桩。

(4)对施工技术人员及操作工人、班组进行技术、安全、环保等技术交底。

图 7-1-2　水泥混凝土搅拌站

(5)建立具备相应资质的工地试验室,对原材料、配合比和路面质量进行检测和控制,提供符合交工检验、竣工验收和计量支付要求的自检结果。

3)现场准备

(1)修建施工便道

为保证基层不受施工车辆破坏和混凝土混合料的运送,应修建施工便道,并经常养护,确保畅通。

(2)基层的检测与修整

①面层铺筑前,应按规范的要求对基层进行验收,检测基层的强度、压实度、结构层厚度、宽度、路拱横坡、高程、平整度等,各项指标均应满足规范要求。

②当基层出现挤碎、隆起、空鼓等破坏情况时,应使用相同的基层料重铺。

③当出现严重裂缝时,应设置胀缝板,胀缝板应与路面胀缝或缩缝上下对齐。

④当基层产生非扩展性温缩、干缩裂缝时,应用灌沥青材料灌缝,还应在裂缝上粘贴油毡、土工布或土工织物,其覆盖宽度不应小于 1.0m,距裂缝最窄处不得小于 0.3m。

⑤当基层产生纵向扩展裂缝时,宜在裂缝所在的面板内增设补强钢筋网。

⑥合格基层长度至少满足机械连续施工 10d 以上的作业长度。

⑦摊铺前,基层表面应清扫干净并洒水润湿,清除积水。

4)铺筑试验路段

混凝土面层施工前,必须铺筑试验路段。试验路段长度不应短于200m,高速公路、一级公路宜在主线路面以外进行试铺。通过铺筑试验段检验以下施工环节:

(1)试拌。

①检验搅拌楼性能、确定合理拌和工艺。

②确定适宜摊铺的拌和参数:上料速度,拌和容量,搅拌均匀所需时间,新拌混凝土坍落度、振动黏度系数、含气量、泌水性、VC值和生产使用的混凝土配合比等。

(2)试铺。

①检验主要机械的性能和生产能力。

②确定辅助施工机械组合。

③检验路面摊铺施工工艺、确定摊铺机械工作参数。包括:模板架设固定方式或基准线设置方式,摊铺机械(具)的适宜工作参数,如松铺高度、摊铺速度、振捣时间与频率、滚压遍数、碾压遍数、压实度、中间和侧向拉杆置入情况等。

(3)按施工工艺要求检验施工组织形式和人员配备数量。

(4)建立混凝土原材料、拌和物、路面铺筑全套技术性能检验手段,熟悉检验方法。

(5)检验通信和生产调度指挥系统。

试验路段铺筑后,施工单位应提出试验路段总结报告,上报监理单位和建设单位批复。

2. 小型机具法水泥混凝土路面的施工

1)测量放样

测量放样是混凝土路面面层形成的重要过程,直接影响到板厚、板长、板宽以及板的高程。测量放样质量要求和允许偏差符合相应测量规范的规定。

测量放样的主要内容包括:中线、边线、每幅的摊铺宽度和位置、拉杆和传力杆位置、模板的顶面高程、胀缝和缩缝及施工缝位置等。

2)支立模板

(1)模板选用

模板应采用刚度足够的槽钢、轨模或钢制侧模板,不应使用木模板、胶模板等其他易变形的模板。钢模板的高度应为面板设计厚度,模板长度宜为3~5m。需设置拉杆时,模板应设拉杆插入孔。每米模板应设置1处支撑固定装置(图7-1-3)。模板数量应根据施工进度和施工气温确定,并应满足周转需要,模板总量一般不宜少于3~5d摊铺需要。

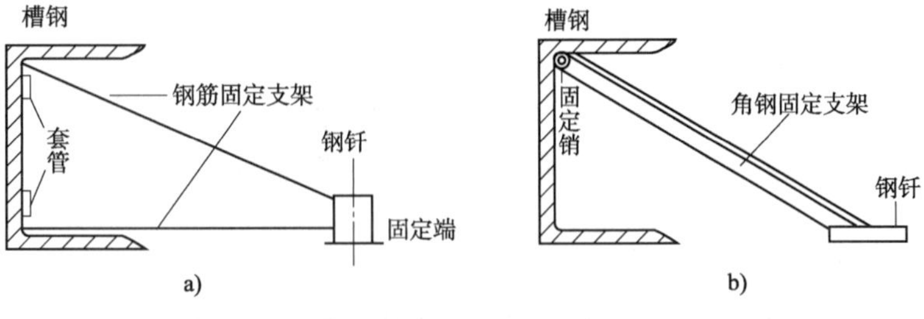

图7-1-3 (槽)钢模板焊接钢筋或角钢固定示意图

a)焊接钢筋固定支架;b)焊接角钢固定支架

(2)模板安装

模板是路面摊铺的几何基准,是铺筑设备作业和拌和物所依托的支撑条件,关系到定模摊铺的几何线形顺直度、厚度、平整度及其稳定性等关键质量指标,为此模板的安装极为重要,如图7-1-4所示。

①在路线两旁每100m布设临时水准点,核对路面高程、面板分块、胀缝和构造物位置。

②检查基层高程,对高处部分进行刮除,并清扫干净,低洼部分不再处理。

③支模前在基层上根据设计图纸进行模板安装及摊铺位置的测量放样,每10m布设中桩和边桩,其精度满足模板安装精确度的规定。

④纵横曲线路段应采用短模板,每块模板中点应安装在曲线切点上。

⑤模板顶高程即为混凝土面板顶面高程,用水准仪仔细检查,不符合时应予以调整。

⑥模板安装应牢固,不得出现移位、变形等现象。

⑦模板底与基层局部出现的间隙可用水泥砂浆填塞,模板接头应粘贴胶带或塑料薄膜等密封,以防止漏浆。

⑧模板安装完毕后,应检查其模板间距、顶面高程、模板牢固性、顺直度、垂直度(与地面垂直、与公路法线方向垂直)以及相邻板的高差。

⑨涂刷隔离剂,模板安装检验合格后,与混凝土拌和物接触的表面应涂刷脱模剂或隔离剂,以便拆模。

3)混凝土拌和物搅拌

(1)搅拌楼的配备

搅拌楼的配备应与水泥混凝土路面的铺筑速度相适应。应优先选配间歇式搅拌楼(图7-1-5),也可使用连续式搅拌楼。

图7-1-4　模板安装

图7-1-5　混凝土搅拌站

每台搅拌楼在投入生产前,必须进行标定和试拌。在标定有效期满或搅拌楼搬迁安装后,均应重新标定。施工中应每15d校验一次搅拌楼的计量精确度。

(2)试拌

试拌主要是确定混凝土拌和物的黏聚性、均匀性、工作性及稳定性。

为避免混合料被拌和机鼓筒吸附影响质量,应先拌适量1:2(水泥:砂)砂浆,废弃后再按规定配合比拌和混合料。拌和完成后,检查混凝土混合物的质量是否满足设计和规范要求,不满足要求时,进行调整,直至满足要求。

(3)拌和技术要求

①在混凝土拌和过程中,不得使用冰水、夹冰雪、表面沾染尘土和局部曝晒过热的砂石料。

②拌和配料。在开拌前,应先测量现场砂、石的实际含水率,如果材料规格含水率发生了变化,应及时修正施工配合比,并计算出砂、石、水等各种材料准确用量。

③开盘前校准称量设备以保证称量准确,其配料的计量允许误差为:水泥±1%,粗细集料±2%,掺和料±1%。水泥如以袋计量时,应抽测其质量是否准确,是否需要采取修正

措施。

④开盘前,按拌和用水标准,调整水量控制盘的指针,使每次加水量符合标准,其允许误差以 ±1% 控制。

⑤外加剂的掺入。若是加入固体外加剂,应先准确称量分包投放;如果使用液体外加剂,应于施工前 1d 准确地配制均匀测定浓度符合要求,允许误差为 ±1%,设专人负责添加。加入搅拌锅的外加剂溶液应充分溶解,施工中连续不间断地搅拌均匀。有沉淀的外加剂溶液,应每天清除一次稀释池中的沉淀物。

⑥进料次序:先上砂,再上水泥,最后上石料(先小后大);也可以按石料、水泥、砂的次序上料,固体外加剂和水泥同时放入。待全部材料都倒入料斗后,方可进行搅拌,同时开启水阀,使调整好的水量均匀洒布在正在拌和的料中。

⑦拌和时间。混合料拌和时间与拌和机的类型和混合料的和易性有关,拌和时间不得少于规范规定的最短时间,见表 7-1-9。

混凝土拌和物最短搅拌时间 表 7-1-9

搅拌机容量 (L)		转速 (r/min)	搅拌时间(s)	
			低流动性混凝土	干硬性混凝土
自由式	400	18	105	120
	800	14	165	210
强制式	375	38	90	100
	1500	20	180	240

图 7-1-6 检测新拌混凝土拌和物的坍落度

(4)拌和物的质量检验与控制

①拌和物应均匀一致,有生料、干料、离析或外加剂、粉煤灰成团现象的非均质拌和物严禁用于路面摊铺。

②拌和物出料温度宜控制在 10 ~ 35℃。

③一台搅拌楼的每盘之间,各搅拌楼之间,拌和物的坍落度最大允许偏差为 ±10mm(图 7-1-6)。

④搅拌过程中,应按规范要求对拌和物进行质量检验,预留抗弯拉强度和抗压强度试件。拌和物的质量检验项目和频率应符合表 7-1-10 的规定。

混凝土拌和物的质量检验项目和频率 表 7-1-10

检查项目	检查频率	
	高速公路、一级公路	其他公路
水胶比及稳定性	每 $5000m^3$ 抽检 1 次,有变化随时测	
坍落度及其均匀性	每工班测 3 次,有变化随时测	
坍落度损失率	开工、气温较高和有变化随时测	
振动黏度系数	试拌、原材料和配合比有变化时测	
泌水率	必要时测	
视密度	每工班测 1 次	
离析	随时观察	
含气量	每工班测 2 次,有抗冻要求不少于 3 次	每工班测 1 次,有抗冻要求不少于 3 次
温度、凝结时间、水化发热量	冬、夏季施工,气温最高、最低时,每工班至少测 1 ~ 2 次	冬、夏季施工,气温最高、最低时,每工班至少测 1 次

4)混凝土拌和物运输

(1)运输车辆

根据施工进度、运量、运距及路况,选择运输车辆和数量,总运力应比总拌和能力略有富余;应确保新拌混凝土在规定时间内运输到摊铺现场,通常应选配车况优良、载质量 10 ~ 15t 的自卸车(图 7-1-7)。流动性大的混凝土在运输途中易产生离析,宜选用搅拌运输车运送(图 7-1-8)。

图 7-1-7　自卸车装混凝土拌和物

图 7-1-8　混凝土搅拌运输车

(2)运输时间

运至现场的拌和物的坍落度将有所损失,但必须具有适宜摊铺的工作性。混凝土拌和物从搅拌机出料到运输、摊铺完毕允许最长时间,应符合表 7-1-11 中的规定,宜短于拌和物初凝时间 1h,同时也短于摊铺允许最长时间 0.5h。不满足时应通过试验加大缓凝剂或保塑剂的计量。超过规定摊铺允许最长时间的混凝土不得用于路面摊铺。

混凝土拌和物运输、摊铺完毕允许最长时间　　表 7-1-11

施工气温*(℃)	到运输完毕允许最长时间(h)		到铺筑完毕允许最长时间(h)	
	滑模、轨道	三轴、小机具	滑模、轨道	三轴、小机具
5 ~ 9	2.0	1.5	2.5	2.0
10 ~ 19	1.5	1.0	2.0	1.5
20 ~ 29	1.0	0.75	1.5	1.25
30 ~ 35	0.75	0.50	1.25	1.0

注:* 指施工气温指日平均气温,使用缓凝剂延长凝结时间后,本表值可增加 0.25 ~ 0.5h。

(3)运输技术要求

①使用自卸车运输混凝土最远运输半径不宜超过 20km。

②运输容器必须严密,以免水分流失。

③运送混凝土的车辆装料前,应清净厢罐,洒水润壁,排干积水。装料时,自卸车应挪动车位,搅拌楼卸料落差不应大于 2m,以防止离析。

④混凝土运输过程中应防止漏浆、漏料和污染路面,途中不得随意耽搁。自卸车运输应减小颠簸,车辆起步和停车应平稳,防止拌和物产生离析。

⑤混凝土一旦在车内停留超过初凝时间,应采取紧急措施处置,避免混凝土硬化在车厢(罐)内。

⑥在烈日、大风、雨天和低温天气条件下远距离运输时,自卸车应遮盖混凝土,罐车宜加保温隔热套。

⑦运输车辆在模板或导线区调头或错车时,严禁碰撞模板或基准线,一旦碰撞,应告知测量人员重新测量纠偏。

图 7-1-9　混凝土卸料

5)混凝土卸料

(1)拌和机搅拌的混合料卸出时,应通过溜槽和不小于 0.6m 长的垂直导管,如图 7-1-9 所示。

(2)专人指挥自卸车,准确卸料,避免混合料二次移动,造成离析。

(3)倾卸混合料须防止产生离析,同时应注意不要碰撞已安装好的模板。

6)混凝土布料

(1)布料前应进一步检查基层、模板间距(板宽)、高度(板厚)、模板支撑稳定性、基层平整度、基层润湿情况、传力杆及拉杆位置等是否符合要求。

(2)运输到现场的混合料,应先检查拌和质量,如发现问题应及时处理调整。如有离析现象应用铁锹翻拌均匀后再摊铺。

(3)传力杆、拉杆、角隅钢筋、边缘钢筋、钢筋网等按设计安放就位、固定,不得在铺筑混凝土混合料和振捣时移位。其安放的方式:

①可先摊铺钢筋下半部混合料并拍实,待钢筋就位后再摊铺上半部混合料。

②提前预制混凝土垫块,将垫块安放在钢筋的位置,上面放置钢筋后,在进行铺筑混凝土混合料。

③预制钢筋支架,用钢筋支架支撑钢筋或钢筋网。

(4)路面板厚不大于 220mm 时,可一次摊铺,大于 220mm 时,宜分两次摊铺。下层摊铺厚度宜为总厚的 3/5。

(5)松铺厚度应考虑振捣下沉,预留一定高度。

(6)用铁锹摊铺一定要扣锹摊铺,严禁抛掷,当摊铺到模板附近时,应靠近模板插捣密实,以免发生蜂窝麻面。

(7)当未完成一整块板摊铺因故停工时,应视停工时间长短做特殊处理。若停工半小时内,可将混合料表面用湿布覆盖,待恢复工作时将混合料耙松,继续摊铺;若停工超过半小时以上时,做施工缝处理,把不足一块板的混合料铲除废弃。

(8)现场取样制作抗压试件 1 组 3 块,制作抗折试件 1 组 3 块,并与路面同条件养护。

7)振捣

振捣应在混合料基本铺平后立即进行,振捣包括插入式振捣、振动板振捣、振动梁振捣。

(1)插入式振捣棒振捣

振捣棒可采用手持振捣棒或排式振捣棒,如图 7-1-10 所示,沿横断面连续振捣密实,路面板底、内部和边角处不得欠振或漏振。

①振捣棒插入深度宜离基层 30 ~ 50mm,振捣棒应轻插慢提,不得猛插快拔,严禁在拌和物中拖拉振捣棒振捣。

②振捣棒在每一处的持续时间,应以拌和物全面振动液化,表面不再冒气泡和泛水泥浆为限,不宜过振,也不宜少于 30s。

③振捣棒的移动间距不得大于作用半径的 1.5 倍,至模板边缘的距离不宜大于 200mm。

④振捣时,应避免碰撞模板、钢筋、传力杆和拉杆,并辅以人工补料。

⑤应随时检查振实效果及模板、拉杆、传力杆和钢筋网的移位、变形、松动、漏浆等情况，并及时纠正。

a)

b)

图 7-1-10 插入式振捣

a）插入式振捣棒振实；b）排式振捣机振实

（2）振动板振捣

①在振捣棒完成振实后，可用振动板纵横交错振捣，全面提浆。

②振动板移位时，应重叠 100 ~ 200mm，振动板在一个位置的持续振捣的时间不应少 15s。振动板须由两人提拉振捣和移位，不得拖拽或长时间持续振动。

③在振捣过程中，缺料部位辅以人工补料找平，移位控制以振动板底部和边缘泛浆厚度 3 ±1mm 为限。

（3）振动梁振捣（图 7-1-11）

①每幅摊铺宽度宜使用 1 根振动梁。振动梁底部应焊接或安装深度 4mm 左右的粗集料压实齿，保证（4 ±1）mm 的表面砂浆厚度。

②振动梁应垂直路面中线沿纵向拖行，往返 2 ~ 3 遍，使表面泛浆均匀平整。

③在振动梁拖振整平过程中，缺料处应使用混凝土拌和物填补，不得用纯砂浆填补，料多的部位应铲除。

8）整平饰面

（1）滚杠提浆整平

振动梁振实后，应拖动滚杠往返 2 ~ 3 遍后提浆整平，起到进一步的揉压、二次匀浆作用，如图 7-1-12 所示。

图 7-1-11 振动梁振实

图 7-1-12 滚杠提浆整平

①第一遍应短距离缓慢推滚或拖滚，以后应较长距离匀速拖滚，并将水泥浆始终赶在滚杠前方。

②遇到有个别露出石子处，要在原地反复滚动数次解决石子露头问题，多余水泥浆应铲除。

③经过滚压揉搓匀浆使表面有一层厚度 3 ~ 4mm 的滋润砂浆为宜。

(2)抹面机压浆整平饰面

拖滚后的表面宜采用3m刮尺,纵横整平饰面,如图7-1-13所示,或采用叶片式或圆盘式抹面机往返压实整平饰面,如图7-1-14所示,随时用3m直尺检查。

图7-1-13　整平饰面

图7-1-14　抹面机整平饰面

(3)精平

在抹面机完成作业后,应进行清边整缝,清除黏浆,修补缺边、掉角。两人配合用精刮尺(用6m长方钢制成)沿横向来回刮动,将抹光机造成的砂浆棱消除。

9)真空脱水

目前,在混凝土混合料拌和物中,往往掺加外加剂,不再需要真空脱水;对于面板厚度不大于240mm的三、四级公路混凝土面层,无掺外加剂条件降低水胶比时,应采用真空脱水工艺。

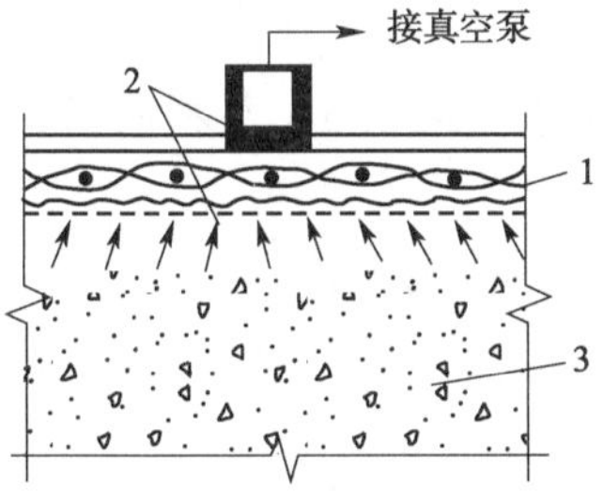

图7-1-15　真空脱水施工原理
1-真空垫;2-吸出的水;3-混凝土拌和物

(1)真空脱水特点

真空脱水工艺是指将水从混凝土拌和物中排出(图7-1-15),使拌和物水胶比小、密实性增加,同时,可提高混凝土的耐磨性。其缺点是真空脱水后,面板内形成了众多上下贯通的毛细管通道,有损于面板的实际弯拉强度、均匀性、平整度。因此,在使用真空脱水后,须采用振动梁、滚杠或抹面机反复压实抹面。

(2)真空脱水作业

①检查。真空泵空载真空度不小于0.08MPa,吸管、吸垫连接应密封,不得漏气,随机工具和修补材料应齐备。

②铺放吸垫。吸垫铺放应采取卷放,避免皱褶;边缘应重叠已脱水的面板50~100mm。

③脱水。开机脱水,真空度应逐渐升高,最大真空度不宜超过0.085MPa。脱水量应经过脱水试验确定。

④最短脱水时间的控制。最短脱水时间按面板厚度及昼夜平均气温确定,不宜短于现行施工规范的规定(17~35min)。当脱水达到规定时间和脱水量要求后(双控),应先将吸垫四周微微掀起10~20mm,继续抽吸15s,以便吸尽作业表面和吸管中的余水。

⑤注意事项。真空脱水整平后的路面,应采用硬刻槽方式制作抗滑构造;真空脱水混凝土路面切缝时间可比规定时间适当提前。

10)精平饰面

真空吸水后,重新压实精平。精平饰面后的面板表面应无抹面印痕,致密均匀,无露骨,平整度满足规范规定要求。

11）抗滑构造制作

（1）软拖制作细观抗滑构造

摊铺完毕或精平表面后宜使用钢支架拖挂1～3层叠合麻布、帆布或棉布，洒水湿润软拖制作细观抗滑构造，如图7-1-16、图7-1-17所示。采用人工修整表面时，宜使用木抹；用钢抹修整过的光面，必须再拖毛处理，以恢复细观抗滑构造。

图7-1-16　麻布拖毛

图7-1-17　拉毛机拉毛

（2）宏观抗滑构造的制作

宏观抗滑构造的制作可以采用拉毛拉槽、压槽或硬刻槽的方式进行。高速公路、一级公路混凝土路面宜采用硬刻槽。

①拉槽、压槽制作宏观抗滑构造。在混凝土表面泌水完毕20～30min内应及时用拉毛机械进行拉槽，拉槽深度2～4mm，槽宽3～5mm，槽间距15～25mm，每耙之间距离与槽间距相同，槽深基本均匀。

没有拉毛机时，可采用人工拉槽或压槽方式，是靠压辊自重来完成，需设置便桥，如图7-1-18、图7-1-19所示，压槽深为1～2mm，宽为3～4mm，凹槽间距以不等为好。拉槽或压槽，顺横坡方向进行，一次完成，中途不得停留。压槽的时间不宜过早或过晚，通常在抹面后，当用食指稍微加压按下能出现2mm左右深度的凹痕时，即为最佳拉毛时间，过早会使压槽过深，过晚压槽过浅。

图7-1-18　人工拉槽

图7-1-19　压槽

②硬刻槽制作宏观抗滑构造（图7-1-20）。硬刻槽应在路面养护后，路面抗压强度达到40%后可开始硬刻槽，并宜在两周内完成。硬刻槽后应随即将路面冲洗干净，并恢复路面的养护。

硬刻槽深度为3～5mm，槽宽3mm，槽间距在12～24mm之间随机调整。路面结冰地区，硬刻槽的形状宜使用上宽6mm、下窄3mm的梯形槽。硬刻槽机重量宜重不

图7-1-20　刻槽机进行硬刻槽

宜轻，一次刻槽最小宽度不应小于500mm，硬刻槽时不应出现掉边、掉角等板的破坏现象，亦不得中途抬起或改变方向，并保证硬刻槽到面板边缘。

抗滑槽可采用等间距或非等间距，为降低噪声宜采用非等间距抗滑槽。一般路段可采用横向槽或纵向槽，在弯道或要求减噪的路段宜使用纵向槽。

(3)修整

压槽和拉槽后，混凝土面板上都会出现"毛刺"，用平锹或水平刮尺将突出的"毛刺"铲刮掉。

12)模板的拆除

当混凝土抗压强度不小于8.0MPa方可以拆模，当缺乏强度实测数据时，边侧模板的允许最早拆模时间宜符合表7-1-12的规定。达不到要求，不能拆除端模时，可空出一块面板，重新起头摊铺，空出的面板待两端均可拆模后再补做。

混凝土面板允许最早拆模时间(h) 表7-1-12

昼夜平均气温(℃)	-5	0	5	10	15	20	25	≥30
硅酸盐水泥、R型水泥	240	120	60	36	34	28	24	18
道路、普通硅酸盐水泥	360	168	72	48	36	30	24	18
矿渣硅酸盐水泥	—	—	120	60	50	45	36	24

注：允许最早拆侧模时间从混凝土面板精整成形后开始计算。

拆模时，应先拆支撑，然后向外慢慢撬动模板，切忌损伤面板边、角或是摇动拉杆造成板的拉杆处开裂。拆下的模板应清除黏附在上面的砂浆，或修整涂刷隔离剂待用。

13)接缝施工

接缝不仅是水泥混凝土路面上最易损坏的部位，而且是发生唧泥、错台和断角等病害的根源，是水泥混凝土路面上的技术难点之一，必须引起高度重视。

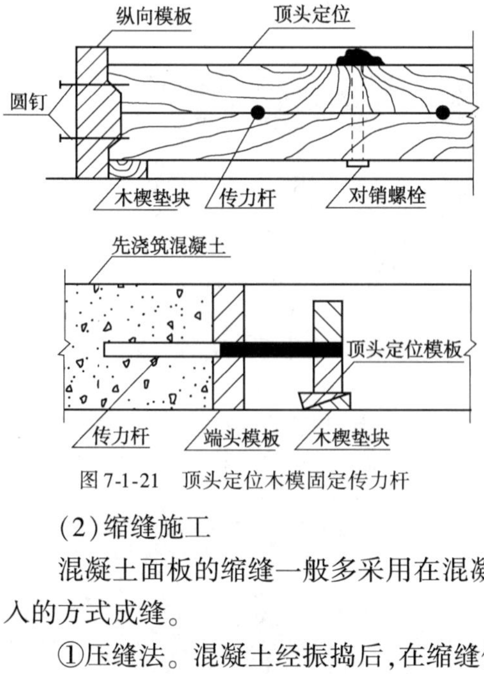

图7-1-21 顶头定位木模固定传力杆

(1)胀缝施工

①胀缝传力杆安装。传力杆安装一般可采用顶头定位木模固定(图7-1-21)和预制支架固定两种方法。预制支架固定又分为预制定位支架固定传力杆(图7-1-22)和预制支架固定传力杆的套管(图7-1-23)。要求传力杆能在一侧混凝土内自由伸缩。

②浇筑混凝土或灌封料。支立模板要稳固，经检查合格后，方可浇筑混凝土。在混凝土胀缝传力杆套筒下面设置钢筋和支架，以免由于传力杆的振动使混凝土受损。在混凝土振捣完成、收水抹面后，再浇灌填缝料。

(2)缩缝施工

混凝土面板的缩缝一般多采用在混凝土硬结后锯切，或在新混凝土面板施工时采用压入的方式成缝。

①压缝法。混凝土经振捣后，在缩缝位置上先用湿切缝刀切出一条细缝，然后将振动压缝板振入。压缝板为铁制，使用前应先涂刷废机油等润滑剂。

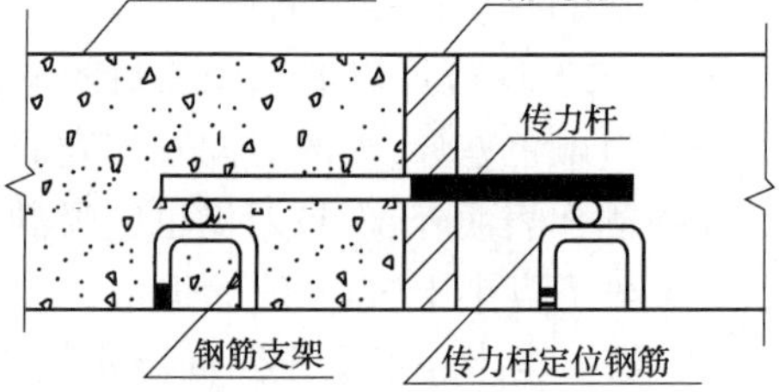

图 7-1-22　预制定位支架固定传力杆

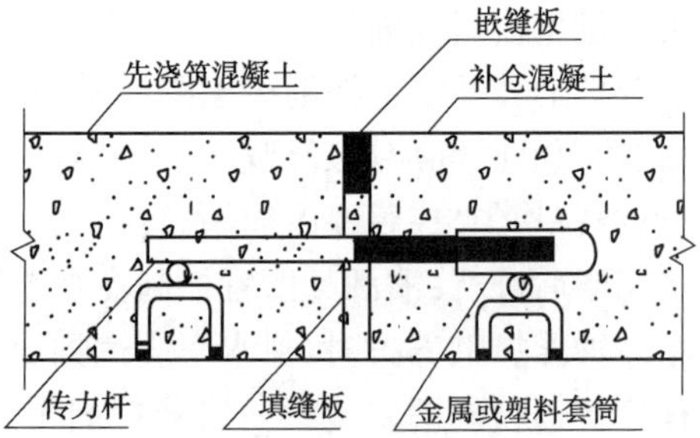

图 7-1-23　预制支架固定传力杆的套管

②切缝法。在混凝土浇捣完毕后，经养护混凝土强度达到设计强度 20% ~30% 时即可切缝。切缝使用切缝机在缩缝或纵缝位置切割（图 7-1-24），切缝方式有全部硬切缝、软硬结合切缝和全部软切缝三种，缝宽约为 6 ~8mm。

图 7-1-24　纵向缩缝的切缝

切缝时应掌握好切缝时间，否则易早期裂缝，造成断板，一般切缝应在混凝土面板开始收缩，自由开裂前进行。为了避免断板，切缝时可先间隔跳切（以 20 ~30m 为宜），然后在逐块切割。

横向切缝应与路中心线垂直，即公路该点的法线方向，纵向切缝与公路中线平行，切缝深度与采用的切缝方式见表 7-1-13，并符合设计要求。

根据施工气温所推荐的切缝方式　　表 7-1-13

昼夜温差(℃)	切缝方式	缩缝切深
<10	硬切缝，最长时间不得超过 24h	硬切缝 1/4 ~1/5 板厚
10 ~15	软硬结合切缝，每隔 1 ~2 条提前软切缝，其余用硬切缝补切	软切深度不应小于 60mm；不足者应硬切补深到 1/3 板厚，已断开的缝不补切
>15	宜全部软切缝，抗压强度为 1 ~1.5MPa，人可行走。软切缝不宜超过 6h	软切缝深大于等于 60mm，未断开的接缝，应硬切补深到不小于 1/4 板厚

（3）纵缝施工

采用固定模板施工时，应在振实过程中，从侧模预留孔中手工插入拉杆。

①拉杆在相邻版的埋置长度要符合设计要求。

②拉杆在混凝土中的上下位置符合设计要求，混凝土混合料振捣后，按要求调整好拉杆位置。

③浇筑另一幅时，先调整外露部分拉杆，再在侧壁上涂抹沥青，然后浇筑混凝土。

（4）施工缝施工

施工缝一般设在缩缝处，施工缝必须设置端头模板和传力杆，杆上不设套管，可参照纵缝拉杆安装方法。

14）养护、灌缝

（1）养护

混凝土路面铺筑完成或软制作抗滑构造完毕后应立即开始养护。养护的方式主要有喷洒养护剂、覆盖塑料薄膜等。在昼夜温差大的地区，路面摊铺后 3d 内宜采取覆盖等保温措施以防止发生裂缝和断板。

①养护剂养护。水泥混凝土路面采用喷洒养护剂方式养护时，养护剂喷洒剂量、成膜厚度、适宜的喷洒时间应通过现场试验确定。喷洒养护剂的厚度应足以形成完全封闭的薄膜为宜；喷洒应均匀，成膜厚度应一致；喷洒后的表面不得有颜色差异；喷洒时间宜在表面混凝土泌水完毕后进行；喷洒高度宜控制在0.5～1m。除喷洒上表面外，面板两侧也应喷洒。单独采用一种养护剂养护时，保水率应达到90%以上，一般不应小于300mL/m^{2}原液。也可采用两种养护剂喷洒两层或喷一层养护剂再加覆盖的方法。当水泥混凝土路面泌水较多时，应延迟喷洒养护剂的时间，待泌水基本结束后再喷洒养护剂。

②覆盖塑料薄膜养护（图7-1-25、图7-1-26）。覆盖塑料薄膜的时间，以不压坏细观抗滑构造为准。薄膜厚度和韧度应合适，宽度应大于覆盖面600mm；两条薄膜对接时，搭接宽度不应小于400mm；覆盖在路面上的薄膜，应用细土或砂盖严实，防止薄膜被钢筋刮破或被风吹破和掀走。养护期间应始终保持薄膜完整，薄膜破裂时应立即洒水补盖或修补。

图7-1-25　覆盖保湿膜养护

图7-1-26　塑料薄膜养护

③覆盖洒水湿养护。宜使用保湿膜、土工毡、土工布等覆盖物保湿养护并及时洒水，应保持混凝土表面始终处于潮湿状态，并由此确定每天的洒水遍数。

④养护时间。养护时间应根据混凝土弯拉强度增长情况而定，不宜小于设计弯拉强度的80%，应特别注重前7d的保湿（温）养护。一般养护天数宜为14～21d，低温天不宜少于21d。掺粉煤灰的混凝土路面，最短养护时间不宜少于28d，低温天应适当延长。

⑤养护期保护。混凝土板在养护期间和填缝前，严禁人、畜、车辆通行，在达到设计强度40%，撤去养护覆盖物后，行人方可通行。在确需行人、牲畜、畜力车、人力车、汽车横穿平面道口时，在路面养护期间，应在道口搭建临时便桥。

（2）灌缝

混凝土板养护期满后，应及时灌缝。填缝的目的是为了防止水渗入基层造成损坏，同时阻止小石块掉进缝隙妨碍水泥板自由伸缩。

①清缝。水泥混凝土路面的填缝施工先用切缝机清除接缝中夹杂的砂石、凝结的泥浆等（图7-1-27），再使用压力大于等于0.5MPa的压力水（图7-1-28）和压缩空气自高向低彻底清除接缝中的尘土及其他污染物，确保缝壁及内部清洁、干燥。缝壁检验以擦不出灰尘为灌缝标准，晒干后才可填缝。

②备料。常温施工式填料，如聚（氨）酯、硅树脂类，氯丁橡胶类，乳化沥青橡胶类等。按规定比例将两组分材料按1h所需灌缝量混合均匀，并应随伴随用。

加热施工式填缝料，如聚氯乙烯胶泥、橡胶沥青类等要求均匀加热，聚氯乙烯胶泥的灌入温度为136～140℃，橡胶沥青为100～170℃，使用加热填缝料时应将填缝料加热至规定温度,加热过程中应将填缝料融化,搅拌均匀,并保温使用。滤去渣物后即可倒入预热填缝机内进行灌注施工。施工时要求气温应大于150℃,若气温过低时,应用喷灯将接缝预热以增加黏结性。

图7-1-27　切割机切割、清理

图7-1-28　高压水枪冲洗

③灌缝。先挤压嵌入直径9～12mm多孔泡沫塑料背衬条,如图7-1-29所示,再灌缝。灌缝的形状系数宜控制在2～4之间左右,灌缝深度宜为15～20mm,最浅不得小于15mm,灌缝顶面热天应与板面齐平;冷天应填为凹面,中心低于板面1～2mm,(图7-1-30)。

图7-1-29　嵌入背衬条图

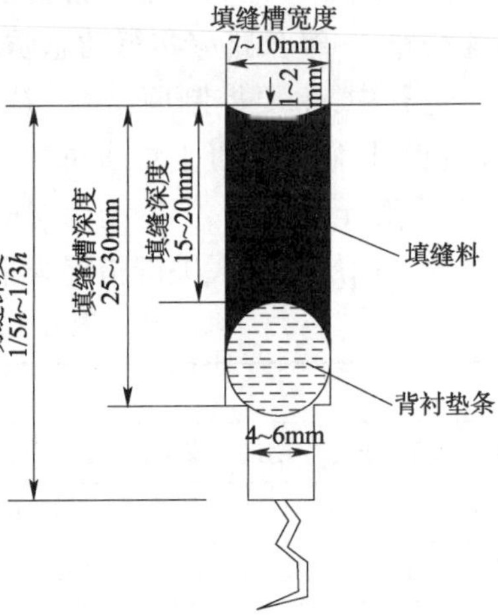

图7-1-30　缩缝切缝、填缝(槽)、垫条细部尺寸图

灌缝可使用填缝枪(图7-1-31),也可使用填缝机(图7-1-32)。填缝机工作时,前进速度与出料速度必须协调,使其均匀出料并灌到规定高度。在填缝的同时边填边用铁钩来回勾动,使缝壁上残存的灰尘掺入填料中以增加与缝壁的黏结性。填缝必须饱满、均匀、厚度一致并连续贯通,填缝料不得缺失、开裂和渗水。施工中应保面板清洁,洒溢填料应及时清除,保持面板色泽一致。

图7-1-31　填缝枪灌缝

④养护。常温施工式填缝料的养护期,低温天宜为24h,高温天宜为12h。加热施工式填缝料的养护期,低温天宜为2h,高温天宜为6h。在灌缝料养护期间应封闭交通。

⑤路面胀缝和桥台隔离缝等的灌缝。路面胀缝和桥台隔离缝等应在填缝前进行处理,凿除嵌入的木条,涂黏结剂后,嵌入胀缝填缝料,当胀缝的

宽度不一致或有啃边、掉角等现象时,必须灌缝。

图 7-1-32　填缝机灌缝

15)开放交通

养护期禁止通行,养护期满后可开放交通。

四、水泥混凝土路面施工过程中的质量管理与检查

1. 施工过程中的质量管理

施工单位应随时对施工质量进行自检,发现异常情况,应加大检测频率,找出原因,及时处理。高速公路、一级公路应实行动态质量管理。

在施工过程中,主要控制原材料、混凝土拌和物、混凝土面层质量,通过检测、分析、调整、反馈等过程,控制好混凝土路面质量。

原材料、混凝土混合料、混凝土面层的检测指标和标准分别按表 7-1-14 ~ 表 7-1-17 中规定进行。混凝土面层的三大关键指标为平整度、弯拉强度和板厚。

混凝土原材料的检测项目　　表 7-1-14

材　料	检查项目
水泥	抗折强度、抗压强度,安定性,凝结时间,标稠需水量,细度,温度、水化热
	f-CaO、MgO、SO_3含量,铝酸三钙、铁铝酸四钙,干缩率、耐磨性、碱度,混合材料种类及数量
粉煤灰	活性指数、细度、烧失量、需水量比、SO_3含量
粗集料	针片状、超径颗粒含量,级配,表观密度,堆积密度,空隙率,含泥量、泥块含量,碱集料反应,含水率,坚固性,岩石抗压强度,压碎指标
砂	细度模数,表观密度,堆积密度,空隙率,级配,含泥量、泥块、石粉含量,坚固性,云母含量轻物质与有机物含量,含盐量(硫酸盐、氯盐),含水率
外加剂	减水剂减水率,液体外加剂含固量和相对密度,粉状外加剂的不溶物含量
	引气剂引气量、气泡细密程度和稳定性
钢纤维	抗拉强度、弯折性能、长度、长径比、形状
	杂质、质量及其偏差
养护剂	有效保水率、抗压强度比、耐磨性、耐热性、膜水溶性、含固量、成膜时间
水	pH 值、含盐量、硫酸根及杂质含量

在混凝土路面铺筑过程中,路面各技术指标的质量检验评定标准应符合《公路工程质量检验评定标准》(JTG F80/1—2017)的相关规定。对于滑模、碾压和三辊轴机组铺筑混凝土路面的关键工序宜拍摄照片或进行录像,作为现场记录保存。

水泥混凝土路面铺筑质量标准及检查项目、频率和方法 表 7-1-15

项次	检查项目		质量标准		检查频率		检查方法
			高速公路、一级公路	其他公路	高速公路、一级公路	其他公路	
1	弯拉强度	标准小梁弯拉强度(MPa)	按 JTG/T F30—2014 附录 H 评定		每班组 2~4 组试件,日进度<500m 留 2 组;≥500m 留 3 组;≥1000m 留 4 组,测算 f_{cs}、f_{min}、C_v	每班组 1~3 组试件,日进度<500m 留 1 组;≥500m 留 2 组;≥1000m 留 3 组,测算 f_{cs}、f_{min}、C_v	JTG E30 中的 T 0552、T 0558
		路面钻芯劈裂强度换算弯拉强度(MPa)			每车道每 3km 钻取 1 个芯样,单独施工硬路肩为 1 个车道,测算 f_{cs}、f_{min}、C_v	每车道每 2km 钻取 1 个芯样,单独施工硬路肩为 1 个车道,测算 f_{cs}、f_{min}、C_v	JTG E30 中的 T 0552、T 0561
2	板厚度(mm)		平均值≥-5;极值≥-15,C_v 值符合设计规定		路面摊铺宽度内每 100m 左右各 2 处,连接摊铺每 100m 单边 1 处	路面摊铺宽度内每 100m 左右各 1 处,连接摊铺每 100m 单边 1 处	板边与岩心尺测,岩心最终判定
3	纵向平整度	σ(mm)	≤1.32	≤2.00	所有车道连续检测		车载平整度检测仪
		IRI(m/km)	≤2.20	≤3.30			
		3m 直尺最大间隙 Δh(mm)(合格率应≥90%)	≤3	≤5	每半幅车道每 100m 测 2 处,每处 10 尺	每半幅车道每 200m 测 2 处,每处 10 尺	3m 直尺
4	抗滑构造深度 *TD*(mm)	一般路段	0.70~1.10	0.40~0.90	每车道及硬路肩每 200m 测 2 处	每车道及硬路肩每 200m 测 1 处	铺砂法
		特殊路段	0.80~1.20	0.60~1.00			
5	摩擦系数 S_{FC}	一般路段	≥50	—	行车道、超车道全长连续检测,每车道每 20m 连续检测 1 个测点	一般路段免检,仅检查特殊路段,每车道每 20m 连续检测 1 个测点,不足 20m 测 1 个测点	JTG E60 中的 T 0965
		特殊路段	≥55	≥50			
6	取芯法测定抗冻等级	严寒地区	≥250	≥200	每车道每 3km 钻取 1 个芯样	每车道每 5km 钻取 1 个芯样	JTG E30 中的 T 0552
		寒冷地区	≥200	≥150			

水泥混凝土面层铺筑几何尺寸质量标准及检查项目、频率和方法 表 7-1-16

项次	检查项目		质量标准			检查频率		检查方法
			高速公路、一级公路		其他公路	高速公路、一级公路	其他公路	
1	相邻板高差(mm) ≤		2		3	每 200m 纵横缝 2 条,每条 3 处	每 200m 纵横缝 2 条,每条 3 处	尺测
2	连续摊铺纵缝高差(mm) ≤		平均值	3	5	每 200m 纵向工作缝,每条 3 处,每处间隔 2m 测 3 尺,共 9 尺	每 200m 纵向工作缝,每条 2 处,每处间隔 2m 测 3 尺,共 9 尺	尺测
			极值	5	7			
3	接缝顺直度(mm) ≤		10			每 200m 测 6 条	每 200m 测 4 条	20m 拉线测
4	中线平面偏位(mm) ≤		20			每 200m 测 6 点	每 200m 测 4 点	经纬仪测
5	路面宽度(mm) ≤		±20			每 200m 测 6 处	每 200m 测 4 处	尺测
6	纵断高程(mm)		平均值 ±5;极值 ±10		平均值 ±10;极值 ±15	每 200m 测 6 点	每 200m 测 4 点	水准仪测
7	横坡度(%)		±0.15		±0.25	每 200m 测 6 个断面	每 200m 测 4 个断面	
8	路缘石顺直度和高度(mm) ≤		20		20	每 200m 测 4 处	每 200m 测 2 处	20m 拉线测
9	灌缝饱满度(mm) ≤		2		3	每 200m 接缝测 6 处	每 200m 接缝测 4 处	测针加尺量
10	最浅切缝深度(mm) ≥	缝中有拉杆、传力杆	80		80	每 200m 测 6 处	每 200m 测 4 处	尺测
		缝中无拉杆、传力杆	60		60			

水泥混凝土面层铺筑的质量缺陷检查项目、标准、频率和方法 表 7-1-17

项次	检查项目	质量标准		检查频率		检查方法
		高速公路、一级公路	其他公路	高速公路、一级公路	其他公路	
1	断板率(%) ≤	0.2	0.4	数断板面板块数占总块数比例	数断板面板块数占总块数比例	数断板

续上表

项次	检查项目	质量标准		检查频率		检查方法
		高速公路、一级公路	其他公路	高速公路、一级公路	其他公路	
2	断角率(%) ≤	0.1	0.2	数断角面板块数占总块数比例	数断角面板块数占总块数比例	数断角
3	破损率(%) ≤	0.2	0.3	计算破损面积与板块面积百分率	计算破损面积与板块面积百分率	尺测面积
4	路表面和接缝缺陷	不应有	不应有	每块面板坑穴、鼓包和每条接缝啃边、掉角及填缝料缺失、开裂	每块面板坑穴、鼓包和每条接缝啃边、掉角及填缝料缺失、开裂	眼睛观察
5	胀缝板倾斜(mm) ≤	20	25	每块胀缝板两侧	每块胀缝板两侧	垂线加尺测
	胀缝板弯曲和位移(mm) ≤	10	15	每块胀缝板3处	每块胀缝板3处	拉线加尺测
	胀缝板连浆(mm)	不允许	不允许	每块胀缝板	每块胀缝板	安装前检查
6	传力杆偏斜(mm) ≤	10	13	每车道每公里测4条缩缝每条测1根	测设传力杆缩缝1条，每条测3根	钢筋保护层仪

2. 水泥混凝土路面交工质量检查验收

施工单位应在路面工程完工后，按基本要求、实测项目、外观鉴定、内业资料进行自查，对工程质量进行自我评分。监理工程师应按要求对工程质量进行检查，对施工自查资料进行签认和评分。质量监督部门根据抽查资料和确认的施工自查资料以及监理工程师的质量管理资料对工程质量进行评定，作为交工、竣工验收评定等级的依据。

1)基本要求

(1)基层质量必须符合规定要求，并应进行弯沉测定，验算的基层整体模量应满足设计要求。

(2)水泥强度、物理性能和化学成分应符合国家标准及有关规范的规定。

(3)粗细集料、水、外掺剂及接缝填缝料应符合设计和施工规范要求。

(4)施工配合比应根据现场测定水泥的实际强度进行计算，并经试验，选择采用最佳配合比。

(5)接缝的位置、规格、尺寸及传力杆、拉力杆的设置应符合设计要求。

(6)路面拉毛或机具压槽等抗滑措施,其构造深度应符合施工规范要求。

(7)面层与其他构造物相接应平顺,检查井盖顶面高程应高于周边路面 1 ~ 3mm。雨水口高程按设计比路面低 5 ~ 8mm,路面边缘无积水现象。

(8)混凝土路面铺筑后按施工规范要求养护。

2)实测项目(表 7-1-18)

水泥混凝土面层实测项目 表 7-1-18

项次	检查项目		规定值或允许偏差		检查方法和频率
			高速公路、一级公路	其他公路	
1△	弯拉强度 (MPa)		在合格标准之内		按《公路工程质量检验评定标准》(JTG F80/1—2017)附录 C 检查
2△	板厚度(mm)	代表值	-5		按《公路工程质量检验评定标准》(JTG F80/1—2017)附录 H 检查每 200m 每车道 2 处
		合格值	-10		
		极值	-15		
3	平整度	σ(mm)	≤1.32	≤2.0	平整度仪:全线每车道连续检测,每 100m 计算σ、IRI
		IRI (m/km)	≤2.2	≤3.3	
		最大间隙 h (mm)	3	5	3m 直尺:每 200m 测 2 处 ×5 尺
4	抗滑构造深度 (mm)	一般路段	0.7 ~ 1.1	0.5 ~ 1.0	铺砂法:每 200m 测 1 处
		特殊路段	0.8 ~ 1.2	0.6 ~ 1.1	
5	横向力系数 S_{FC}	一般路段	≥50	—	按附录 L 检查,每 20m 测 1 点
		特殊路段	≥55	≥50	
6	相邻板高差 (mm)		≤2	≤3	尺量:胀缝每条测 2 点;纵、横每 200m 抽查 2 条,每条测 2 点
7	纵、横缝顺直度 (mm)		≤10		纵缝 20m 拉线尺量,每 200m 测 4 处;横缝沿板宽拉线尺量,每 200m 测 4 条
8	中线平面偏位 (mm)		20		全站仪:每 200m 测 2 点
9	路面宽度 (mm)		±20		尺量:每 200m 测 4 点
10	纵断高程(mm)		±10	±15	水准仪:每 200m 测 2 断面
11	横坡(%)		±0.15	±0.25	水准仪:每 200m 测 2 断面
12	断板率		≤0.2	≤0.4	目测:全部检查,数断板面板块数占总块数的比例

注:表中 σ 为平整度仪测定的标准差;IRI 为国际平整度指数;h 为 3m 直尺与面层的最大间隙。

3)水泥混凝土面层外观质量应符合下列规定

(1)不应出现板的外观限制缺陷。

(2)面板不应有坑穴、鼓包和掉角。

(3)接缝填注不得漏填、松脱、不应污染路面。

(4)路面无积水。

任务思考

1. 简述水泥混凝土路面小型机具铺筑施工的程序。
2. 简述水泥混凝土路面模板安装的注意事项。
3. 简述水泥混凝土路面人工施工安放钢筋的注意事项。
4. 混凝土拌和物应检验哪些项目?
5. 简述水泥混凝土路面人工施工摊铺和振捣的注意事项。
6. 水泥混凝土路面如何养护?
7. 水泥混凝土路面有哪些填缝料?

任务评价

任务考核评价表见附表。

知识拓展应用

阅读资料7-1:水泥混凝土路面小型机具铺筑施工法工程实例,见数字资源42。

42-水泥混凝土路面小型机具铺筑施工

任务7-2　三辊轴机组摊铺施工

任务描述

某厂区道路,设计为普通水泥混凝土路面,设计强度为4.5MPa,面板厚度为240mm,尺寸为6.0m×4.0m,尝试写出本工程采用三辊轴机组摊铺的施工技术方案。

任务目标

1. 能对现场原始材料进行调查分析。
2. 能够进行原材料的选择、会进行配合比设计。
3. 能选择合理的机械设备。
4. 能进行三辊轴机组摊铺施工环节质量控制和质量验收。

建议课时

4课时。

任务引领和分析

三辊轴机组铺筑混凝土面层时,按照支模、安装钢筋、布料、振捣、三辊轴整平、精平、养护、刻槽(拉毛)、切缝、填缝的等程序进行施工。

任务实施

三辊轴机组铺筑施工工法适用于二级及二级以下公路水泥混凝土面层施工，也可用于高速公路、一级公路硬路肩、匝道、收纳广场边板、封闭式中央分隔带、弯道超高加宽段硬路肩以及局部异形面板等的施工，或用于路面断板、碎板等局部少量板块的翻修改建。

一、材料要求

1. 水泥

宜采用旋窑道路硅酸盐水泥，也可采用旋窑硅酸盐水泥或普通硅酸盐水泥。水泥强度等级不宜低于32.5级，初凝时间不早于45min，终凝时间不迟于10h。80μm筛余不大于10%。各交通等级路面水泥抗折强度、抗压强度应符合《公路水泥混凝土路面施工技术细则》(JTG/T F30—2014)规定。

可参见任务7-1中材料要求。

2. 细集料

细集料应采用质地坚硬、耐久、洁净的天然砂、机制砂或混合砂，抗(盐)冻性、砂的硅质含量等技术指标应满足规范要求。

细集料的级配要求应符合技术规范要求，天然砂宜为中砂，同一配合比用砂的细度模数变化范围不应超过0.3。否则，应分别堆放，并调整配合比中的砂率后使用。

可参见任务7-1中材料要求。

3. 粗集料

粗集料应使用质地坚硬、耐久、洁净的碎石，抗(盐)冻性、砂的硅质含量、吸水率等技术指标应满足规范要求。粗集料的级配要符合《公路水泥混凝土路面施工技术细则》(JTG/T F30—2014)要求。

可参见任务7-1中材料要求。

4. 外加剂

在施工混凝土过程中，使用引气减水剂既可以提高混凝土路面使用的耐久性，也可以根据需要掺用普通减水剂、高效减水剂。运输距离较长或高温季节施工时，要掺用缓凝剂，冬天施工时建议掺早强剂和防冻剂。

可参见任务7-1中材料要求。

5. 钢筋

(1)钢筋必须按不同钢种、等级、牌号、规格及生产厂家分批验收，分别堆放储存，不得混杂，且应设立识别标志。钢筋在运输过程中，应避免锈蚀和污染。

(2)钢筋表面应洁净，使用前应将表面油渍、漆坡、鳞锈等清除干净，钢筋外表有严重锈蚀、麻坑、裂纹夹砂和夹层等缺陷时应予剔除，不得使用。钢筋应平直，无局部弯折，成盘的钢筋和弯曲的钢筋应调直才能使用。

可参见任务7-1中材料要求。

6. 填缝材料

可参见任务7-1中材料要求。

二、机械设备、工具、器具

1. 主要机械设备

三辊轴机组摊铺水泥混凝土面层主要机械设备和配备数量见表7-2-1。

路面施工主要机械设备表 表7-2-1

序　号	设备名称	型号及功率	备注(参考)
1	拌和站	强制式混凝土搅拌楼 $30m^3/h$	1座
2	装载机	ZL50型轮胎式	1台
3	发电机	100kW	1台
4	自卸汽车	10t	10台
5	三辊轴机组		1套
6	挖掘机	日立70	1台
7	水车	10t	2台

2. 其他设备、工具、器具

(1)钢筋加工设备:钢筋锯断机、折弯机、电焊机等。

(2)测量设备:水准仪、经纬仪、全站仪等。

(3)模板:侧模板、端模板、钢钎等。

(4)运输设备:自卸汽车。

(5)摊铺辅助设备:排式振捣器、拉杆插入机、刮尺等。

(6)成品保护设备:防雨棚、路障、警戒线等。

(7)小型机具:锯缝机、发电机、照明设备等。

(8)养护设备:喷雾器、洒水车、塑料薄膜、草袋、麻袋等。

三、施工人员配备(表7-2-2)

施工人员配备表 表7-2-2

序　号	工作内容	配备人数
1	拌和站操作、机修(兼看皮带)	2
2	拌和站料仓及皮带清理	2
3	拌和站指挥翻斗车	1
4	扫道	1
5	指挥车及布料	4
6	排振及三辊轴机组	2
7	耙子工(大、小)	2
8	饰面及拉毛	2
9	安装及拆卸模板	6
10	切缝	2
11	养护	3
合　计		27

四、三辊轴机组铺筑混凝土面层施工

1. 施工工艺流程

三辊轴机组铺筑混凝土面层的施工工艺流程图,如图 7-2-1 所示。

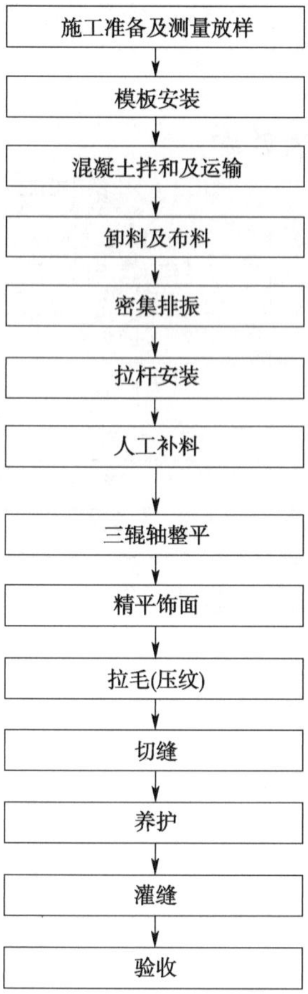

图 7-2-1　三辊轴机组铺筑混凝土面层施工工艺流程图

2. 施工要求

材料准备、技术交底,拌和楼安装、标定、调试,配合比设计、下承层要求及验收、施工便道、测量放样、模板施工,混凝土混合料的拌和、运输、卸料及布料,整平、饰面、拉毛、切缝、养护、填缝、质量检查与验收等施工要求,参见任务 7-1 相关内容。

1)三辊轴机组密排振实

(1)混凝土拌和物布料长度大于 10m 时,可开始振捣作业。

(2)振捣作业采用插入密排振捣棒时,间歇插入振捣,每次移动距离不宜超过振捣棒有效作用半径的 1.5 倍,并不得大于 500mm,振捣时间宜为 15 ~ 30s。

(3)采用排式振捣机连续施行振捣(图 7-2-2)时,作业速度宜控制在 2m/min 以内,振捣速度匀速缓慢,振捣连续不间断地进行,其作业速度以拌和物表面不露粗集料,液化表面不再冒气泡,并泛出水泥浆为准。

2)拉杆安装

(1)面板振实后,立即安装纵缝拉杆。

(2)单车道摊铺的混凝土路面,在侧模预留孔中按设计要求插入拉杆。

(3)一次摊铺双车道路面时,除在侧模孔中插入拉杆外,还在中间纵缝部位,使用拉杆插入机在 1/2 板厚处插入拉杆,插入机每次移动的距离与拉杆间距相同。

3)人工补料

在三辊轴滚压前,振实料位高度宜高于模板顶面 5 ~ 20mm,在滚压后进行观察,混凝土表面过高时人工铲除,过低时用混合料补平,应使表面大致平整,无踩踏和混合料分层离析现象,严禁使用水泥浆找平。

图 7-2-2　混凝土振捣

4)三辊轴整平

(1)作业单元划分。三辊轴整平机按作业单元分段整平,作业单元长度宜为 20 ~ 30m,振捣机振实与三辊轴整平两道工序之间的时间间隔不超过 15min。

(2)滚压方式与遍数。三辊轴整平机在一个作业单元长度内,采用前进振动、后退静滚方式作业,分别滚压 2 ~ 3 遍。滚压遍数与料位高差、坍落度、整平机的重量和振捣烈度有关。

(3)料位的高、低控制。在三辊轴整平机作业时,有专人处理轴前料位的高低情况,过高时,辅以人工铲除,轴下有间隙进,使用混凝土找补(图 7-2-3)。

(4)静辊整平。滚压完成后，将振动辊轴抬离模板，用整平轴前后静辊整平，直到平整度符合要求，表面砂浆厚度均匀为止。

(5)表面砂浆控制。表面砂浆厚度控制在(4±1)mm，三辊轴整平机前方被振动轴提起向前推移的水泥砂浆，逐渐变稀浆，要人工刮除丢弃，刮除的砂浆不能再用于路面内，上一作业单元的水泥砂浆不得向下一个作业单元推赶。

5)整平饰面

(1)整平饰面。三辊轴摊铺的整平施工宜在混凝土初凝时间的1/3以内完成，并立即用刮尺进行第一遍饰面。在推拉过程中，调整好刮尺底面与路面的接触角度，刮尺底面前缘离开路面。用长3～5m的饰面刮尺，纵向摆放，从路面以外，沿横坡方向，由板的一边向另一边拉刮，使表面砂浆沿横向也均匀。第一遍用刮尺整平饰面，应在整平轴静滚整平后尽快进行，推拉刮尺的速度应均匀，刮尺在推拉方向的前缘离开浆面，使刮出的浆被刮尺始终压住，刮尺推拉方向与浆面保持一定的角度。

(2)精平饰面。第一遍刮尺饰面后留下的浆条，必须进行第二遍(图7-2-4)。第二遍或最后一遍刮尺饰面以不留下明显的浆条为宜，宜在混凝土初凝时间的1/2以前完成。在纵、横两个方向进行精平饰面，纵向不少于3遍，横向不少于2遍。刮尺、刮板、抹面机、抹刀饰面的最迟时间不得超过规定的铺筑完毕允许最长时间。

图7-2-3　三辊轴施工作业

图7-2-4　刮尺饰面

6)拉毛

摊铺完毕精整平表面后，并用3m直尺检查平整度，如图7-2-5所示，合格后进行表面横向纹处理，用塑料焊条压纹，压纹深度均匀，两板间纹路顺直，如图7-2-6所示。

图7-2-5　3m尺检查平整度

图7-2-6　成型压纹

7)交工验收

路面施工完工后，根据《公路工程质量检验评定标准》(JTG F80/1—2017)要求对全线进行包括弯拉强度、板厚、平整度、抗滑构造深度、相邻板高差、纵、横缝顺直度、中线平面偏位、路面宽度、纵断高程等指标进行检测，并提交全线检测结果、施工总结报告及全部原始记录等齐全资料，申请交工验收。

任务思考

简述水泥混凝土路面三辊轴机组铺筑施工的程序。

任务评价

任务考核评价表见附表。

任务 7-3 滑模摊铺法施工

任务描述

某高速公路，设计为普通水泥混凝土路面，设计强度 5MPa，面板厚度为 260mm，尺寸为 5.0m×3.75m，尝试写出本工程采用滑膜摊铺法的施工技术方案。

任务目标

1. 能对现场原始材料进行调查分析。
2. 能够进行原材料的选择、会进行配合比设计。
3. 能合理选择、使用的机械设备。
4. 了解滑膜摊铺法施工的程序。
5. 能进行滑膜摊铺施工环节质量控制和质量验收。

建议课时

6 课时。

任务引领和分析

滑模摊铺施工是指采用滑模摊铺机（图 7-3-1、图 7-3-2）进行摊铺，不架设边缘固定模板，可自动设置打入拉杆、传力杆，采用超高频振动和巨大挤压一次成型，达到振捣密实、排气充分、挤压平整和外观规矩。适用于高速公路、一级公路水泥混凝土面层施工。

图 7-3-1 美国 GOMACO 滑模摊铺机

图 7-3-2 滑模摊铺施工

任务实施

一、滑模施工的技术特点

滑模摊铺水泥混凝土路面具有机械化程度高、施工进度快、平整度好、强度高、整体性好等显著特点。实践证明,采用大型滑模机械化施工,是提高我国高等级公路工程质量的有效途径。

(1)施工速度快,从设计理论上来讲,其施工速度可达 1 ~ 3m/min。

(2)施工规模大,由于施工速度较快,生产较快,材料供应、拌和运输、路面摊铺等各工作环节的工作量很大,必须加强施工组织调度。

(3)自动化程度高,混凝土搅拌楼、滑模摊铺机、自动传力杆插入装置(DBI)(图 7-3-3)、侧向拉杆自动打入装置(图 7-3-4)等均实行系统控制,提高了生产效率。

图 7-3-3　自动传力杆插入装置(DBI)

图 7-3-4　滑模摊铺机的侧向打入拉杆装置

(4)滑模摊铺机具备一定的智能化程度,具有路面线形和路拱自动形成功能,具备防施工差错及自动保护功能,能对每个振捣棒的工作状态进行监控。

(5)可以达到“材料精良,面板密实”,大型自动化控制的混凝土搅拌楼,保证了混凝土的搅拌质量。滑模摊铺机配备有密集排列的超高频率的振捣棒和压实性能,保证了路面混凝土密实度、抗折强度、平整度和表面抗滑、抗磨性能。

二、滑模摊铺施工的准备工作

滑模摊铺水泥混凝土路面是一种现代化大规模快速机械施工混凝土路面的新技术,其施工质量和效率都很高,相应的对于其施工组织管理的水平要求也很高,必须建立强有力的组织机构,将人员、材料、机械通过科学的管理机构,组织成一个统一、高效的施工系统,才能在预定工期和投标预算范围内保质保量地完成施工任务。

1. 组织准备

(1)从施工前期准备工作中就必须建立高效权威的施工组织指挥调度机构,即项目经理部。在施工期间,要有职责明确、反应快速的常设调度室和值班经理来指挥生产。

(2)在施工现场,运输车辆、材料供应和搅拌站之间的生产指挥,依靠现代化的无线通信手段,建立一套完整的无线电通信系统及报告、联络和会议制度。

2. 技术准备

(1)审核图纸、设计文件和熟悉施工技术规范,编制路面施工组织设计。

(2)校核并计算平面及高程控制桩,桩间距为直线段 10m,缓和曲线和圆曲线段 5m。

(3)人员培训与施工技术交底,摊铺开始前,对施工、试验、机械、管理等岗位的技术人员、操作工人进行技术交底,掌握工序衔接、各工序技术要求,把控操作要点。

3. 机具准备

(1)机具选配高速公路、一级公路施工,宜选配能一次摊铺 2 ~ 3 个车道宽度(7.5 ~ 12.5m)的滑模摊铺机;二级及二级以下公路路面的最小摊铺宽度不得小于单车道设计宽度。硬路肩的摊铺宜选配中小型多功能滑模摊铺机,并宜连体一次摊铺路缘石。滑模施工机具选型配套应合理、适当,可参照表 7-3-1。

滑模摊铺机施工主要机械和机配套表 表 7-3-1

工作内容	主要施工机械设备
钢筋加工	钢筋锯断机、折弯机、电焊机
测量基准线	水准仪、经纬仪、全站仪
	基准线、线桩及紧线器(300 个桩、5 个紧线器、3000m 基准线)
搅拌	强制式搅拌楼,拌和能力≥50(m^3/h)
	装载机,2 ~ 3m^3
	发电机,功率≥120kW
	供水泵和蓄水池,≥250m^3
运输	运输车
	自卸车
摊铺	布料机、挖掘机、吊车等布料设备
	滑模摊铺机 1 台
	手持振捣棒、整平梁、模板
抗滑构造	拉毛养护机 1 台
	人工拉毛齿耙、工作桥
	硬刻槽机,刻槽宽度≥500mm,功率≥7.5kW
切缝	软锯缝机
	常规锯缝机或支架锯缝机
	移动发电机,功率 12 ~ 60kW
磨平	水磨石磨机
灌缝	灌缝机或插胶条工具
养护	压力式喷洒机或喷雾器
	4.5 ~ 8.0t 洒水车
	4 ~ 6t 工地运输车

(2)拌和站设置。拌和站一般宜设置在摊铺路段的中间位置并能使拌和站的布置满足材料储运、存放、混凝土拌和、运输、供水、供电、场地防水、排水等使用要求。拌和站及配套设备应安装、检测、调试、保养完毕,处于待用状态,材料储备量应满足施工需要。

4. 材料准备

水泥、石子、砂、外加剂、钢筋等大宗原材料按施工进度要求,在有一定储存量的情况下,确保正常施工供应,并由试验人员按规范规定的标准进行检验,确保原材料质量符合设计标准要求,模板材质要符合设计要求。

其余准备工作同小型机具铺筑施工。

三、水泥混凝土路面滑模摊铺法的施工

滑模摊铺法水泥混凝土路面施工的工艺流程如图 7-3-5 所示。

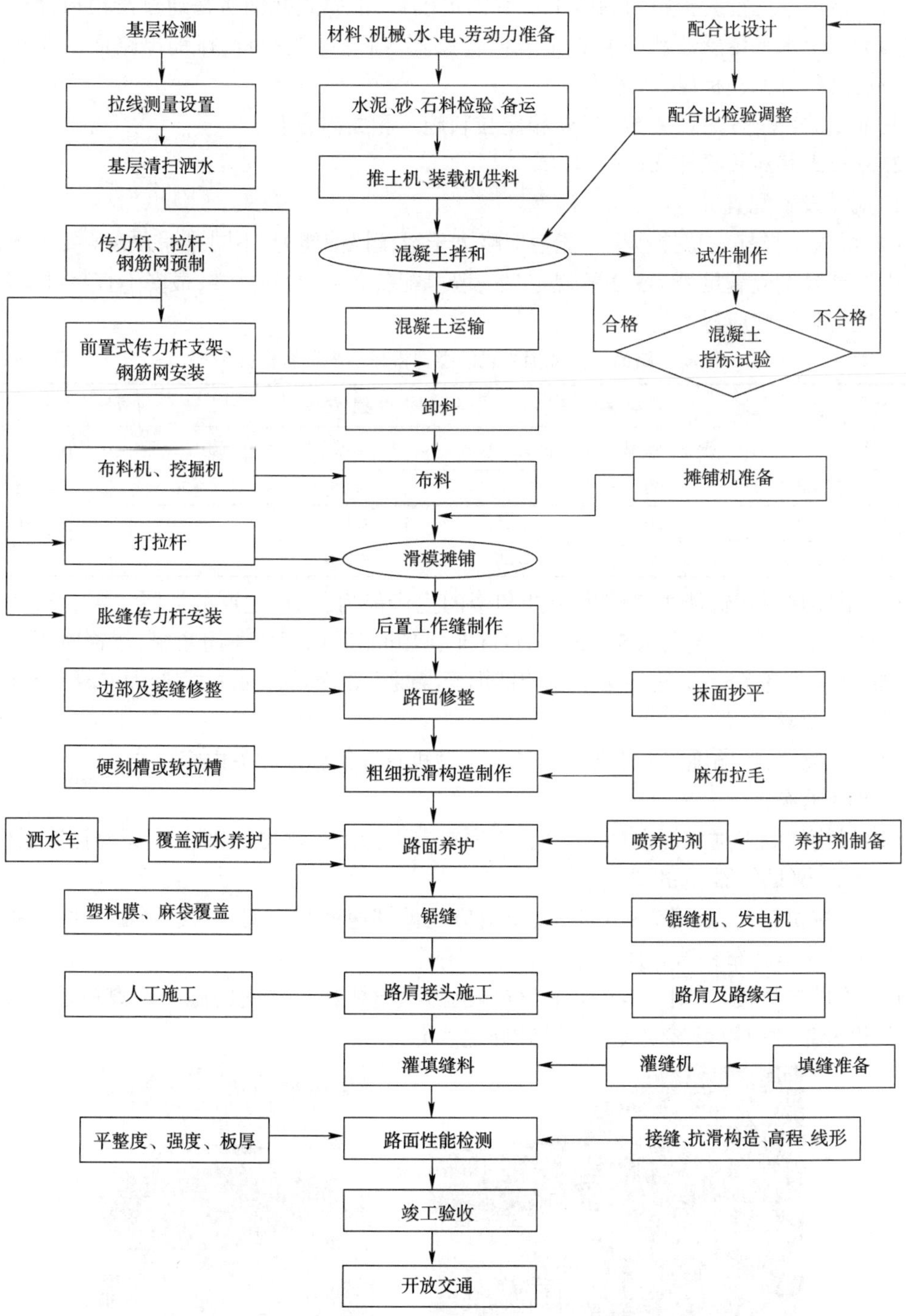

图 7-3-5　滑模摊铺法施工程序

1. 设置基准线

施工基准设施有基准线、滑靴、多轮移动支架和搬动方铝管等多种。我国的基层平整度难以达到3m 直尺最大间隙小于 3mm,施工基准设施宜采用基准线方式。设置基准线的目的是为滑模摊铺建立一个高程、纵横坡、板厚、板宽、摊铺中线、弯道及连续平整度等基本几何位置的基准参照系。

滑模摊铺水泥混凝土路面的施工没有固定模板,滑模式摊铺机是通过滑模摊铺机上设置的两侧 4 个水平传感器和一侧 2 个方向传感器,沿基准线滑行,摊铺出路面所要求的方向、板宽、高程、横坡、板厚、弯道等。

基准线的设置详见任务 5-3 二灰稳定粒料施工相关内容。

2. 混凝土拌和物搅拌及运输

1)机械设备配置

(1)混凝土搅拌站总拌和生产能力应略大于滑模摊铺能力,不同摊铺方式所要求的搅拌楼最小生产容量应满足表 7-3-2 的规定。一般可配备 2 ~ 3 台搅拌楼,最多不宜超过 4 台,搅拌楼的规格和品牌应尽可能统一。

混凝土路面不同摊铺方式的搅拌楼最小配置容量(m^3/h) 表 7-3-2

摊铺宽度(m)	摊铺方式				
	滑模摊铺	轨道摊铺	碾压混凝土	三辊轴摊铺	小型机具
单车道 3.75 ~ 4.5	≥100	≥75	≥75	≥50	≥25
双车道 7.5 ~ 9	≥200	≥150	≥150	≥100	≥50
整幅宽≥12.5	≥300	≥200	≥200		

(2)滑膜摊铺运输能力应略大于拌和楼的生产能力,保证生产的混凝土混合料及时运送。可选配车况优良、载质量 5 ~ 20t 的自卸车,自卸车后挡板应关闭紧密,运输时不漏浆撒料,车厢板应平整光滑;远距离运输或摊铺钢筋混凝土路面及桥面时,宜选配混凝土罐车。

2)施工要求

混凝土搅拌、运输施工要求见任务 7-1 小型机具铺筑施工相关内容。

3. 混凝土布料

(1)滑模摊铺普通水泥混凝土路面,必须有专人指挥车辆均匀卸料,严禁碰撞摊铺机、现场施工设备、测量仪器、基准线等。

(2)挖掘机布料,如图 7-3-6 所示,布料应与摊铺速度相协调,滑模摊铺时,机前料位的正常高度应在螺旋布料器叶片上缘以下,不得缺料。

(3)采用布料机,如图 7-3-7 所示,布料机与滑模摊铺机之间的施工距离应控制在 5 ~ 10m,其松铺系数应视坍落度大小由试铺确定。

图 7-3-6 挖掘机协助布料

图 7-3-7 布料机布料

(4)在摊铺钢筋混凝土路面、桥面或搭板时,严禁任何机械直接开上钢筋网。宜在钢筋网外侧使用挖掘机或吊斗均衡卸料布料,或使用便桥板凳加吊车汽车直接卸料,挖掘机布料,但均不得缺料。

4. 滑模摊铺

1)水泥混凝土路面滑模摊铺前的检查

(1)检查板厚。每 20m 在垂直于两侧基准线上拉横线,用钢尺测量,单车道测 3 点、双车道测 5 点的垂直高度,减去基准线设定高度,即为单个板厚,3 ~ 5 个值平均为该断面平均板厚。每 200m 路段取 10 个断面均值为该路段平均板厚。

(2)检查辅助施工设备机具。拉毛养护机、布料机械、发电机等应全部到场并试运转正常。端模板、手持振捣棒、抄平梁、传力杆定位支架、拉杆、拉毛耙、拖行工具、养护剂及其喷洒工具等所有施工器具和工具应全部到位,状态良好。

(3)横向连接摊铺检查。前次摊铺路面纵缝的溜肩、胀宽部位应切割顺直。前次摊铺安装的侧边拉杆应校正、扳直,缺少的拉杆应钻孔锚固植入。纵向施工缝缝壁上半部,应涂刷沥青。

2)滑模摊铺机的施工参数设定及校准

滑模摊铺前,滑模摊铺机各工作部件位置准确,并确定工作参数,正式摊铺时根据情况变化进行微调。

(1)振捣棒(图 7-3-8)下缘位置应在挤压板最低点(即路表面)以上,振捣棒的横向间距不宜大于 450mm,均匀排列,两侧边缘振捣棒与摊铺边缘距离不宜大于 250mm。

(2)挤压底板前倾角宜设置为 3°左右。提浆夯板位置宜在挤压底板前缘以下 5 ~ 10mm 之间。

(3)搓平梁(图 7-3-9)前缘宜调整到与挤压板后缘高程相同,搓平梁的后缘比挤压底板后缘低 1 ~ 2mm,并与路面高程相同。

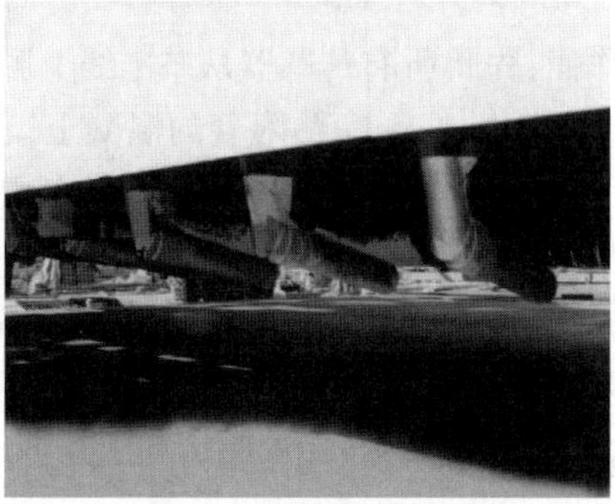

图 7-3-8　滑模摊铺机振捣棒组

图 7-3-9　滑模摊铺机的搓平梁

(4)滑模摊铺机首次摊铺路面,应挂线对其铺筑位置、几何参数和机架水平度进行调整和校准,正确无误后,方可开始摊铺。

(5)在开始摊铺的 5m 内,应在铺筑行进中对摊铺出的路面高程、边缘厚度、中线、横坡度等参数进行复核测量。

3)铺筑作业技术要求

(1)滑模摊铺机应缓慢、匀速、连续不间断地作业。严禁料多追赶,随意停机等待,间歇摊铺。摊铺速度控制在 0.5 ~ 3.0m/min 之间。当拌和物稠度发生变化时,应先调整振捣频率,后改变摊铺速度。

（2）正常摊铺时应保持振捣仓内料位高于振捣棒100mm左右，料位高低上下波动宜控制在±30mm之内。

（3）振捣频率可在6000～11000r/min之间调整，宜采用9000r/min左右。应防止混凝土过振、欠振或漏振。摊铺机起步时，应先开启振捣棒，再缓慢平稳推进；摊铺机脱离混凝土后，应立即关闭振捣棒组。

（4）滑模摊铺机满负荷时可铺筑的路面最大纵坡上坡为5%，下坡为6%。

（5）滑模摊铺机施工的最小弯道半径不应小于50m；最大超高横坡不宜大于7%。

（6）单车道摊铺时，应视路面设计要求配置一侧或双侧打纵缝拉杆的机械装置。2个以上车道摊铺时，除侧向打入拉杆的装置外（图7-3-10），还应在假纵缝位置配置拉杆自动插入装置（图7-3-11）。

图7-3-10　侧向打入拉杆装置

图7-3-11　中间拉杆自动插入装置

（7）软拉抗滑构造时表面砂浆层厚度宜控制在4mm左右，硬刻槽路面的砂浆表层厚度宜控制在2～3mm。

（8）养护5～7d后，方允许摊铺相邻车道。

4）滑模摊铺结束后施工技术要求

（1）滑模摊铺结束，将滑模摊铺机驶离工作面，先将所有传感器从基准线上脱开，并解除滑模摊铺机上基准线自动跟踪控制，升起机架，用水冲洗干净黏附着的混凝土，轻轻敲打掉已硬结在滑模摊铺机上的混凝土。清洗干净后，对混凝土接触的机件喷涂废机油或吹（揩）干防锈；同时对滑模摊铺机进行当日保养，加油加水，打润滑油。

（2）设置横向施工缝，设置施工缝端模和侧模，插入拉杆和传力杆，然后用水准仪测量面板高程和横坡。也可采用第二天硬切齐施工缝端部做法，在端部垂直面上钻眼，插入传力杆，测量高程和横坡，辅以人工振实，采用长度3m以上抄平器保证端头和结合部位平整度。

5. 接缝施工

（1）纵向缩缝施工。当水泥混凝土路面使用滑模摊铺机一次摊铺两个车道宽度时，应设置纵向缩缝。拉杆靠滑模摊铺机配备的中间拉杆插入装置在摊铺过程中自动控制间距压入。构造采用假缝拉杆型，缩缝上部槽口，用硬切缝法施工。

（2）纵向施工缝。当滑模摊铺机一次摊铺小于路面总宽度时，有纵向缝。位置与车道线一致，构造采用平缝加拉杆型。纵向施工缝的拉杆，在前一次摊铺时，应采用滑模摊铺机的侧向拉杆装置插入。

（3）横向缩缝。缩缝传力杆的施工方法可采用前置钢筋支架法（图7-3-12）或传力杆插入装置（DBI）法。应在路侧缩缝切割位置做标记，传力杆应准确定位，保证切缝位于传力杆中部。

缩缝切缝见任务 7-1 小型机具法施工的相关内容。

(4)胀缝。滑模摊铺水泥混凝土路面胀缝宜采用前置法施工，或采用预留胀缝位置，热天再施工胀缝。

(5)施工缝设置。施工中断所形成的横向施工缝，其位置应尽可能地选在缩缝或胀缝处。横向施工缝构造采用平缝加传力杆型，如图 7-3-13 所示。

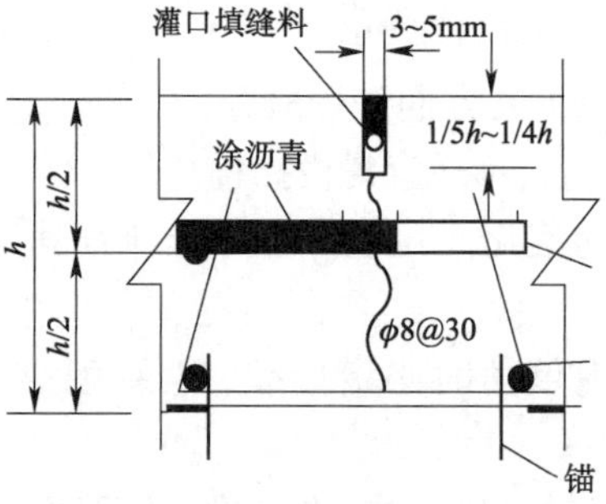

图 7-3-12　传力杆定位支架造图

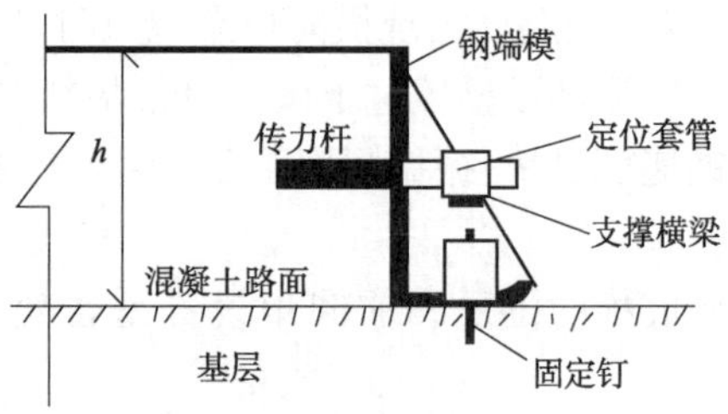

图 7-3-13　工作缝端模

6. 路面修整

滑模摊铺过程中应采用自动抹平板装置进行抹面(图 7-3-14)。自动抹平板应随摊铺的纵坡变化随时调整。对于少量局部麻面和明显缺料的部位，应在挤压板后或搓平梁前补充适量拌和物，由搓平梁或抹平板机械修整。

滑模摊铺的混凝土面板在下列情况下，可采用人工进行局部修整：

(1)人工操作抹面抄平器精整摊铺后表面的小缺陷，但不得在整个表面加薄层修补路面高程(图 7-3-15)。

图 7-3-14　自动抹平板抹面

图 7-3-15　人工抹面

(2)对纵缝边缘出现的倒边、塌边、溜肩现象，应顶侧模或在上部支方铝管进行边缘补料修整。

(3)对起步和纵向施工接头处，应采用水准仪抄平并采用大于 3m 的方铝管边测边修整。

(4)如果路面已硬化，发现施工接头或局部平整度不满足要求，可在水泥混凝土路面摊铺后 3～10d 内，用最粗级磨头的水磨石机研磨至规定要求的平整度。

抗滑构造制作、养护、做缝、灌缝施工、检查验收见任务 7-1 小型机具铺筑施工相关内容。

四、施工过程中的质量管理与检查

滑模摊铺的表面应平滑，几何形状规矩，不应出现麻面、拉裂、塌边、溜肩等现象，若出现上述问题应立即查找原因,迅速采取措施。

(1)摊铺中应经常检查振捣棒的工作情况和位置。路面出现麻面或拉裂现象时,必须停机检查或更换振捣棒。摊铺后,路面上出现发亮的振捣棒拖出的砂浆条带时,必须调高振捣棒位置,使其底缘在挤压底板的后缘高度以上。

(2)摊铺宽度大于等于8m的双(多)车道路面时,若左右两侧拌和物稠度不一致,摊铺速度应按偏干一侧设置,并应将偏稀一侧的振捣棒频率迅速调小。

(3)滑模摊铺路面出现横向拉裂现象时,应从以下几方面进行检查:

①拌和物局部或整体过干硬、离析,集料粒径过大,不适宜滑模摊铺。

②摊铺速度过快,振捣频率不足,混凝土未振动液化而拉裂。应降低摊铺速度,提高振捣频率。

③挤压底板的位置和前仰角设置是否变化,前倒角时必定拉裂,前仰角过大,亦可能拉裂。

④拌和物较干硬,或等料停机时间较长,起步摊铺速度过快,也可能拉裂路面。

(4)摊铺中的滑模摊铺机停机等料最长时间超过当时气温下混凝土初凝时间的2/3时,应将滑模摊铺机迅速开出摊铺工作面,并做施工缝。

任务实训(表7-3-3)

任务实训表　　表7-3-3

<table>
<tr><td>实训项目</td><td>水泥混凝土路面模板检查与验收</td></tr>
<tr><td>实训内容</td><td>以小型机具为例,请根据《公路水泥混凝土路面施工技术细则》(JTG/T F30—2014)的技术要求,结合实训设备及实训条件对模板进行质量检查、评定。</td></tr>
<tr><td>实训目的</td><td>1.通过实训能用检查仪器对模板进行实测检查。
2.通过实训掌握模板安装精度的有关要求,掌握混凝土路面板的允许最早拆模时间</td></tr>
<tr><td>实训要求</td><td>1.严格遵守实训纪律,服从实训教师的安排,统一行动,有令必行、有禁必止。
2.遵守实习单位的劳动纪律和各项规章制度,树立良好的职业道德和组织纪律观念。
3.安全实训,严防意外伤害。注意与机械、设备和危险源保持安全距离;操作机械、设备时严格遵守安全作业规程</td></tr>
<tr><td>实训准备</td><td>1.知识准备:
认真学习教材内容,查阅相关规范。
2.场地选择:
选择一段安装完好的模板。
3.仪器、设备:
(1)相机:拍摄工程照片、视频;记录本:记录施工作业注意事项、流程、施工示意图、心得体会等。
(2)现场检测仪器:水准仪、全站仪、卷尺等</td></tr>
<tr><td>实训过程</td><td>请根据施工技术规范对模板精度进行质量检查与评定。
1.模板安装精确度要求:
<table>
<tr><td>小型机具</td><td>平面偏位(mm)≤</td><td>摊铺宽度偏差(mm)≤</td><td>纵断高程偏差(mm)</td><td>横坡偏差(%)</td><td>相邻板高差(mm)≤</td><td>顶面接茬3m尺平整度(mm)≤</td><td>模板接缝宽度(mm)≤</td><td>侧向垂直度(mm)≤</td><td>纵向顺直度(mm)≤</td></tr>
<tr><td></td><td>15</td><td>15</td><td>±10</td><td>±0.20</td><td>2</td><td>2</td><td>3</td><td>4</td><td>4</td></tr>
</table>
</td></tr>
</table>

续上表

实训过程	2. 实测数值：

平面偏差	9	13	15	14	2	4	4	5	8	8
合格率										
接缝宽度	1	0.8	1.5	1.2	0.9	1.4	1.7	2.2	3.1	
合格率										

实训总结	（实训中遇到的问题和解决方法，对本次实训的意义和建议、受训收获）

任务思考

1. 简述水泥混凝土路面滑模施工工艺流程。
2. 滑模摊铺混凝土路面基准线形式有哪些？基准线设置有哪些要求？
3. 滑模摊铺混凝土路面铺筑作业技术要点有哪些？

任务评价

任务考核评价表见附表。

知识拓展应用

43-水泥混凝土路面滑模摊铺法施工实例

阅读资料 7-3：水泥混凝土路面滑模摊铺法施工实例，见数字资源 43。

项目8　施工现场组织与管理

项目内容

本项目主要介绍施工现场组织与管理的相关知识，主要包括以下主要内容：

任务8-1　施工准备工作

任务8-2　施工现场管理

项目要求

1. 施工现场准备工作有哪些内容。
2. 施工现场管理工作的内容要点。

项目知识点、技能点

1. 知识点

(1)施工现场组织与管理模式。

(2)施工准备工作主要包括：施工组织准备、施工技术准备、物资准备和现场准备等。

(3)开工报告、施工控制、质量检测、监理及质量监督。

(4)施工现场管理的基本思路及基本原则。

(5)施工组织机构。

(6)施工阶段的质量控制阶段及内容。

(7)施工进度计划安排等。

(8)安全管理、环境管理。

(9)智能化管理的应用。

2. 技能点

熟悉施工现场管理的内容与要点，能胜任小型项目的施工现场管理工作。

任务8-1　施工准备工作

任务描述

某高速公路分项工程即将开工，请尝试编写其开工报告。

任务目标

1. 熟悉施工现场组织与管理模式。
2. 掌握组织准备、技术准备、物资准备和现场准备的内容。
3. 能担任小型施工项目的施工准备工作。

建议课时

4课时。

任务引领和分析

施工准备工作的基本任务是为路基路面的施工进行必要的技术和物资准备，统筹安排施工力量和施工现场，是施工企业搞好目标管理，推进合同管理的重要依据，也是施工能够顺利进行的基本保证。施工单位承揽了施工任务后，应尽快做好施工前的各项准备工作，创造有利的施工条件，使施工工作有计划地进行，从而保质、保量、按期完成施工任务。

任务实施

施工准备工作主要包括：组织准备、技术准备、物资准备和现场准备等工作。

一、组织准备

施工组织准备是前期准备工作的重要内容。其主要任务包括以下几点。

1. 组建施工项目管理组织机构

签订了施工合同后，施工企业要尽快组建施工项目经理部，组建原则应根据工程项目建设规模、施工特点和复杂程度，确定机构各职能部门的设置和人员的配置，力求机构简练，人员精干，管理高效，坚持合理分工与密切协作相结合，便于指挥和管理，分工明确，责权具体。

2. 组建施工队伍

施工队伍的选配要综合考虑规模、专业、工种的合理配置，技工和普工的比例应满足合理的劳动组织，并符合流水作业方式的要求，同时制订出该工程的劳动力需求量计划。

3. 组织施工队伍、人员进场

工地项目部领导和机构确定后，按照劳动力用工计划，组织人员进场。同时进行安全、消防、环保和文明施工等方面的教育工作。

4. 制定各项管理制度和岗位职责

管理制度是各项工作顺利进行的保障，因此在施工准备阶段应建立项目管理各项规章制度，建立质量、安全、环保管理体系和质量检测体系。

二、技术准备

技术准备是施工准备的核心，任何技术的差错都可能给工程留下安全隐患，进而导致工程质量事故，造成生命、财产和经济的巨大损失，因此必须认真做好技术准备工作。技术准备工作主要包括以下几方面。

1. 熟悉设计文件、图纸审查

设计文件是施工的依据，签订施工合同后，施工单位应尽快组织人员熟悉和研究设计文件、资料和图纸，全面领会设计意图，检查设计文件、图纸有无欠缺、错误，技术要求是否正确，并与现场情况进行核对，必要时进行补充调查。对发现的问题，应及时提交监理工程师、设计单位或建设单位。

图纸审查通常可分为自审阶段、会审阶段和现场签证阶段。

1)图纸审查的目的

(1)为了能够按照设计图纸的要求顺利地进行施工,以得到符合设计要求的高质量的工程产品(路基、路面)。

(2)为了能够在路基路面工程开工前,使从事工程管理和技术人员充分熟悉和掌握设计图纸、设计意图和技术要求。

(3)通过审查发现设计图纸中出现的问题和错误,并在开工之前予以改正,为拟建工程(路基、路面)的施工提供一份准确、齐全的设计图纸。

2)图纸审查的内容

(1)审查设计图纸是否完整、齐全,是否符合国家有关工程建设的设计、施工方面的方针政策。

(2)审查设计图纸与说明书在内容上是否一致,路基路面设计图纸与其他图纸其组成部分之间有无矛盾和错误。

(3)审查路基路面的总平面图与其他桥涵、管线等结构图在几何尺寸、坐标、高程、说明等方面是否一致,技术要求是否正确。

(4)审查地基基础设计与现场地基处理的地质和水文条件是否一致。

(5)路基路面的施工工艺流程和技术要求。明确建设工期,工程分期分批施工及交付使用的顺序和时间,各个时间节点所要进行的内业、外业工作及需要协调合作的内容。

2. 技术交底

1)设计交底

设计交底一般由建设单位组织,设计、监理和施工单位参加。先由设计单位说明工程的设计依据、意图和功能要求,对新材料、新工艺、新技术等提出设计要求,进行技术交底。施工单位根据审查图纸的记录以及对设计意图的理解,提出对设计图纸的疑问、建议和变更。经过研究讨论,在各方达成一致的情况下,于会后形成"设计交底纪要",作为与设计合同同等作用的技术文件来指导施工。

2)现场交桩

设计单位应将设计使用的控制性桩位(导线点、水准点、起点、终点等)现场交付施工单位,作为施工单位进行工程复测和加密的依据。

3)施工单位内部交底

工程开工前,项目技术负责人应对施工人员进行技术交底。内容包括工程内容、工程量、施工期限、施工工艺、技术要求、质量标准、安全和环保措施等。

3. 施工现场的调查

施工前,应对施工有影响的因素进行详细的调查并采取有效措施,确保施工顺利进行。调查的内容主要有以下几个方面:

(1)工程范围内的地形、地质、水文和地面排水情况。

(2)工程范围内的交通和地上、地下的构筑物及公用管线情况。

(3)施工现场的供水、供电、电信设备及场内外运输线路、生产和生活设施的设置地点等情况。

(4)沿线附近可供取土的地点(自选)和可供排水的沟渠和涵管等情况。

(5)施工现场附近测量标志及需要保护的植物和构造物等情况。

4. 编制实施性施工组织设计

开工前,施工单位应根据现场收集到的情况、核实的工程数量,按工期要求、施工难易程度和人员、设备、材料准备等情况,编制实施性的施工组织设计,选择实施性施工方案,并报监理工程师审批。施工组织设计应包括以下内容:

(1)总体施工组织布置及规划。

(2)重点、关键和难点工程的施工方案。

(3)工期关键线路图及保证措施。

(4)关键工程质量保证措施。

(5)安全保证措施。

(6)环境保护、水土保持、文明施工、文物保护保证措施。

(7)项目风险预测与防范,事故应急预案。

(8)其他应说明的事项。

施工方案主要是根据工程特点、工程数量、工期要求、施工条件等,来确定施工方法、选配施工机械、安排施工作业顺序及施工作业的组织方法。

5. 制定安全施工措施或专项工程安全施工方案

依据交通部《公路水运工程安全生产监督管理办法》,施工单位应当在施工组织设计中编制安全技术措施和施工现场临时用电方案,对下列危险性较大的工程应当编制专项施工方案,并附安全验算结果,须施工单位技术负责人、监理工程师审查同意并签字后实施,由安全生产管理人员进行现场监督。

(1)不良地质条件下有潜在危险性的土方、石方开挖。

(2)滑坡和高边坡处理。

(3)桩基础、挡墙基础、深水基础及围堰工程。

(4)桥梁工程中的梁、拱、柱等构件施工等。

(5)隧道工程中的不良地质隧道、高瓦斯隧道、水底海底隧道等。

(6)水上工程中的打桩船作业、施工船作业、外海孤岛作业、边通航边施工作业等。

(7)水下工程中的水下焊接、混凝土浇筑、爆破工程等。

(8)爆破工程。

(9)大型临时工程中的大型支架、模板、便桥的架设与拆除,桥梁、码头的加固与拆除。

(10)其他危险性较大的工程。

6. 施工测量

施工测量主要包括导线复测、中线复测、水准点复测与加密、纵、横断面的测量等。

1)导线复测

(1)导线测量等级一般采用二级,测量仪器宜选用检验、校正合格的测距仪或全站仪、GPS 复测,高等级公路必须选用全站仪、GPS。

(2)导线起讫点应与设计部门测定结果比较,测量精度应符合设计要求。

(3)对原有导线点不能满足施工要求的,可以增设满足相应精度要求的符合导线点。

(4)同一建设项目内相邻施工段的导线应闭合,并满足同等级精度要求。

(5)对可能受施工影响的导线点,施工前应加以固定或改移。

2)中线复测

(1)开工前应全面恢复中线并固定路线的主要控制点(如起点、终点、转点、交点、直缓点、缓圆点、曲中点、圆缓点、缓直点等）；

（2）高速公路、一级公路应采用坐标法恢复主要控制桩。

（3）中线放样时，应注意路线中线与结构物中心、相邻施工段的中线闭合，发现问题及时查明原因，进行处理。

（4）设计图纸和实际不符时，应查明原因后进行处理。

3）水准点复测与加密

根据设计图纸提供的水准点一览表进行复核，必要时加密。

（1）精度要求。高速公路、一级公路采用四等水准测量，其他等级公路采用五等水准测量。

（2）水准点间的距离不大于500m，在结构物附近、高填深挖路段、工程量集中及地形复杂地段应加设水准点。临时水准点应符合相应等级的精度要求，并与相邻水准点闭合。

（3）施工期间每半年复查一次水准点；季节性冰冻地区，在冻融以后应进行复测。当水准点有可能受施工影响时，应进行处理。

4）纵、横断面的测量

施工前应详细检查、核对现场与设计的纵横断面，以便复核工程量。

7. 施工放样

放样的目的是在原地面上标出施工内容的轮廓，作为施工的依据。

放样的内容包括：

（1）恢复中线。在地面上确定各主要点位置（如起点、终点、转点、交点、直缓点、缓圆点、曲中点、圆缓点、缓直点等），并加以保护，如有破坏应及时恢复。

（2）确定横断面方向。

（3）边桩放样，确定路堤坡脚或路堑堑顶的位置。

（4）边坡放样，确定路堤边坡、路堑边坡的施工坡度。

（5）在路中线各桩点处标定填挖高度。

（6）移点移桩是指将桩点移设于施工范围以外保护。

8. 原材料试验

（1）路基施工前，应对路基基底土进行相关试验，以指导施工。每公里至少2个点；土质变化时，视具体情况增加取样点数。

（2）应及时对来源不同、性质不同的拟作为路基填料的材料进行复查和取样试验。土的试验项目包括天然含水率、液限、塑限、标准击实试验、CBR试验等，必要时应做颗粒分析、相对密度、有机质含量、易溶盐含量、冻胀、膨胀量等试验。

（3）使用特殊材料作为填料时，应按相关标准做相应试验，必要时还应进行环境评估，经批准后方可使用。

9. 场地清理

场地清理的范围包括公路用地范围、借土场范围、临时施工场地的清理、拆除和挖掘，以及必要的平整场地等有关作业。

1）场地清理要求

场地清理的原则：保证施工便利、行车安全、路基稳定、清理工作量最小。

（1）承包人应在施工前确定现场工作界线，并保护所有规定保留和监理工程师指定的保留的植物及构造物。

(2)应对路幅范围内、取土坑的原地面表层腐殖土、地表土、草皮等进行清理,填方地段还应按设计要求整平压实。清出的表层土宜充分利用。

(3)路基用地范围内的树木、灌木丛等均应在施工前砍伐或移植,砍伐的树木应堆放在路基用地之外,并妥善处理。

(4)路基用地范围内的垃圾、有机物残渣及原地面以下至少 100 ~ 300mm 内的草皮、农作物的根系和表土应予以清除,并且堆放在弃土场内。场地清理完成后,应全面进行填前碾压,使其密实度达到规定的要求。

(5)路基用地范围及取土场范围的树根应全部挖除,并将路基用地范围内的坑穴填平夯实。二级及二级以上公路和填土高度 $<1m$ 的公路路堤,应挖除全部树根,填平夯实坑穴。填土高度 $>1m$ 的二级以下公路,树根不得露出地面,取土坑范围内树根应全部挖除。

(6)场地清理拆除及回填压实后,承包人应重测地面高程,并将填挖断面和土石方调配图提交监理工程师审核。

(7)清理及拆除工作完成后,应由监理工程师进行现场检查验收,在验收合格后才能进行下一工序的施工。

2)拆除与挖掘

(1)路基用地范围内的旧桥梁、旧涵洞、旧路面和其他障碍物等应予以拆除。正在使用的旧桥梁、旧涵洞、旧路面及其他排水结构物,应在对其正常交通和排水做出妥善的安排之后,才能拆除。

(2)原有结构物的地下部分,其挖除深度和范围应符合设计图纸或监理工程师指示的要求。

(3)拆除原有结构物或障碍物需要进行爆破或其他作业有可能损伤新结构物时,必须在新工程动工之前完成。

(4)所有指定为可利用的材料,都应避免不必要的损失。为了便于运输,可由承包人分段或分片,按监理工程师指定的地点存放;对于废弃材料,承包人应按监理工程师的指示自费妥善处理。

(5)承包人应将所有因拆除施工造成的坑穴回填并压实;承包人由于拆除施工造成其他建筑物、设施等的损坏时,应自费负责修复或赔偿。

(6)路基范围内原有房屋、道路、河沟、通信、电力设施、水道、墓地及其他建筑物应拆迁或清除;对于路基附近的危险建筑物予以适当加固;对文物古迹应妥善保护。

10. 试验路段

在二级及二级以上公路路堤、填石路堤、土石路堤、特殊地段路堤、特殊材料路堤、拟采用新技术、新工艺、新材料的路基、路面基层、面层等结构层施工前应铺筑试验路段。通过铺筑试验路段,验证施工方案的结构层松铺厚度、压实厚度、材料合理的施工配合比、压实机械组合和压实遍数等数据。试验路段应选择在地质条件、断面形式等工程特点具有代表性的地段,路段长度不小于 100m。试验路段应加大检测频率,取得相应的数据,并进行试总结,用以指导施工。试验段经检测合格后,作为结构的一部分,不合格应推倒重来。

11. 开工报告

在分部、分项工程开工前,根据试验段总结报告,施工单位应向监理工程师提交分项工程的开工报告，经监理工程师批准后方可正式施工。

开工报告的内容包括以下内容：

(1)现场准备情况，如人员、机械、材料、施工放样、施工前各项试验数据等。

(2)施工技术方案（拟采用的施工工艺、施工组织方法、试验路段总结报告等）。

(3)质量控制目标及质量保证体系。

(4)施工进度计划，工期保证措施等。

(5)安全保证体系。

(6)环境保护措施。

三、施工物资准备

施工所用的材料、机械和设备是保证工程顺利进行的基础，由于其需要量大，质量要求高，规格品种多，这些物资的准备工作必须在准备阶段完成。制订工程材料、机械的需用量计划，并按计划进行落实，使其满足连续施工的要求。

物资准备工作的内容主要包括：

(1)工程材料的准备。路基路面工程所需的砂石料、石灰、水泥、沥青等材料的准备；沿线结构物所需的钢材、砂石料、水泥等材料的准备。

(2)工程施工机械、设备的准备。根据工程的实际情况制定机械、设备进场计划，并根据计划及时进场。

(3)其他小型生产工具、小型配件的准备。

物资准备应根据施工组织设计和作业计划记性相应的安排，不要因为准备不足而影响施工，也不要因为准备过剩而闲置造成不必要的浪费。

四、施工现场准备

施工现场的准备工作，主要是为工程的施工创造有利的施工条件和物资保证，其主要内容有：

(1)建设临时设施。根据工地总体平面布置图，搭建工地办公、生活和用房，进行料场和材料库房建设。

(2)搞好“四通一平”。包括施工、生活及消防用水、用电，交通便道、便桥，通信线路，场地平整等工作。

(3)组建工地试验室。在公路工程施工过程中，必须进行各种材料及混合料的试验，以便选用合适的材料和配合比，及时掌握施工质量的各项指标，保证结构物的施工质量。工地试验室是为施工现场提供直接服务的试验室，其配置应根据施工合同及工程的实际需要，主要配合路基、路面施工，对所用的原材料、混合料的力学性能、几何尺寸等指标进行检测，满足施工需要。

任务思考

1. 施工前准备工作主要包括哪几方面？

2. 施工管理的前期准备工作有哪些？

任务评价

任务考核评价表见附表。

知识拓展应用

阅读资料 8-1：某分项工程开工报告，见数字资源 44。

44-某分项工程开工报告

任务 8-2　施工现场管理

任务描述

某单位承接了二级公路新建工程，即将进行路基施工工程，请根据所学的知识，尝试写出该路基工程现场管理的内容。

任务目标

1. 掌握施工准备阶段和施工阶段管理的内容。
2. 能够胜任小型施工项目的施工现场管理工作。

建议课时

2 课时。

任务引领和分析

施工现场管理是公路工程管理的重要组成部分，公路施工企业以工程项目为对象组建施工组织机构，以企业施工合同为纽带，对工程项目施工现场进行高效率计划、组织和控制的过程。

任务实施

施工现场管理工作主要包括以下几方面内容。

一、施工准备阶段管理

1. 施工项目管理组织机构

施工项目管理机构是指为了实现项目的总目标，对所需的一切资源进行合理配置而建立的一次性临时组织机构。

公路施工企业通过在项目上设置管理机构，可进一步发挥项目管理功能，提高管理效率，以达到项目管理的最终目标。

为适应公路施工项目管理的需要，公路施工企业的组织机构设置一般由三个层次组成：一是管理决策层，它是企业的核心，以总经理为首，主要任务是开拓企业外部市场，控制项目成本，承揽施工任务等；二是施工管理层，是企业推行项目管理施工所建立的生产指挥中心，掌握生产要素调配权，同时拥有管理、施工和技术方面的复合人才；三是劳务作业层，为项目的施工输出劳务的一级组织。

2. 组建项目经理部

公路施工现场管理实行项目经理负责制,是由项目经理部来实现的。项目经理部是项目管理的组织机构,负责项目全过程的管理工作,是企业在该项目的管理层,由项目经理全面负责,项目经理享有一定的责、权、利。它在项目经理的领导下,为项目经理进行项目管理决策提供信息依据,同时又要执行项目经理的决策意图,对项目经理全面负责。

项目经理部时要根据所设计的项目组织形式、工程项目的规模、复杂程度和专业特点来设置。它是一个施工项目的临时性组织,为工程管理的需要,在工程项目施工开始前建立,在工程竣工交付使用后,本项目管理任务完成,项目经理部解散。

根据项目管理的实际,一般项目经理部应设置预算计划、工程技术、物资设备、合同管理、检测试验、计量等部门。

3. 建立健全各项管理制度

为保证项目质量、进度、费用、安全、环保等项目目标的实现,在施工准备阶段,应针对项目施工管理工作的特点,建立一套完善的施工管理制度,采用科学的管理方法,加强现场管理,才能达到预期的目的。一般包括施工计划管理制度、工程技术管理制度、工程成本管理制度、施工安全管理制度等。

二、施工阶段管理

施工阶段是公路产品的形成阶段,施工阶段的组织管理是确保施工成败的关键,能否按设计要求建造出满足质量、进度、费用、安全、环保的产品,是施工管理的重点。因此,施工阶段管理的主要工作就是对施工过程的全面控制。

1. 施工质量管理

施工阶段质量管理是指从工程开工到工程竣工整个过程的质量控制。它是施工企业根据设计、技术标准、工艺文件的规定,批准的施工方案和施工质量控制计划的要求,对各种影响施工质量的因素具体实施控制活动,以确保完成的公路工程符合设计意图和质量规范的要求。

(1)加强工艺管理,严格执行工艺规程。

(2)严格把关,强化施工过程的检验工作。

(3)掌握质量动态,进行质量的统计分析。

(4)加强不合格项目的控制。

(5)建立健全工序质量控制点。

(6)加强验收状态的控制。

2. 工程进度管理

工程进度管理是指根据工程进度计划组织施工,在施工过程中经常掌握工程的进展情况,及早发现计划与现实脱节现象,分析原因并采取相应的措施予以纠正。其目的就是要按照季度计划要求,保证工程在合同规定的时间内完工。在实际工程中,通常采用横道图和网络图进行工程进度管理。

3. 工程成本控制

工程成本控制是指通过成本预测,编制成本计划,并在成本计划执行过程中加以管理和控制,使工程成本开支低于中标价。

4. 施工安全管理

施工安全管理是指工程项目实施过程中，为保证劳动者的安全与健康，机械设备的安全使用，物资的安全保护以及公路产品安全顺利地建成使用而进行的各项管理的总称。安全施工极其重要，它关系到企业的生存和发展，还涉及诸多社会问题施工企业必须做好施工安全管理工作。

施工过程中安全管理的主要内容包括：

(1)建立健全安全教育制度。

(2)制定安全技术措施。

(3)制定安全操作规程。

(4)安全保护设施的设计与设置。

(5)施工过程中的安全检查与监督。

(6)安全事故的处理和分析。

(7)建立安全值班制度。

5. 环境保护管理

在施工过程中，有些项目可能对周边环境产生严重影响，如粉尘污染、噪声污染、水污染，无论是从保护人们身体健康，还是保证项目顺利进行的需要，都要重视环境保护管理。

(1)实行环境保护目标责任制。

(2)进行综合治理。

(3)严格执行相关法律法规。

(4)进行综合治理。

(5)采取有效措施。

三、智能化管理的运用

在网络不断普及的情况下，公路建设与管理尤其是高速公路需要实现信息化和智能化建设，提升管理工作的整体水平。而"互联网 +"的运用和普及，有对各行各业的发展提出了全新的要求，对于公路管理建设而言也是如此。由于公路建设管理工作涉及的环节较多，存在诸多影响因素，传统的管理模式已经难以满足现实需求。智能化管理的应用，让以往哪些难以被量化、只靠经验掌控的施工过程，变成了形象、具体的数字和图表，哪里出现问题，这些数字和图表一目了然，能够让施工、业主、监理及时知晓和控制施工中随时可能出现的质量问题，将事后检测把关转变为事中过程控制。同时，智能化应用避免了人工记录可能产生的误差和疏漏，保障数据的真实性和反馈的及时性，提高了工程现代化管理水平。

智能管理应用于公路施工的例子大量存在，例如，交通运输部公路科学研究院就对沥青路面施工质量过程控制的相关技术展开研究。研究项目依托物联网、云计算、无线传输等新兴技术，在公路工程施工现场安装各类传感器，这些传感器可对施工设备上的数据进行实时采集、传输、存储、共享、分析和调整，为工程监管人员进行科学决策和判断提供依据。又如，在沥青混合料搅拌过程中，拌和楼中的传感器实时监控混合料的温度，当温度出现异常，信息通过传感器会自动发送到技术人员的手机上便于技术人员及时纠正错误，避免损失；在沥青混合料的运输中，安装在运输车上的射频电子标签，像"身份证"一样，展示了沥青混合料的具体信息。沥青混合料何时装车、运达施工现场、摊铺在工程哪一标段上的全过程信息皆可追踪跟进；沥青混合料摊铺后，在碾压过程中，以往其压实速度、平整度等因素都需依靠碾压操作人员的主观经验来判断，而对于经验不足的新手，观察压实程度可能不够到位，势必影响路面摊铺质量。针对这一问题，依托 GPS 定位技术的碾压质量实时监控系统，可对碾压的轨迹、遍数、温度及压实度进行实时监控，并以颜色进行区分，碾压操作人员可以实时调整碾压时间和区域，有效地保证了路面各区域压实度的标准一致。

任务思考

1. 施工准备阶段的管理主要有哪些内容？
2. 施工阶段的管理主要有哪些内容？

任务评价

任务考核评价表见附表。

附　　表

任务考核评价表

任务名称：

考核项目	考核标准	分值	组长评价	教师评价
实训纪律	是否遵守	5		
活动参与	是否主动	10		
任务方案	是否正确、合理	15		
任务执行	是否完整、合理	25		
任务完成	是否完成	10		
实践操作	是否标准	10		
安全生产	是否安全操作	10		
团队协作	是否和谐	10		
实训总结	是否全面	5		
总分		100		
平均得分				

参考文献

[1] 刘治新,张凤亭. 公路工程施工技术(上册)[M]. 北京:人民交通出版社,2014.

[2] 李鹏飞. 公路施工组织设计与管理[M]. 北京:北京邮电大学出版社,2013.

[3] 李新梅. 公路施工项目管理[M]. 北京:人民交通出版社,2008.

[4] 梁金江. 公路工程管理[M]. 北京:人民交通出版社,2001.

[5] 中华人民共和国交通运输部. 公路工程质量检验评定标准　第一册　土建工程:JTG F80/1—2017[S]. 北京:人民交通出版社股份有限公司,2018.

[6] 中华人民共和国交通部. 公路路基施工技术规范:JTG F10—2006 [S]. 北京:人民交通出版社,2007.

[7] 交通运输部公路局. 高速公路施工标准化技术指南　第二分册　路基工程[M]. 北京:人民交通出版社,2012.

[8] 国家安全生产监督管理总局. 爆破安全规程:GB 6722—2014 [S]. 北京:中国标准出版社,2015.

[9] 中华人民共和国住房和城乡建设部. 砌体结构工程施工质量验收规范:GB 50203—2011 [S]. 北京:中国建筑工业出版社,2012.

[10] 中华人民共和国交通运输部. 公路软土地基路堤设计与施工技术细则:JTG/T D31-02—2013. 北京:人民交通出版社,2013.

[11] 徐泽中. 公路软土地基路堤设计与施工关键技术[M]. 北京:人民交通出版社,2007.

[12] 李彰明. 地基处理工程技术疑难问题解析[M]. 北京:中国电力出版社,2016.

[13] 中华人民共和国交通运输部. 公路水泥混凝土路面施工技术细则:JTG/T F30—2014 [S]. 北京:人民交通出版社,2014.

[14] 中华人民共和国交通部. 公路工程集料试验规程:JTG E42—2005[S]. 北京:人民交通出版社,2005.

[15] 中华人民共和国住房和城乡建设部. 混凝土外加剂应用技术规范:GB 50119—2013 [S]. 北京:中国建筑工业出版社,2014.

[16] 中华人民共和国交通运输部. 公路工程施工安全技术规范:JTG F90—2015[S]. 北京:人民交通出版社股份有限公司,2015.

[17] 中华人民共和国国家质量监督检验检疫总局,中国国家标准化管理委员会. 环境空气质量标准:GB 3095—2012[S]. 北京:中国环境科学出版社,2016.

[18] 中华人民共和国交通部. 公路工程水泥及水泥混凝土试验规程:JTG E30—2005 [S]. 北京:人民交通出版社,2005.

[19] 中华人民共和国交通运输部. 公路工程技术标准:JTG B01—2014[S]. 北京:人民交通出版社股份有限公司,2015.